秋田
環日本海文明への扉

伊藤俊治＝文
石川直樹＝写真

亜紀書房

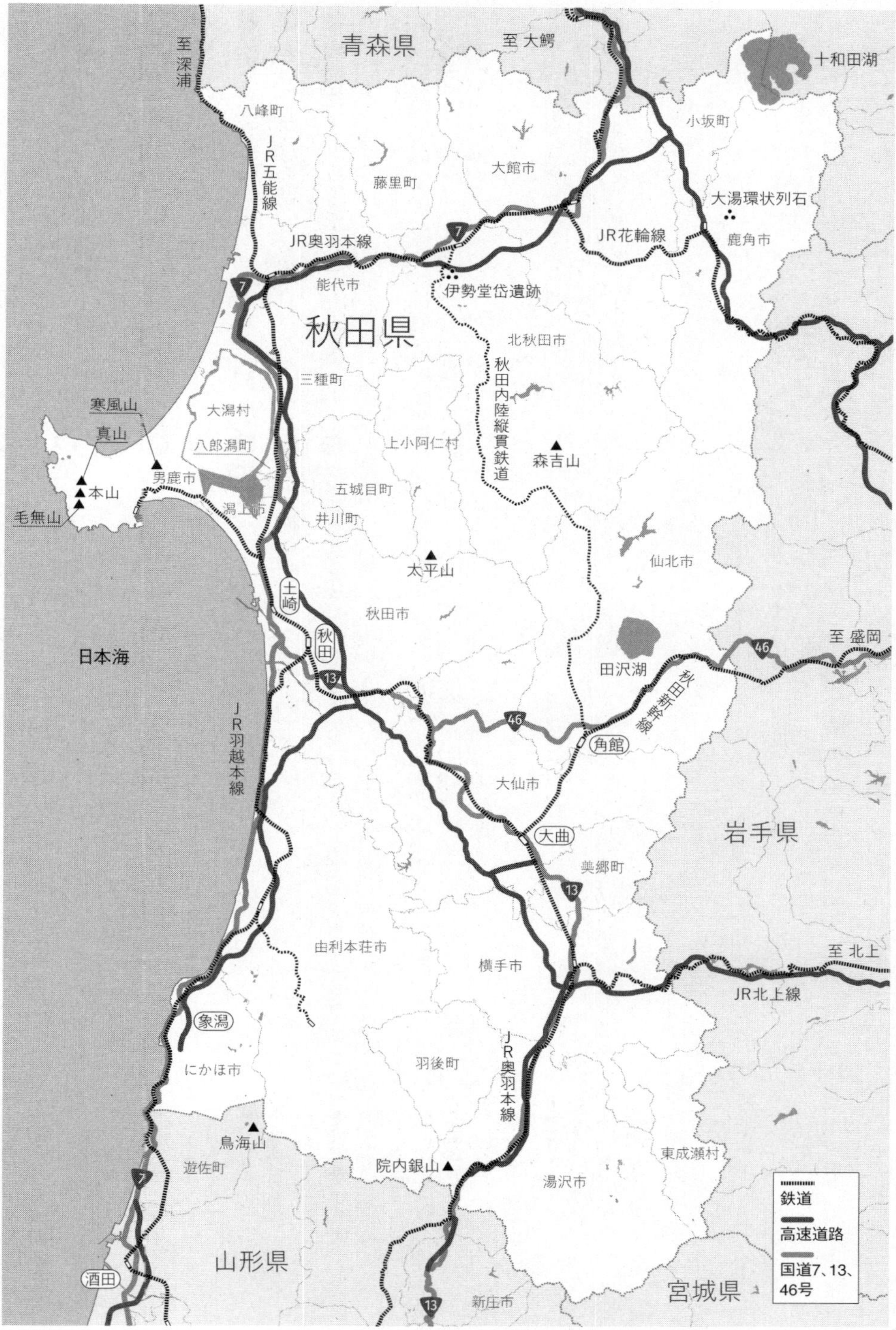
青森県
至 大鰐
十和田湖
至深浦
八峰町
小坂町
JR五能線
大館市
藤里町
大湯環状列石
7
JR奥羽本線
JR花輪線
鹿角市
7
能代市
伊勢堂岱遺跡
秋田県
北秋田市
三種町
秋田内陸縦貫鉄道
寒風山
大潟村
真山
八郎潟町
上小阿仁村
森吉山
男鹿市
本山
五城目町
潟上市
毛無山
井川町
太平山
仙北市
土崎
秋田市
秋田
日本海
至 盛岡
46
田沢湖
13
秋田新幹線
JR羽越本線
46
角館
大仙市
大曲
岩手県
美郷町
13
由利本荘市
横手市
至 北上
JR北上線
象潟
JR奥羽本線
にかほ市
羽後町
鳥海山
東成瀬村
院内銀山
遊佐町
7
湯沢市
山形県
酒田
宮城県
13
新庄市
鉄道
高速道路
国道7、13、46号

〔第一章〕

旅する光陰……その奥の奥の細道

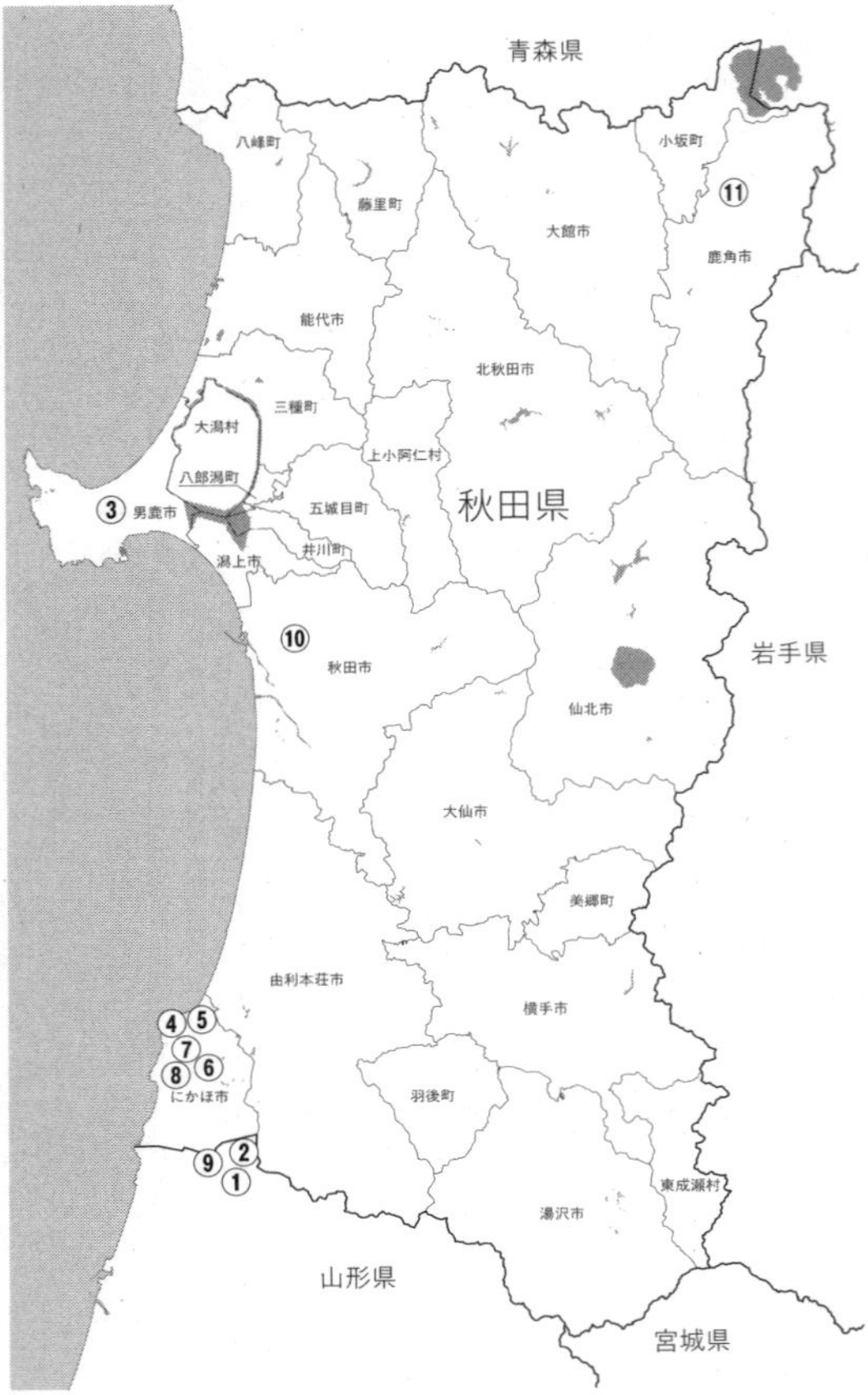

① ５６４年 大物忌神社（鳥海山）
② ８３８年 大物忌神社（鳥海山）
③ ８５９年 慈覚大師（男鹿）
④ １０２５年 能因法師（象潟）
⑤ １１８０年 西行法師（象潟）
⑥ １６８９年 松尾芭蕉（象潟）
⑦ １７８４年 菅江真澄（本荘）
⑧ １８０４年 象潟地震（象潟）
⑨ １８９１年 高山樗牛（鳥海山）
⑩ １９６０年 宮本常一（秋田）
⑪ １９７５年 内田武志（鹿角）

【第二章】北海の彼方へ……流刑地民族学の視点から

① 645年 大化改新（秋田）
② 658年 日本書紀（秋田）
③ 658年 阿部比羅夫（秋田沖）
④ 663年 白村江の戦い（朝鮮半島）
⑤ 698年 渤海国（満州）
⑥ 712年 出羽国（山形、秋田）
⑦ 733年 出羽柵（秋田）
⑧ 797年 坂上田村麻呂（秋田）
⑨ 1792年 アダム・ラクスマン（根室）
⑩ 1855年 日露和親条約（千島）
⑪ 1875年 樺太千島交換条約（樺太）
⑫ 1890年 アントン・チェーホフ（樺太）
⑬ 1900年 ブロニスワフ・ピウスツキ（樺太）
⑭ 1905年 日露講和条約（樺太）
⑮ 1911年 鳥居龍蔵（樺太）
⑯ 1929年 小林多喜二（大館）

［第三章］

雪国の民俗……伝承の意味

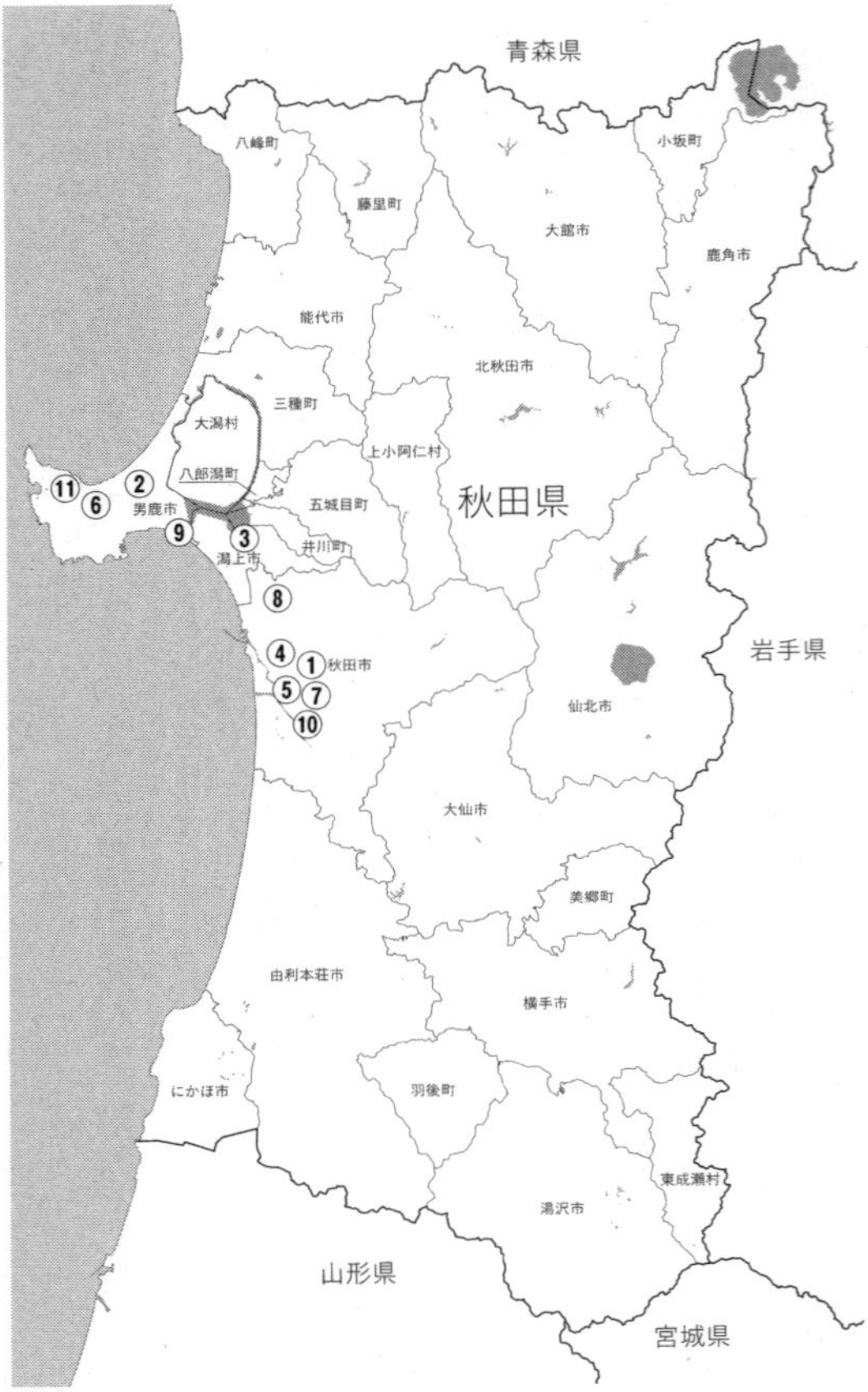

① 672年 太平山三吉神社(秋田)
② 1804年 男鹿寒風山(潟上)
③ 1872年 石川理紀之助(井川)
④ 1935年 勝平得之(秋田)
⑤ 1937年 藤田嗣治(秋田)
⑥ 1944年 三木茂(男鹿)
⑦ 1967年 平野政吉(秋田)
⑧ 1972年 奈良環之助(追分)
⑨ 1979年 吉田三郎(男鹿)
⑩ 1985年 赤れんが郷土館(秋田)
⑪ 2018年 ナマハゲ(男鹿)

[第四章] 縄文の粒子……四次元の秋田

① 1843年 人面付環状注口器(潟上)
② 1887年 蓑虫山人(大館)
③ 1897年 坪井正五郎(能代)
④ 1929年 中谷治宇二郎(北秋田)
⑤ 1932年 大湯環状列石(鹿角)
⑥ 1957年 岡本太郎(秋田)
⑦ 1970年 太陽の塔(大阪)
⑧ 1973年 マルセル・モース(パリ)
⑨ 1992年 伊勢堂岱遺跡(北秋田)
⑩ 2009年 「国宝 土偶展」(ロンドン)

［第五章］

宇宙から降るデザイン……雪の家から秋田工芸まで

① ８０７年 川原毛地獄（湯沢）
② １６０６年 院内銀山（院内）
③ １９２５年 柳宗悦（新庄）
④ １９３１年 生駒弘（本荘）
⑤ １９３３年 雪調（新庄）
⑥ １９３８年 今和次郎（秋田）
⑦ １９４０年 シャルロット・ペリアン（角館）
⑧ １９４９年 白井晟一（湯沢）
⑨ ２００１年 紅房（沖縄）
⑩ ２０２１年 柏崎栄助（本荘）

〔第六章〕秋田原郷……その風土と世界性

① ６６０年 百済（朝鮮半島）
② ７９７年 『続日本紀』（秋田）
③ １１１５年 金王朝（中国）
④ １６２０年 土崎神明社（土崎）
⑤ １６３９年 北前船（土崎）
⑥ １９２５年 金田一京助（盛岡）
⑦ １９３６年 ブルーノ・タウト（追分）
⑧ １９５２年 カマクラ（横手）
⑨ １９５２年 木村伊兵衛（秋田）
⑩ １９６１年 三船敏郎（鳥海山）
⑪ １９７５年 黒澤明（仙北）
⑫ ２０１５年 ナナイ（満州）
⑬ ２０１６年 飛島（酒田）

［第七章］秋田街道を超えて……雪の果ての銀河

① １６０２年 佐竹義宣（秋田）
② １７５８年 佐竹義敦（秋田）
③ １７７３年 平賀源内（角館）
④ １７７４年 小田野直武（角館）
⑤ １８００年 佐竹義躬（角館）
⑥ １８９１年 小岩井農場（小岩井）
⑦ １９１５年 田口掬汀（角館）
⑧ １９２１年 宮沢賢治（盛岡）
⑨ １９２４年 『春と修羅』（花巻）
⑩ １９３０年 佐々木喜善（遠野）
⑪ １９３１年 河原田家（角館）
⑫ １９３４年 早川孝太郎（男鹿）
⑬ １９４６年 武藤鉄城（角館）
⑭ １９６６年 高井有一（角館）

［第八章］
白い神々の憑依……オシラサマとシャーマニズム

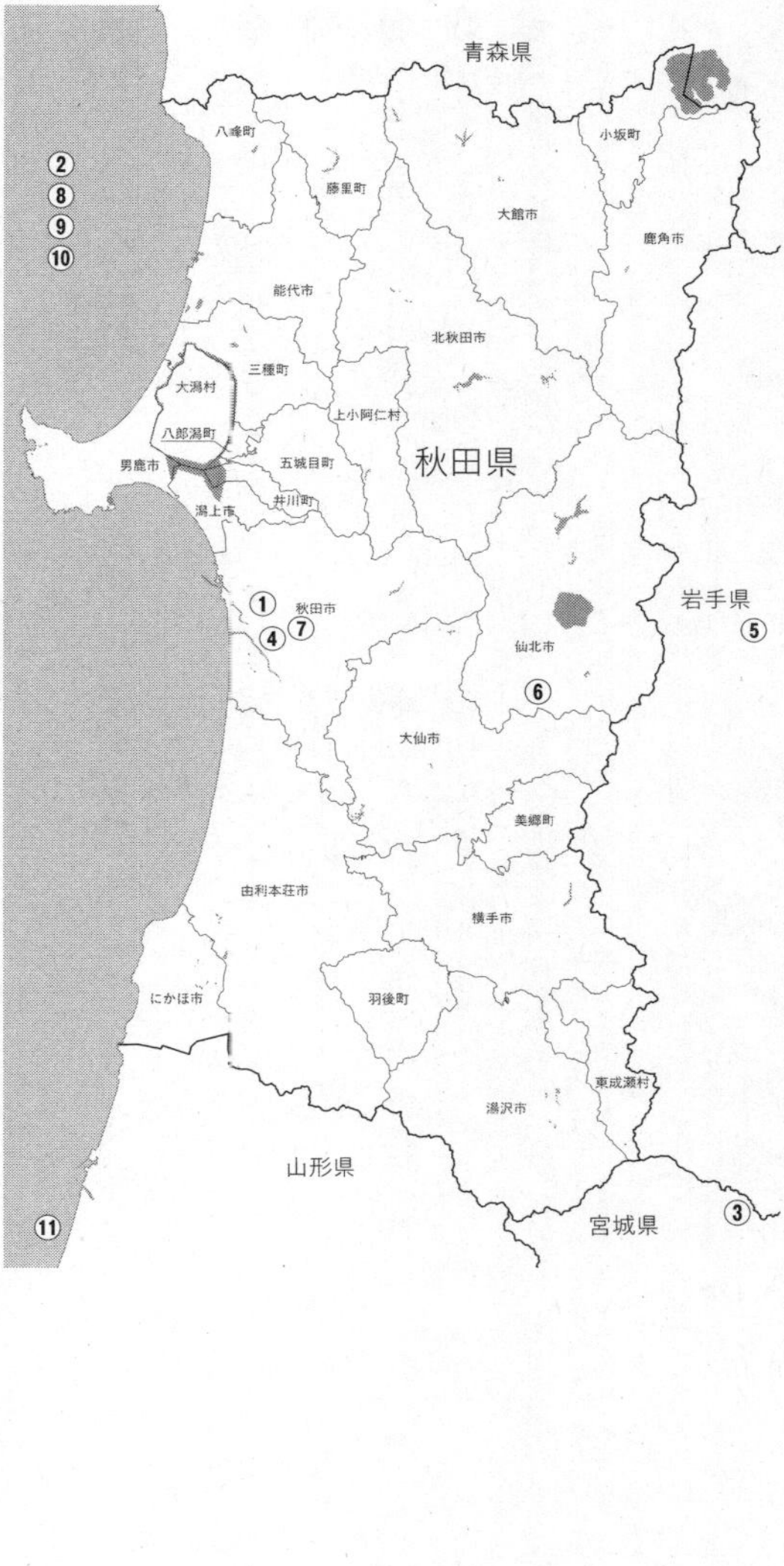

① １８１４年　屋代弘賢（秋田）
② １８８９年　レフ・シュテルンベルグ（シベリア）
③ １９１４年　ニコライ・コンラッド（東京）
④ １９１５年　ニコライ・ネフスキー（秋田）
⑤ １９２０年　伊能嘉矩（遠野）
⑥ １９２８年　喜田貞吉（角館）
⑦ １９４２年　中山太郎（秋田）
⑧ １９５１年　ミルチャ・エリアーデ（シベリア）
⑨ １９６８年　アレクセイ・オクラドニコフ（イルクーツク）
⑩ １９７１年　岡正雄（ウィーン）
⑪ ２０１３年　前田速夫（白山）

［第九章］

春くる鬼……異人たちの饗宴

① ７４８年 氣多大社（石川）
② ８５９年 真山神社（男鹿）
③ １５７７年 安東愛季（能代）
④ １９１７年 澤木四方吉（男鹿）
⑤ １９２１年 小牧近江（土崎）
⑥ １９３２年 大龍寺（男鹿）
⑦ １９３４年 折口信夫（男鹿）
⑧ １９５１年 船川港（男鹿）
⑨ １９６７年 八郎潟（八郎潟）
⑩ １９９４年 北上市立鬼の館（北上）
⑪ ２０１９年 石川直樹（男鹿）
⑫ ２０２０年 赤彩球胴甕（北上）

［第十章］

風の身体……土と光の記譜法

①７７１年　渤海国使節（能代）
②８７８年　天慶の乱（能代）
③１１８９年　橘公業（男鹿）
④１２７４年　文永の役（日本海）
⑤１２８１年　弘安の役（日本海）
⑥１３３７年　安東氏（十三湊）
⑦１４４３年　安東盛季（能代）
⑧１４５６年　安東政季（能代）
⑨１５９８年　安東実季（土崎）
⑩１６０２年　佐竹氏（秋田）
⑪１８８６年　石井漠（三種町）
⑫１９１９年　大野一雄（大館）
⑬１９６１年　土方巽（秋田）
⑭１９６５年　細江英公（羽後町）

[column]

石川直樹──写真

［凡例］

●引用文の旧仮名遣いは、適宜現代仮名遣いに改めた。ただし古文についてはその限りでない。
●一部現代にそぐわない表現が見られるが、原文を尊重しそのまま引用した。
●本文中、太字にした用語については、ページ下部に解説を付した。
●第六章は「秋田　その風土と世界性」『写真』（ふげん社）を加筆・修正の上、収録したものである。

［第一章］旅する光陰

その奥の奥の細道

❶……北限の岬

秋田県最南端に「小砂川《こさがわ》」という羽越本線の無人駅がある。ホームから集落の向こうに日本海が覗ける。この小さな駅で降りた。坂下は海水浴場になっていて、ほっとする海風が吹いてくる。駅周辺はいくつかの道の交差点にあたり、さまざまな街道が重なりあう。

小砂川駅前の坂を降り、南へ向かうと、秋田県「象潟《きさかた》」町と山形県「遊佐《ゆざ》」町に跨る県境の「三崎山」が見えてくる。三崎は不動崎、大師崎、観音崎の3つの岬を言う。9世紀、ここに蝦夷の侵入を防ぐ「有耶無耶《うやむや》の関」があった。

三崎山は鬱蒼とした「タブの林」で覆われている。高木常緑樹のタブの木は日本海の暖流である対馬海流に乗り南方からやってきた。この山には海の道も連なっている。タブの木は船材として重宝された。かつて朝鮮半島から日本に渡来した船の多くはタブの木でつくられ、南から日本海を通り、遥々とこの北の浜辺まで辿り着いた。対馬暖流の影響で、この地の海岸部は比較的雪も少なく、海流が運ぶ南方系植物が鮮やかな緑を発色させる。

秋田側から三崎山へ入る手前には国道7号が通り、並行するように羽越本線も走る。その鉄路に旧国道の酒田街道が交差している。「三崎山旧街道」の標識も立っていた。この旧街道は貞観年間（859－877）に慈覚大師が開いたとされる。**慈覚大師**（794－864）は853年、象潟の「蚶満寺《かんまんじ》」を創建し、開祖となった。

三崎山旧街道は15世紀以降、日本海側の最重要街道となった。かつては鳥海山裾野の観音森にもう1本の街道が通じていたというが、今は森に紛れている。

慈覚大師（794－864）
円仁とも呼ばれる。最澄や空海を含む入唐八家の1人で第3代天台座主。下野国生まれで、最澄に師事し、何度も渡海を試みるが失敗し、最後の遣唐使として838年に唐に渡る。847年に帰国後、立石寺や瑞巌寺など東北に331の寺を開山し、みちのくの宗教的な開拓者として知られる。

三崎山を越え多くの人馬が行き交った。「駒泣かせ」や「地獄谷」の異名通り、ここは大変な難所だった。タブの木の原生林の細道を行くと、緑が匂う登り坂は次第に険しくなる。峠近くは道もゴツゴツした岩や石に変わる。馬の足に藁履を履かせて通ったと伝えられる。樹齢100年以上のタブの林に鏡石と呼ばれる黒光りする石が点在する。無数の人馬が踏みしめ、行き過ぎたため、光沢を放っている歴史の躓《つまず》き石である。

山頂近いタブの林にある御堂には慈覚大師が祀られている。傍らに馬頭観音の小さな祠《ほこら》もある。福田の泉という湧水を過ぎ、振り向くと木々の間に青い海と白い砂浜が緩く弧を描く。入江の先に象潟が見えた。

慈覚大師は「みちのく（陸奥／道奥）」開発の祖である。唐に渡り、帰国後、「天台宗」の組織化に邁進した。「比叡山延暦寺」の造営に奔走し、東北の信仰を広げる旅に出て、山形の「山寺」を拠点に各地へ文化の種を蒔いていった。三崎山旧街道を切り拓いたのも、その一環である。慈覚大師の足跡は小砂川から象潟にかけての海岸線から鳥海山の山懐まで奥へ深く分け入っている。象潟の蚶満寺を再建した仁寿3年（853）の翌年、慈覚大師は天台座主に就任した。

慈覚大師の御堂からさらに進むと一里塚があった。「西はむやむやの関、路《みち》をかぎり」と、松尾芭蕉が象潟のほうを見やりながら『奥の細道』（1702）で述べた「有耶無耶の関」とはこのあたりのことだろう。かつてここには手長足長という異形の怪物が潜み、関を越えんとする旅人を待ち構え、食していたという。しかし3本足のカラスが、怪物が待ち構えている時は「有耶」、いない時は「無耶」と鳴き、旅の安全を知らせた。手長足長の怪物とは蝦夷のことだろうか。3本足のカラスは日本神話に登場する導きの八咫《やた》烏《がらす》に似ている。芭蕉は歴史の累積したこの三崎山を越え象潟へ入った。

山形から秋田へ入るには鳥海山（2236メートル）を越えなくてはならない。鳥海山は海抜ゼロから一気に聳《そび》え立つ独立峰なので、海沿いギリギリにつくられた街道を歩いてゆくことになる。晴れた朝には、太陽を背にうっすら靄《もや》のかかる日本海へ大きく羽ばたく大鷲のような鳥海山が影を落とす。

山形県最北端の遊佐町は、秀麗な鳥海山が迫り、荒波渦巻く日本海が目前に広がる海辺の町だ。夏になるとここは世界中からやってくる登山客の海側登山口になる。標高1200メートルの長坂あたりからチョウカイフスマやチングルマの花畑が広がる。その花越しに望む日本海の青さが目に染みる。鳥海山には秋冬になると大量の雪が降り積もる。その雪は初夏から盛夏にかけ、ゆっくり解けてゆき、登山道のある稜線近くまで残雪は残る。高山植物はその雪解けの土地に咲いてゆく。道に沿って可憐な花を楽しみながら、登山客はゆっくり数キロも続く桃源郷のような花道を降りてゆく。

❷……循環する聖水

鳥海山はブナの森に包まれた深い森である。長い年月を経て漉《こ》され、蓄えられた清冽な水と豊富な雪解け水が、山腹のあちこちから湧水や滝となって溢れている。鳥海山は枯れることの無い山である。

日本海を流れる対馬海流の水蒸気は、酒田沖の飛島《とびしま》あたりで大量に天空へ上り、雲となって冬の風に乗り、鳥海山に直接ぶつかり、大雪を降らせ、雪解け時には中腹に広がる豊かな

大物忌神社
鳥海山山頂の本社及び吹浦口ノ宮と蕨岡口ノ宮の2ヵ所の里宮を合わせて大物忌神社と総称する。鳥海山を御神体とする山岳信仰の中心である。主神の大物忌神は記紀には登場せず謎が多いが、古代日本では国家の守護神として特別な崇敬を集めた。「大日本国大物忌大明神縁起」には「卵生神話」が記され、主神は大鳥の翼に乗り、天竺から百済を経て、日本海を渡り、渡来したとある。

ブナの森を川や滝となって流れ落ち、山麓へ走る。

鳥海山は噴火を繰り返してきた火山であり、山肌の下は多孔質の溶岩地質である。そこへ染み込んだ雨や雪は濾過され、透明度の高い水となり、地表へ再び姿を現す。有名な「胴腹滝」は、岩壁から流れ出る湧水だけから成る滝であり、沢となって流れ、やがて地下へ潜り、姿を隠す。他にも大滝、一ノ滝、二ノ滝など、清澄な響きを聞かせる名滝は多く、「丸池様《まるいけさま》」のように青緑の湖面の不思議な煌めきから池が御神体となった湖もある。

この水の循環無しには、出羽富士の異名を持ち、美しい稜線を描く鳥海山麓の人々の生活は成り立たない。多くの集落が川、池、湧水、自噴水といった水辺に形成されていった。生活用水としたり、田畑に引いたり、酒造りに生かしたりと、日々の生活が水の恵みにより営まれてきた。海底から湧き出る養分を含んだ湧水で大きく育つ天然岩牡蠣の漁も盛んである。海岸では、その湧水が砂浜からボコボコ溢れる様子も目にする。

三崎山から降りた「女鹿《めが》」の集落には「神泉《かみこ》の水」と呼ばれる湧水の洗い場があり、そこは飲料、米研ぎ、海藻洗いと境界を設けて整然と使い分けられている。女鹿は「アマハゲ」の里でもある。ユネスコ無形文化遺産の1つであるアマハゲは、女鹿、滝ノ浦、鳥崎の3集落に伝わる行事で、福を招く神の使徒アマハゲが厄除けのため各集落を訪ねまわる。

古代から山そのものが「大物忌神」として崇められてきた鳥海山は巨大な霊場として知られる。かつては多数の修験者が訪れ、山奥深くに籠り、修行に明け暮れた。その信仰文化は今も3つの社を中心に脈々と継承されている。出羽国（秋田と山形）で最も格式の高い一之宮である**大物忌神社**の創祀は欽明天皇25年（564）、御本社の他に2つの里宮である吹浦《ふくうら》口ノ宮、蕨《わらび》岡《おか》口ノ宮の3社で構成される。御本社は標高2000メートルを超える地にあり、伊勢神宮

大物忌神社

大物忌神社より少し登ったところにある巨石「鳥海山様」

アマハゲ（山形県飽海郡遊佐町吹浦女鹿）

同様20年ごとに式年遷宮があり、建て替えられる。

大物忌神は浄化力が強大で、邪気を祓い、秘められた才能を開花させる神として名高い。**『続日本後紀』**（869）にはこの大物忌神が国家に関する重大事を予言する神とされ、噴火鳴動する測り知れない力を秘めた神として朝廷に認識されていたことが記される。[2]

そのため修験道が盛んになる中世以降は鳥海山登山のため6つの登り口がつくられ、登り口付近に修験集落が形成され、〝鳥海修験〟の名が高まった。宗派の違いから登拝口で争いが絶えず、特に山頂に奥の院を持つ山形側の「蕨岡」と秋田側の「矢島」は争いを繰り返し、1704年には江戸幕府を巻き込む、庄内藩と矢島藩の領地争いへ発展した。蕨岡は最盛期には33坊を有する強力な勢力を誇り、吹浦は25坊3社家を有していた。修験者は宿坊で精進潔斎した後に先達に導かれ、険しい道を進みながら山頂を目指す。

山形鶴岡生まれの早逝の美学者**高山樗牛**《ちょぎゅう》（1871-1902）に「鳥海山紀行」という紀行文がある。1891年、深夜に蕨岡を発ち、頂上に至り、吹浦へ下山、海沿いの湯の田温泉へ泊まったことが記される。海に面した、こんこんと湧くこの温泉は登拝を終えた人々の精進落としの場であると共に、この世の哀しい極楽浄土だった。

「吹浦の北、海に沿いて半里、湯の田の温泉あり、行きて宿す。楼海に依りて立つ。清涼愛すべし。浴後、団扇を執りて、欄に凭れれば、海緑に煙濃く、その数声、沙鷗驚いて波を蹴り、孤帆独り悠々、人をして巫峡藩湘の想あらしむ。この夜藩声枕を洗ひ、夢裏山影波を漂う」[2]

『続日本後記』
平安時代に成立した勅撰史書。天皇親政から摂関政治へ移る時代である833年から850年の18年間を扱い、869年に完成されている。

高山樗牛（1871-1902）
山形鶴岡生まれの明治の思想家。博文館に入社し『太陽』編集主幹となり、森鷗外と美学論争を繰り広げる。1900年に文部省から美学研究のための海外留学を命じられる。夏目漱石と同期の任命だったが、洋行の送別会後に吐血し、1902年に31歳で早逝した。

松尾芭蕉（1644-1694）
伊賀上野生まれの江戸時代前期の俳人。滑稽を主としていた俳諧を芸術性の高い句風として確立した。武士身分を持つ農家に生まれ、藤堂藩の藤堂蟬吟に仕える。23歳の時に蟬吟が早世したため、出奔して江戸に下り俳諧師となる。その才能を認められ宗匠として深川に芭蕉庵をひらく。「甲子吟行」「野ざらし紀行」「笈の小文」「奥の細道」などの紀行文、「幻住庵

青緑色の海は霞み、海鳥は飛沫に濡れ、一艘の舟が沖へ出てゆく。宿の欄干にもたれながら、その行方をじっと見守る寂しい旅人の夢が波間へ紛れ込んでいった。

❸……松尾芭蕉と海に漂う島々

松尾芭蕉（1644－1694）は1689年、旅の思い断ちがたく、老体に鞭打ち、山形から秋田へ抜け、旅の最北端である歌枕の聖地象潟を訪ねた。

「羽黒山」、「月山」、「湯殿山」の出羽三山に白装束姿で参詣した後、鶴岡から川舟に乗り、酒田へ入り、酒田から日本海へ出て、遊佐で月光川を渡る。小雨降る中、海辺の道を磯づたいに歩き続けた。道中に本降りとなり、やむなく「吹浦」の旅籠に泊まる。吹浦から女鹿を通り、秋田と山形の県境の三崎山を越え、小砂川へ出た。海岸線が美しい小砂川から上浜へ辿り、昼前には象潟に着いた。

『奥の細道』は北の果てを巡る旅である。芭蕉は旅を書くなら従来の紀行文にない新視点を導入すべきと考え、日本の北限という新たな詩情も切り拓くべきだと思った。しかも現実の移動に縛られることなく、幻視や想像力を駆使した旅の記述でなくてはならない。旅から得た感想を基に、旅の合間に見聞したことを書き付け、それらの断章を有機的に結びつけ、味わい深く、繰り返し読むに耐える文章に練りあげてゆく。

紀行文には移動する人の心情や行動が描かれるが、『奥の細道』の関心は常に北へ、北へと向けられていった。そこには名所への思いや先人への追憶が重なる歌枕の地を訪ねる旅人の感情の揺らぎが込められなくてはならない。そうした意味でも象潟は芭蕉にとって理想

記」や「嵯峨日記」を執筆し、旅を通してスタイルを洗練させていくが、大坂で客死する。俳文、紀行、日記などはすべて死後に刊行された。

1：『続日本後紀　全現代語訳』（森田悌訳　講談社学術文庫）

2：高山樗牛「鳥海山紀行」（『樗牛全集第六巻　想華及感激』博文館）

の場所だった。

象潟だけでなく、新潟、酒田（サカタ）、八郎潟、十三潟《じゅうさんがた》と、日本海沿いの海辺には「潟（カタ）」の付く名前の土地が多い。その潟の道は『奥の細道』後半の旅路と重なり、独特の風景や地形を立ち上がらせる。沖が見え、湖沼が散らばり、砂浜と黒松の防風林が続く。砂浜と言っても広大ではなく、風と波の作用で地表に平たく砂の層が載っかっているという雰囲気である。しかもその風景は陸なのに海でもある独特の気配を持つ。象潟はその典型であり、風光天候により海になろうとしたり、陸になろうとしたり、さまざまな表情を見せる。実際、遠浅の海で、潮の干満差が激しく、退潮時は陸地のようになり、満潮時には海へ戻る。

芭蕉が訪れた当時の象潟は、現在の田畑が広がる陸地とは様相を異にした、海に漂う島々だった。九十九島《くじゅうく》と呼ばれ、大小百数十の島々が浮かぶ入江の景勝地であり、移動には舟が欠かせなかった。今の象潟の奥へ入ると水田から直接起き上がったような山や丘がたくさんあるが、これは1804年の「**象潟地震**」で海底が3メートル近く隆起してできたものである。鳥海山はかつては活発な火山であり、平安時代は大噴火を繰り返した。その遥か昔には火山活動で流れ出た溶岩流が日本海へ入りこみ、冷えて、大小の島々が出来上がった。

芭蕉の旅は、その象潟地震の100年以上前のことだった。到着した日は雨が降り続く。芭蕉はずぶ濡れのまま、まず宿の能登屋を訪ね、着替えを借り、うどんを食べた。この日は近くの熊野神社の祭りのため宿泊客が多く、対面の旅籠向屋にやむなく宿替えした。

夕方には象潟橋まで出向き、欄干に凭れ、雨に暮れる象潟の景色を眺める。そぼ降る雨のヴェールで鳥海山は隠れ、空気は憂いを帯びる。あたりのネムの花が濡れて色感を増し、もの悲しい風情を見せていた。

象潟地震
江戸時代後期、1804年に発生した象潟沖を震源地とする大地震。津波を伴い、1500以上の民家が倒壊するなどの大きな被害を出した。一帯が隆起して陸地となり、「東の松島、西の象潟」（松尾芭蕉）と称せられた美しい潟の景観も失われた。1740年に鳥海山が火山活動を再開し、地震の3年前に大噴火を起こしていた。

「象潟や雨に西施がねぶの花」は、中国の越《えつ》国から呉王へ送られ、呉国滅亡の一因となった悲劇の美女西施《せいし》を、ネムの花の佇まいに見立てて象潟の地精を詠《うた》ったものだ。漢字で「合歓」と書くネムの花は、羽毛のような淡紅の花を咲かせる。湿地に自生し、夕方に小さな葉列が手を合わせるように閉じ、眠たげに見える。この地が芭蕉の北限であり、旅の感情の昂まりの場所となった。

詩心にせき立てられるように出発した旅だった。体力があるうちに残り少ない生にけじめをつけておきたい。旅に詠い、旅に疲れ、旅に病んだ人生だった。そして旅に生き、旅に死ぬだろう。

「江山水陸の風光数を尽して、今象潟に方寸《ほうすん》を責《せむ》。〔…〕江の縦横一里ばかり、俤《おもかげ》松島にかよひて、又異なり。松島は笑ふが如く〔…〕。寂しさに悲しみをくわえて、地勢《ちせい》魂をなやますに似たり」[3]

芭蕉は象潟に日本の憂愁の頂点を見ていた。それは日本海特有の哀しみだった。その寂しさに、さらに悲しみを加えた特別な感情を味わうために、先人たちが北の果ての象潟にやってきていた。

3：松尾芭蕉『芭蕉　おくのほそ道　付 曾良旅日記　奥細道菅菰抄』（萩原恭男校注　岩波文庫）

❹……集積する詩学

芭蕉は翌日、朝食をとった後、小雨に舟を浮かべ、蚶満寺を参詣した。まず象潟の入江口である象潟橋まで歩く。そこから島々を見渡すと一際目につく島が見えた。「能因島」である。早くから歌人として名を成し、貴族をパトロンに平安の大歌人となった**能因《のういん》法師**(988-?)が3年間幽居した島である。「世の中はかくても経けり象潟の海士《あま》の苫屋をわが宿にして」という歌を残した。

源平争乱時代を苛烈に生きた**西行法師**(1118-?)も象潟を訪れている。北面武士出身の西行は、能因法師と同様、恋に落ちてこの世の辛さを味わう。能因法師を師と仰ぎ、出家と同時に漂泊の旅に出た。生涯で2度、みちのくの旅に出て「象潟の桜は波にうづもれて花の上こぐあまの釣舟」と詠んだ。

芭蕉は、舟を能因島へ寄せ、能因幽居の跡を訪ねる。その後、向こう岸に舟を進め、西行の歌の遺跡である桜の老木を巡った。今も蚶満寺の広い境内の中には桜があるが、ゆかりの木は芭蕉が訪れた時にすでに枯れていた。

蚶満寺には象潟最初の歴史上の人物と言える女帝神功皇后の跡も残る。「神功皇后」(4世紀後半)は朝鮮半島に出兵し、新羅遠征を決行した後、**百済**、高句麗も服従させるが(三韓征伐)、帰途に船団が大しけに遭い、象潟沖へ漂着したという伝承がある。神功皇后は身重だったため、住家から離れた島へ仮宮を設けて静養し、まもなく象潟で応神天皇を出産する。九州の筑紫に帰るのはその半年後である。

能因法師(988-?)
平安時代中期の僧侶、歌人。中古三十六歌仙の1人。東北地方を長く旅し、多くの歌を残す。世を捨て和歌に傾倒する数寄者としての生き方は、後の西行や松尾芭蕉にも影響を与えた。

西行法師(1118-?)
平安時代末から鎌倉時代にかけて鳥羽上皇の北面武士であり、僧侶・歌人。"旅の中にある人間"の生き様を示し、松尾芭蕉に強い影響を与えた。

百済(4世紀前半~660年)
古代朝鮮半島の国家。当時の朝鮮半島は百済の他に高句麗、新羅があり、朝鮮史では三国時代に区分されている。中国の唐が北の高句麗を制圧するため、南の百済攻略を企図し、東の新羅と共に百済を滅ぼした。遺臣たちは倭国(日本)の助けを借りて復興運動を起こすが、白村江の戦い(663)で敗れたため、多くの遺臣たちが日本に逃れたとされる。

古代神話上の話だが、象潟海岸には応神天皇を主神とし、その両親の神功皇后と仲哀天皇を祀る八幡神社が5社ある。後世の話では、神功皇后の霊夢を見て、この島へ辿りついた古僧が、蚶貝(キサガイ/赤貝)が出る地ということで蚶方(キサカタ)寺を建立したという。この寺を853年、三崎山を拓いた慈覚大師が再建し、神功皇后の所持していた干珠満珠の宝玉にちなんで皇后山干満珠寺とし、これが現在の蚶満寺となった。芭蕉は蚶満寺からの眺めをこう誉めたたえている。

「此寺の方丈に座して簾《すだれ》を捲《まけ》ば、風景一眼の中《うち》に尽て、南に鳥海、天をささえ、其陰《そのかげ》うつりて江にあり」[4]

寺に座して簾を巻き上げると、一瞬のうちに圧倒的な風景が立ち上がってきた。鳥海山の山影が入江に映りこみ、北東には堤が築かれ、秋田城へ通じる街道が彼方まで続いている。北に海が見え、そこから波が流入する場所を「汐越《しおこし》」と言った。芭蕉が象潟に来たのは、能因や西行ら旅の先人たちの心の光跡を体感するためだった。芭蕉にとって寂しさと侘しさの極まる道の奥こそが歌心の源泉だった。

雨がようやく上がり、昼から熊野神社を参拝し、祭りや踊りを見た。夕は「今野嘉兵衛」のもてなしを受け、潟に舟を漕ぎ出し、遊覧を重ねた。この夜の泊まりは部屋が空いた能登屋になる。翌日は快晴で、名残惜しげにまた象潟橋まで出向き、晴れ渡った鳥海山を拝むことができた。満足して、象潟を発ち、再び酒田へ向かってゆく。

4：註3と同じ。

❺……旅に死すこと

芭蕉は象潟の先まで向かう計画を持っていたようだ。奥の細道のさらなる奥の道へ分け行ってみたいという願いがあった。旅の途中、江戸にいる弟子の杉山杉風《さんぷう》に宛てた手紙に「秋田・庄内之方、いまだ心定まり候はず」という一文がある。仙台から先の旅程を、秋田へ行くか、庄内へ出るかで迷っていたのだ。時間と体力があれば秋田のさらに北へ向かいたい気持ちがあった。

米沢家本『幻住庵記』(初稿)には「うとふ啼くそとの浜辺よりエゾが千島みやらむまでとしきりにおもひ立侍る」と書かれている。蝦夷地や千島、アイヌへの思いもそこに秘められている。しかし師の体調や疲れを案じる弟子の曽良は厳しくその思いを制した。「うとふ」は「善知鳥」と書き、アイヌ語で「突起」を意味する海鳥である。北の果ての世界へ招き寄せるかのように海鳥が鳴き、心を騒がす。[5]

旅に死すことを願った芭蕉の、死の時について記しておきたい。晩年の芭蕉はしきりに郷里に帰りたいと思うようになった。死の予感に慄きながら、死ぬ前に今一度故郷の土を踏みたいという望郷の念が募る。しかし持病のため帰郷は先延ばしされ、故郷の伊賀上野へ帰ることができた時にはもう時間はあまり残されていなかった。

しばらく実家で静養を続けた後、小康を得て、愛すべき門人たちの誘いで湖南(琵琶湖南部)と京都を訪ねる。7月の盆に伊賀上野に戻ると、芭蕉が帰郷した知らせが近畿各地の門人に伝わり、来遊を求める手紙が相次いだ。決心して再び9月に旅立ち、奈良を経て大坂へ出向いた。その無理な旅が祟り、芭蕉の衰弱と疲労は極まった。短い旅だったが、難渋な行程となり、着いた途端、高熱を発し、悪寒と頭痛に悩まされる。それを押し俳席に出座するが、限界に達し、猛烈な下痢に見舞われたのをきっかけに病勢は日を追って悪化していった。

各地の門人たちが続々と病床に駆けつけてくる。芭蕉は死期を悟り、遺言をしたため、永別の辞を口述し、身を清め、香を焚き、静かに伏したまま眠るように生涯を閉じた。象潟の旅から5年後の1694年のことである。

人生を旅と見立て、言葉と詩学による目眩く幻術の世界を立ち上がらせる。芭蕉にとって旅は常に新しい形式で物語られなくてはならなかった。そうしないと手元から幻のまま消えていってしまう。ただ見聞したり、体験したものを並べてゆくだけでは旅は永遠に完結することはない。1つの旅を終わらせ、旅にとどめを刺す新たな距離と視点が必要だった。そのため芭蕉は精神を集中し、自分の内側から騒ぎ出してくるような物語る方法を見出そうとした。

「そぞろ神の物につきて心をくるはせ、道祖神のまねきにあひて取《とる》もの手につかず」[6]

芭蕉は旅に憑かれることを目指した。そぞろ神とは人の心を激しく誘惑する神である。道祖神は言わずと知れた、路上にあって旅人への悪や厄を防ぎ、見守る神である。芭蕉はこうした神々にとり憑かれながら、旅を棲家とし、旅に病み、旅に死んだ。

芭蕉はノスタルジーとは真逆の狂おしく激しい欲望に捉えられた。自分の体が重くなっ

5：志田義秀・志田延義編『校註 奥の細道 附幻住庵記』（武蔵野書院）

6：註2と同じ。

て動けなくなる前に、心を塞ぐ障害が相次ぐ前に、古い旅を消化し、詩歌という幻術でいつまでも旅と共に生きられるよう書き残す。旅は物語られることで再び生命を付与された。旅の物語は、語る者と語られる者との周りに極彩色の花粉を撒き散らし、生と死の意識を活性化させる。その死の際に芭蕉は象潟を思い出しただろうか。

❻……旅人の秋田

芭蕉の跡を辿るように、さらに芭蕉が到達出来なかった、その奥の奥の細道を旅した旅人がいた。江戸時代晩期を旅に生きた**菅江真澄**《すがえますみ》（1754-1829）である。芭蕉が生まれた90年後に生を享けた真澄は人生の大半を旅し続け、その著作は200冊に及び、各著作には味わい深い詳細な図絵が挿入される。著作は日記、地誌、随筆、図絵集といった独特の多様なスタイルをとり、内容も民俗、歴史、伝承、祝祭、芸能、地理、詩歌、考古学、本草学と広い分野にわたり、現場での実体験を踏まえた具体的な表現となっている。人はこうした真澄の紀行スタイルを「遊覧記」と呼んだ。

菅江真澄は1754年に三河国で生まれ、1783年、28歳で旅に出た時は白井秀雄と名乗っていた。富士山に登り、伊吹山で薬草を採取し、謡曲の地である長野の姥捨山の月を賞《め》で、吉野大峰で修験道を学んだ。

秋田に初めて入ったのは、生涯にわたる旅に出た翌年の1784年である。長野、新潟、山形を経て、象潟から湯沢に入り、その年は湯沢の柳田で越年した。秋田への越境のプロセスは、まず羽黒山に登り、酒田へ出て、吹浦から象潟へ着く。その後、芭蕉が引き返したのに反

菅江真澄（1754-1829）
三河生まれの江戸時代後期の旅行家、本草学者。1783年に郷里を出発し、亡くなるまでの四十数年間、出羽、陸奥、蝦夷地などの日本の北辺を旅した。彩色画入りの多数の紀行を執筆し、それらは当時の年中行事や暮らしを今に伝える貴重な民俗資料となっている。

飛島
日本海に浮かぶ島で、本土からの距離は秋田県に近いが山形県酒田市に属する。山形唯一の有人島で人口160人（2023年9月）。その名は、鳥海山が噴火した際に山頂の一角が飛んでできたという伝説による（『炉辺叢書』）。毎年7月14日に鳥海山山頂の大物忌神社に向かって「火合わせ」という神事を行っている。

し、象潟から矢島へ入り、鳥海山北麓を風雪に阻まれながら山越えし、雄勝郡の「西馬音内《にしもない》」に遊んだ後、湯沢の柳田で引き留められ長い冬を過ごした。

真澄の象潟への行跡は芭蕉を強く意識したものである。酒田から鳥崎の浜や滝の浦を歩き、女鹿に至り、吹浦の関所を過ぎる。慈覚大師の御堂に詣でる人々がうずくまっていたり、御堂の下に手長という毒蛇に襲われ息絶えた人の屍が転がっていたという。柴刈りの男が現れ、背負った籠から山葡萄に似た房を見せてくれると、まもなく秋田側の小砂川に入っていた。

小砂川の宿の老主人の話だと、酒田沖の「**飛島**」近くに大きな鯨が8頭も背を並べ浮かんでいたので、舟が転覆するのを恐れて梶を止め、恵比寿神に祈ると鯨はたちまち海底へ潜っていった。トドやアザラシなども象潟沖で飛んだり跳ねたり、たくさん群れているという。かつてオホーツク人たちが海獣を追い、このあたりまで南下してきていたと聞いた話が現実味を帯びる。夜がふけて、老主人に雪の音が聞こえるというと、あの淋しい音は下り穴という空洞の岩穴に、荒波がうち入る音だと言いながら寝てしまった。翌日は坂を越えて「関村」へ入った。

「この関村が、昔のうやむやの関の跡なのであろう。三崎山の地獄谷の辺だという人もあるのは誤りだろうか」[7]

真澄は、そう言って有耶無耶の関跡とは、上浜と象潟の間の関村だったのではないかと疑問を投げかけている。小川を渡ると右手に丘が見える。松の立つ白砂の小高い場所を鳥耶《とや》

7：菅江真澄『菅江真澄遊覧記』全五巻（内田武志・宮本常一編訳　東洋文庫　平凡社）

杜《もり》と土地の者が呼んでいたため、「とやとや鳥のうやむやの関」といった古《いにしえ》の名前の名残りだろうと推測する。

関村を過ぎると摺鉢を逆さにしたような青山が現れてきて、スケッチした。真澄の絵は親密で温かく、リズミカルな構図と大胆なデフォルメで見る者を引き込み、没入感を喚起する。スケッチは大きな鳥海山が画面中央に置かれ、手前の入江に島々が描かれ、島巡りする舟の様子も克明に留められている。

「象潟から鳥海山を仰ぎ見ると、まるで田子の浦から見た富士山のようだ」と真澄は記した。[8]

❼……蝦夷島の影

菅江真澄が象潟を訪れたのは１８０４年の象潟地震が起こる前であり、芭蕉が見たように八十八潟や九十九島と呼ばれる無数の島々が潟湖に浮かんでいた。舟に乗り、的島や玄海島を巡るうちに空が晴れた。能因島の向こうに鳥海山が見える。蚶満寺の西の袖掛けの松に舟をつけると風が騒がしくなり、霰が降ってきた。眼前の島々はかき曇り、紅葉の色が薄く照り返してくる。

西行が「桜の波にうづもれて」と詠った桜は、水上に枝を差し出していた。芭蕉の塚石も見つけたし、親鸞が腰掛けたと言われる石もあった。親鸞は「松しまやをしましほかま見つつ来てここにあはれをきさかたの浦」と詠った。「いつかとはおもひをこめて象潟のあまのとまやに秋風ぞふく」という遊行上人（他阿《たあ》）の歌碑もあった。まさに詩歌の集まる場である。

鍋粥島や兵庫島のあたりまで漕ぎ進んでゆくと、毛笠（葦の穂に鶏の尾羽を混ぜて編んだ笠）を身につけた漁師が「おそさおそさ」と舟音頭を唄いながらやって来た。秋には実った五穀を刈り束ねた小舟が出入りし、島々の眺めはさらに良くなるという。大潮越の八幡神社が見えてきて、冬木立ちに白い幡が翻っているのは白山の神を祀る御社である。日が暮れてきて、枯葉の茂る中を舟を引き出し、元の岸に向かう。

多数の島々でかたちづくられた麗しい海の光景は、この20年後の象潟地震により激変した。地殻変動であたりの土地は大きく盛り上がり、潟湖は陸地に変わり、真澄や芭蕉の見た風光明媚な景色はもはや見ることができない。

陸に上がると、行き交う人々は「アッシ」という蝦夷の島人が木皮で織り縫った短い衣を着て、小さな「マキリ（蝦夷刀）」と火打袋を腰につけていた。真澄のアイヌへの関心はこの時に着火されたのだろう。

やがて多くの島々が夕霧に隠れ、島の頂だけわずかに見え、舟人の行く棹の音がギィギィ聞こえてくる。この淋しい浦の風景に、真澄は故郷への想いで胸がいっぱいになり、涙が溢れた。

真澄は象潟から北へ向かった。金浦《このうら》から本荘へ、さらに梅田から相川、前郷、小菅野、矢島、西馬音内、雄物川を渡って柳田へ入り、雄勝から湯沢まで足を延ばした。この行程で真澄は初めて雪国で冬を迎える。特に豪雪体験は真澄に強烈な印象を残した。

「道が絶えたというか、雪の中を掻き分けて進む。粗末な橋の上に雪が積もって渡りがたい。見るのも恐ろしいほど勢いよく流れる谷川の上を、人に助けられ、かろ

8：註7と同じ。

うじて渡る。雪の中を進むうちに誤って道に迷う。越中（富山）の薬売りが二人通りがかり、その人たちを頼りに進む」[9]

雪の激しさに真澄は絶句する。しかし悪戦苦闘しながら、なんとか雪に慣れ、雪の民具の数々に関心を抱く。「はきぞり」「雪車」「箱ぞり」「かいしきぼう」など、真澄は民具や道具の特性を見極め、精密に描きわけた。「毛笠」「目すだれ」「かんじき」「蓑帽子」などを早朝の雪景色に咲き誇る花々のように丹精に心を込めて描いた。

真澄はさらに北上し、横手、大曲、角館、阿仁合《あにあい》、萩生《はぎなり》、追分、秋田、脇本、門前、加茂、戸賀、能代、岩館と秋田県内を回る。しかも留まるところを知らず、青森、岩手、宮城を回った後、再び北上し、北海道へ渡り、アイヌの集落を訪れ、北海道滞在は4年半に及んだ。目まぐるしい移動とフィールドワークの旅である。その行程には、芭蕉の『奥の細道』以北の世界を極めると決意した真澄の執念を感じとることができる。

❽……アイヌとの交流

菅江真澄が流浪の果てに蝦夷島（北海道）に辿り着いたのは、1788年である。宇鉄（青森県三厩《みんまや》地区）から乗船し、松前（北海道松前町）へ至った。真澄のアイヌ研究は長期にわたり、アイヌの人々の生活を克明に観察し、初めて目にする独自の文化を深い視点から凝視しようとした。

真澄が蝦夷島を旅した頃は、赤蝦夷と呼ばれたロシア人の侵入や、松前藩の政策によるア

9：註7と同じ。

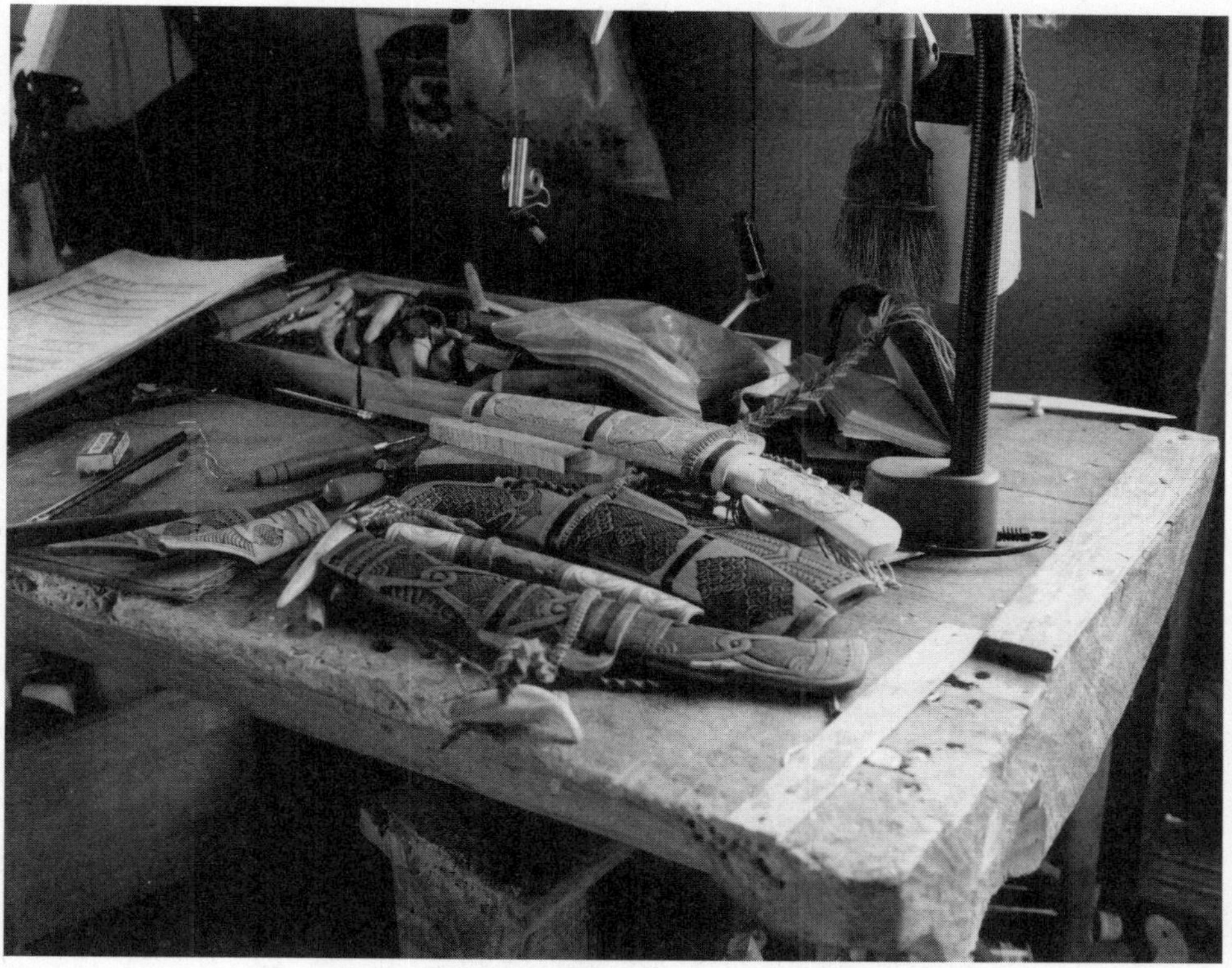

マキリ（蝦夷刀）

イヌ騒動が重なり、幕府の目が強く北方へ向けられていた。

蝦夷島は和人（日本人）の居住地である和人地と、アイヌの居住地である蝦夷地に分かれていた。この境界は時代と共に北上するが、真澄が渡った18世紀後半は、渡島《おしま》半島の西の熊石《くまいし》と東の山越内《やむくしない》を結んだ線が境界だった。

稲作の困難だった松前藩では蝦夷地の交易権を家臣に与える商場知行《あきないばちぎょう》制をとっていたが、次第に商人に交易を代行させ、献上金を得るシステムに転換しようとしていた。商人たちは利益をあげるためにその制度を徹底し、アイヌを交易の対象というより労働力として扱うようになる。蝦夷地の支配体制は大きく変容しようとしていた。

当時、松前藩は和人の旅を厳しく規制していたが、真澄は霊山参詣を名目に境界を突破し、蝦夷地を旅した。渡島半島の日本海側にある太田権現（現、久遠郡せたな町大成区）を目指した旅は『えみしのさえき』として１７８９年に書かれた。また渡島半島の太平洋側にある有珠《うす》山を目指した旅は『えぞのてぶり』として１７９１年にまとめられている。この２つの聖域が真澄の奥の細道の北限となった。[10]

アイヌの人々の住むコタン（村）を訪ね、彼らの家（チセイ）に泊めてもらい、精細な調査を続ける。アイヌ語は文字を持たないため、彼らの言葉を正確に聞き取らねばならず、日記には抑揚や濁音等の細かいニュアンスが工夫されてカタカナ表記されている。

真澄のアイヌ・コタンの図絵は驚くほど精緻である。現在の北海道八雲町内浦にあったこのコタンは中央の大きな家の周りに大小の家屋が点在していた。魚や肉を干す木棹があり、ヒグマの霊を祀る幣場《ぬさば》である「籬堆（ツセキ）」が描かれる。籬堆はヒグマの骸骨をY字形の枝に貫いて、木幣を縛りつけ、笹葉を束ねて結びつけている。高倉式の倉庫は、間隔を置いて柱を立て、棚状に横木を並べ、その上に鱈、ニシン、鮭、干肉を貯蔵する。子熊や梟、鷲や鷹、狐や狸を養う檻の様子も詳しく描かれた。

アイヌでは酒もつくられ、ヒエやアワを原料とした酒は儀式や宴会で用いる。真澄はシャバポロとコウシという2人の情報提供者が片口器で酒を酌み交わす情景を描き、子供たちがムックリ(口琴)を演奏する様子も生き生きと記録している。ムックリは、口腔内の空洞を活かし、息の出し入れで音を奏でる竹製の楽器である。

アイヌの人々は弓と矢を使い、エゾシカやヒグマ、キタキツネやエゾリスといった獣を狩る。時にはアマッポと呼ばれる仕掛け罠を使うこともあった。漁撈の仕組みにも注意は向けられた。キテという銛先を付けた漁具は、銛が獲物に刺さると綱で繋がれた銛先が柄から外れ、獲物に刺さったままになる。

真澄の眼差しは、物の用途や道具の形状について詳細に記録し、細部にわたって説明しようとしている。そのため材料さえあれば今でも再現可能と思わせる。女たちの生業となる採集活動も見逃さない。サラニプという編み袋を背負って女たちは野山を駆け巡り、オオウバユリやウドなどの山菜、山葡萄や胡桃の木の実を採り、保存食にして貯蔵する方法も記された。

アイヌの人々はこの世界のあらゆるものに霊魂が宿っていると考えた。なかでも人間が制御できないものをカムイ(神)と呼び、カムイを崇めることによりカムイが自分たちを守ってくれると信じた。こうしたアイヌの信仰に欠かせないのは、イナウと呼ばれる削った木でつくる木幣である。大きさや房を付ける位置、削る方向や束ね方は、捧げる神によって異なる。秋田の梵天《ぼんでん》の原型である。

10：菅江真澄『菅江真澄全集』全12巻＋別巻1（内田武志・宮本常一編　未來社）

イナウにはさまざまな役割があり、神の依代《よりしろ》だったり、神が喜ぶ捧げ物だったり、神が帰る時の土産だったり、人間の言葉を神に伝える媒介だったりする。そのつくり方も真澄は記している。ヤナギやミズキなどの木の枝を削り、削り先を撚《よ》ったり、束ねたりして、いろいろな形にしてゆく。

アイヌの人々にとって大きな意味を持つイヨマンテ（霊送り）の儀礼も段階を追い詳細に描かれた。イヨマンテは「神の国へ行かせる」ことを表し、熊という姿に化身した神を送ることを指す。

檻に入れられた子熊がイヨマンテの儀礼により神の国へ送られる。子熊は人間の世界へ遊びに来てくれた神で、人間に大切に育てられてきた。イヨマンテの日に人々は正装し、華やかな装飾を施した祭具を用い、子熊を神の国へ送り出す。盛大に、壮麗に神の国に送り返すことで、神は再び動物の姿を借り、この世界に豊かさをもたらす。アイヌの人々がイヨマンテにより神の再訪を痛切に願っていることが真澄の絵に見事に描かれている。

❾……旅を揺り動かす

『真澄遊覧記』は全部で70冊残っている。現在、私たちが読むことが可能な『菅江真澄遊覧記』（東洋文庫）と『菅江真澄全集』（未來社）は、内田武志と宮本常一の編纂によるものである。

宮本常一（1907－1981）は渋沢敬三主宰の民具民俗研究施設であるアチック・ミューゼアム（後の日本常民文化研究所）の門下であり、**内田武志**（1909－1980）もその同人だった。**渋沢敬三**（1896－1963）の祖父は、日本資本主義の生みの親とされる渋沢栄一（1840－1931）で

宮本常一（1907－1981）山口大島生まれの民俗学者。大阪、奈良で教員を勤める傍ら、民俗学的調査を行う。渋沢敬三に認められ上京し、1939年にアチック・ミューゼアムの研究員となる。以後日本全国を歩いて3000以上の村を訪れる。海山、漂白民の研究にも取り組み、残した膨大な記録は『宮本常一著作集』全52巻等にまとめられている。秋田のマタギが畿内の吉野山までを狩場としていた可能性も記した。内田武志と共に『菅江真澄全集』の編纂を行う。

内田武志（1909－1980）鹿角出身の民俗学者。静岡商業学校在学時に血友病にかかり退学するが、柳田國男や渋沢敬三に勧められ、菅江真澄の研究に取り組む。大半を病床で過ごしながら、妹ハチの協力の下、宮本常一と共同で『菅江真澄遊覧記』全5巻、『菅江真澄全集』全12巻、別巻2巻をまとめ上げた。主な著作に『菅江真澄の旅と日記』や『鹿角方言集』がある。

あり、父篤二の廃嫡によって敬三は栄一の後継者となり、日本銀行総裁や大蔵大臣を務め、日本経済界の要となった。渋沢敬三は柳田國男との出会いから民俗学へ傾倒し、日本農学賞を受賞した『豆州内浦漁民史料』をはじめとする多くの業績を残している。

忘れられていた菅江真澄の業績を後世に残す上で、内田武志が果たした役割は大きい。秋田の鹿角生まれの内田は鎌倉、静岡、東京と移り住んだ後、１９４５年に秋田へ帰った。内田は柳田國男や渋沢敬三から、秋田に戻ったら真澄研究をするように強く言われていて、血友病で病床にありながら、その後足かけ20年あまり真澄研究に没頭した。また真澄を広く知らしめる普及活動を行い、それまで未刊行だった真澄の著作の翻刻出版のため、残された生命を絞り出すように奔走し続けた。今、私たちが身近に真澄の著作を読むことができるのは内田のお陰である。

菅江真澄は雪国で48回の正月を迎え、その記録は『真澄遊覧記』に彩色自筆画と共に残されている。真澄の詳しい説明に助けられ、私たちはまさに雪国の冬や春へ引きずり込まれる。

毎冬の宿を提供した家々でも遊歴の文人画家に手伝わせる仕事は無く、どの正月でも囲炉裏の傍らで何の用も無く、ぽつんと家や人を見ていた真澄の姿が目に浮かぶと柳田國男は言う。吹きすさぶ雪が荒れ狂うのを聞きながら、遠く故郷を想い、異人として毎年違う家で正月を迎えた。

初めて秋田の正月を迎えたのは湯沢の柳田であり、粟穂稲穂は餅で瓢簞の形をつくり、平らにして家内の男子の数だけ神に供える風習があった。また歳棚《としだな》上でオケラという植物の根を炊き、その煙を衣類に焚き込め、悪い病を退け、7日の粥の日には子供たちが祝言を述

渋沢敬三（1898-1963）
東京生まれの実業家、民俗学者、政治家。日本資本主義の土台をつくった渋沢栄一の孫であり、日本銀行総裁や大蔵大臣を務めた。東京帝国大学経済学部卒業後、柳田國男との出会いから民俗学へ傾倒し、特に漁業史の分野で多くの功績を残した。東京三田の自宅車庫の屋根裏に動植物標本、化石、郷土玩具、民具などを収集したアチック・ミューゼアムを開設し、岡正雄、宮本常一、江上波夫や内田武志ら多くの学者や研究者を育てている。

べ、菓子や銭をもらいにきた。14日夜は「又の年越し」と言い、門の雪に柳の枝を折って挿す。15日朝の鳥追いは、餅花を鳥追い菓子と名付け、犬、猫、花、紅葉の形に彩色した餅を重箱に詰め、互いに贈り合う。夜には12ヶ月の年占《としうら》があり、田結びと称した12本のワラを握り、中ほどを隠し、端を2本ずつ結び合わせる。偶然に長く繋がったワラは田が広がるといい、その年の豊作の吉兆として喜ばれた。

1785年は真澄が一生で最も多くの旅を繰り返した年だった。雪が解けた4月に雄勝を出て北に向かい、夏は久保田藩(後の秋田藩)の久保田城下にいた。その間に津軽を一巡し、再び引き返し、北秋田の鹿角から嶺を越えて北上川岸辺を岩手江刺郡の岩谷堂近くまで下っている。さらに1788年は南部領から陸前へ入り、石巻から松島、仙台も見物した。以降、15年近く、宮城、岩手、青森、北海道と、旅また旅に明け暮れた。

北海道から本州に戻り長く青森に滞在していたが、1801年冬の初めには、青森の日本海側の深浦を発ち、海づたいに秋田へ入り、翌年の正月は久保田城下にいた。

1803年の春は北秋田の大滝温泉に滞在し、物売りや伎芸の徒の歌語、鎌倉焼きの儀式、若水年男の作法、若者や娘の寄合、瞽女《ごぜ》の巫女たちが家々を回って歩く様子などが記されている。

翌1804年は阿仁の荘にいて、山奥の正月が描かれた。この年は真澄が初めて男鹿に遊んだ年であり、それから8年ほどは主に八郎潟周辺の村々に多くの知友を見つけ、彼らの家に滞在した。1811年の元旦は**寒風山**の麓、海と湖水に挟まれた宮沢村の客となった。ナマハギ、オカ餅の風習、ミタマの飯など、古い農家の昔風の正月が珍しい。

真澄の境遇と気質は、他の誰にもないものだった。故郷を去り、半世紀も彷徨い続け、感極

寒風山
成層火山で標高355メートル、毛無山に代わり男鹿三山の1つとされることもある。古くは妻恋山と呼ばれ、菅江真澄は『男鹿の秋風』で、この名は牡鹿の「妻恋」から付けられたと推測している。大噴火口内には「鬼の隠れ里」と呼ばれる巨石の積み重なる場所がある。

まる歌心を雪の帷《かたびら》に埋没させ、旅を繰り返し、旅を棲家とする。柳田國男が言うように秋田の果ての正月を毎年毎年「寂しい旅人」が1人歩いていたのである。その姿は吹雪にも消えることはない。

⑩………フィールドワークの先駆者

菅江真澄は日本初の本格的なフィールドワーカーだった。フィールドワークは厄介で時間のかかる仕事であり、真澄はその仕事に生涯を費やした。

フィールドワークは、場所や民族や風俗の特性を把握するために情報を収集し、観察を繰り返し、記述方法に絶えずチェックを加えてゆかなくてはならない。一般的に言うと人類学や民族学の調査研究は現地での人間関係の確立を第一とする。真澄は村々に入り込む時、この基本を忘れず、情報提供者を人づてに見つけ、彼らの身分や役割、滞在する家の生活や構成を探っていった。そうしたプロセスで得たメモやスケッチを毎日丹念に検討する。それらの断片は一見すると無関係だったり、整合性を持たなかったりするが、精査してゆくうちに見えない繋がりが現れたり、聞き取りを重ねるうちに思いもよらなかった関係が見出せたりする。そうした気づきを基に断片を再構成し、一本の筋にまとめ上げる。村や人を取り巻く、ひと繋がりになった見えない世界を、手応えを確かめながら次第に見えるようにしてゆく。

ただ実際に経験したり見聞したりした時は、起伏に富む興味深い出来事も、文字になると平板な情報と化したり、複雑な感触を湛えた対話も味気ない知見になったりすることも多い。真澄は、自身の関心や感覚の変化を記すことで、そうした単調さをできるだけ回避しようとした。

何より真澄の強みは印象を直接刻む絵を描けることだった。つまり記録する者の想像力の思考を、画文に重ね合わせることができた。旅で見たり、聞いたりした断片をいくら寄せ集め、繫げたところで、世界を描くことはできない。しかし旅は人間の想像力を鍛え、研ぎ澄まし、柔軟にする唯一の方法である。想像力を具体的な現実にする最善の方法が旅であることを真澄の記録作法は教えている。

19世紀に入り、1829年に没するまでの28年間、真澄は秋田を離れることはなかった。各地を旅しながら、当時の秋田藩主・佐竹義和《よしまさ》や藩士、百姓、手工芸業者、旅芸人と交流を重ね、彼らを取り巻く秋田の風景や環境、民俗と祝祭を記録し続けた。

晩年に集中して作業をしたのは秋田地誌である。特に『雪の出羽路《いでわじ》』『月の出羽路』『花の出羽路』の編纂に精魂を傾けた。その出羽路3部作には厳しい自然の中で生きる雪国の人々の喜びや悲しみが情に落ちることなく客観的に記され、日本民俗学研究史上の重要資料となっている。

秋田を歩き、秋田を記し、秋田を愛した真澄は、調査途上の梅沢で病に倒れ、角館へ運ばれ、その地で亡くなった。遺骸は雪ぞりで秋田へ移送され、寺内将軍野の古四王神社摂社である田村堂の神主・鎌田正家の墓地に神式で葬られ、3回忌の1832年に正式な墓碑が建立された。

今もその墓は同地に残る。高清水の丘を越え、湧水の泉の伽羅橋を渡り、松の生えた小山を上りつめた先にある。基盤に平石を置き、その上に青黒い自然石を立て、碑文が刻まれている。晴れた日には雄物川を前にして日本海が見渡せる。勝平山の方へ向くと、鳥海山を仰ぎ見られる日もある。清々しい秋田を想うことのできる場所だ。

真澄にとって最後に行き着いた秋田とは何だったのだろうか。秋田への旅とは何を意味していたのか。秋田は真澄にとり、旅の道標の重なる積石場（オボー）のような土地だったのではないかと思う。秋田は遥か昔から絶え間ない移動に晒されてきた場所である。そこは移動する北限の地だった。「旅に住む」ことを決意した旅人たちの、虹のような心の軌跡が、そこに宿っている。

秋田の歴史や文化は雪国の定住の視点から語られやすいが、その視点をずらし、移動と経路を軸に据えることで、まったく異なる風景が開けてくる。それは芭蕉から真澄へ受け継がれた、旅を生きようと覚悟する身振りの光景である。

すべての人は旅している。人生を旅と見る古くて新しい時代の中に私たちはいる。人が移動し、旅することがこのように切実に受けとめられた時代はなかったのではないだろうか。旅をするには古い旅を消化する必要があり、新しい旅と再び生きる回路を見出さなくてはならない。見えない出口を見つけ、抜け出し、他所へ向かう必要がある。旅の集積地と言える秋田への旅は、その確かな手がかりになった。

高清水の霊泉

菅江真澄の墓

〔第二章〕北海の彼方へ

流刑地民族学の視点から

❶……日本海という孵化場

日本海が巨大な湖だった頃を想起させる海原や入江に親密さを感じ、水平線の向こうの見えない対岸に想いを募らせてきた。海沿いの地形や風光には、幼い頃からのさまざまな記憶が溜め込まれている。

日本海は西太平洋の縁海であり、日本列島、朝鮮半島、樺太、ロシア沿海州に囲まれている。縁海とは、大陸周辺の海のことである。大洋の一部が島や半島、群島に取り囲まれた閉じた海を指し、風により海流が流れる。

日本海、オホーツク海、ベーリング海は縁海であり、この３つの海はユーラシア大陸に接し、北太平洋に突き出すように３つの大きな弧を描き、それぞれ密接な関係を持つ。日本海の北端は間宮海峡と宗谷海峡でオホーツク海と繋がる。そこから下って津軽海峡で太平洋と繋がり、南端の対馬海峡で東シナ海と繋がる。つまり日本海の出入り口は、間宮海峡、宗谷海峡、津軽海峡、対馬海峡の４つであり、各々の出入り口にはそれぞれ長い歴史と記憶がある。

日本列島はかつてユーラシア大陸の一部だった。およそ３０００万年前から２０００万年前にかけて、大陸からの分離と移動が始まり、次第に日本海の原型が出来上がり、現在に近くなるのは数百万年前とされる。

その後、最終氷期に世界的な海水準変化が起き、水深１３０メートル程度だった浅い対馬海峡は開閉を繰り返した。やがて対馬海峡が完全に開くと、黒潮から分岐した暖流の対馬海

『日本書紀』
奈良時代に成立した日本の歴史書で、７２０年に完成したとされる。全30巻、系図1巻。天地開闢に始まる神代から持統天皇治世までを扱う編年体の歴史書。特に百済を中心とした朝鮮半島事情や対外関係史が詳述される。

白村江の戦い（６６３）
朝鮮半島南部の白村江（錦江）で起こった唐・新羅連合軍と百済・倭連合軍の戦い。百済・倭連合軍が破れ、百済王族は日本列島に逃走した。桓武天皇（在位７８１-８０６）の生母は百済系渡来人の子孫とされ、「桓武」は「韓人の武王」の意味と言われる。

流が日本海へ流れ込む。この海流変化で太平洋側に比べると日本海では南方系生物の北限が遥か北へ延びていった。

樺太から日本列島に沿うようにして大きな地震多発地帯が帯状に連なっていることも日本海の特性である。庄内沖地震（1883）、男鹿地震（1939）、新潟地震（1964）のほか、能登半島地震（2024）は今も記憶に新しい。

日本海は古くから鯨の回遊領域としても知られ、沿岸には多くの捕鯨漁村があった。そのため中国ではかつて日本海は「鯨海」と呼ばれていた。古代日本では日本海を「北海《きたつうみ》」と呼び、北海道はこの名前からとられた北海へ向かう道である。

『日本書紀』（720）の垂仁天皇2年の条に、朝鮮半島の任那《みまな》（4世紀から6世紀の小国家）から来ていた都怒我阿羅斯等《ツヌガアラシト》が穴門《あなと》（山口県長門）を出て、海を彷徨った挙句に北海を回り、出雲国を経て、越の笥飯浦《けひうら》（福井県敦賀）へ至ったという記述がある。その後、彼は朝鮮半島に辿り着くが、任那への道中で垂仁天皇から贈られた「赤絹100匹」を新羅（紀元前57－紀元935）の人々に奪われ、以後の任那と新羅の争いの始まりの原因となったという。[1]

天智天皇2年（663）には、日本は百済を助けて新羅と戦うため朝鮮半島へ出兵し、有名な**白村江**（朝鮮半島中西部の河川）**の戦い**で、唐と新羅の連合軍と戦っている。この時代、朝鮮と日本は多様な交流があり、密接に結びつき、日本海はその中心舞台だった。

❷……秋田の登場

「秋田」という地名が歴史に初めて登場するのは、『日本書紀』斉明天皇4年（658）の条であ

1：『日本書紀』（日本古典文学大系67－68　岩波書店）

り、概略は以下のようになる。

658年、**阿倍比羅夫**《あべのひらふ》(生没年不詳)が軍船180艘を率いて東北の蝦夷を襲った。海に浮かぶ船群を見た齶田《あぎた》(秋田)と渟代《ぬしろ》(能代《のしろ》)の蝦夷たちは恐れ慄き、降伏する。そこで軍船を齶田の浦(秋田港沿岸)に連ねると、齶田蝦夷の頭目・恩荷《おが》(男鹿出身の蝦夷族長)は恭順の意を示し、対抗する意図はないと答えた。

「我々が弓矢を持っているのは軍船に対抗するためではなく、狩猟のためであり、このことは齶田の浦の神がよくご存知である。我々は朝廷に仕えることを約束する」[2]

この返答からは、蝦夷が狩猟採集を生業として秋田、男鹿、能代に広く住んでいて、海神と思われる浦の神を信仰し、大和朝廷に仕える意思のあったことが分かる。また阿倍比羅夫との交渉経緯から、日本に成立した古代国家の大和政権が7世紀半ばに東北支配を目指し、大きく北進しようとしていたことが明らかになる。「齶田」はその後、「飽田《あくた》」や「秋田」と書き換えられた。

大和朝廷は、各地に分立する土着的な部族や豪族を統合支配していった氏族社会だった。大和盆地を中心とした有力豪族が周辺部族を吸収し、天皇家を祖先とする大和国家を形成してゆく。そして大和国家は、飛鳥時代に起こった**大化改新**(645)を機に律令国家体制(律は刑法、令は行政)を推し進め、基盤を固めていった。大化改新により皇族や豪族の私有地支配は廃止され、天皇の下に地方行政組織を置き、公地公民制を敷く中央集権体制へ邁進してゆく

阿倍比羅夫(生没年不詳)
飛鳥時代の将軍。658年から3年かけて日本海側を北へ航海し、蝦夷を服属させ、東北以北で粛慎と交戦した。白村江の戦いでも百済救援のために朝鮮半島へ出征した。

大化改新(645)
中大兄皇子(後の天智天皇)が中臣鎌足と共に曽我氏を滅亡させた乙巳の変以後に進められた一連の国家改革。豪族中心の氏姓制度を改め、天皇中心の中央集権体制を確立しようとした。

出羽国
かつての令制国の1つで、現在の山形と秋田にあたる。7世紀後半に越国が3分割されて「越前国」「越中国」「越後国」となったが、その後さらに「越後国」に出羽郡が置かれ、後に独立して「出羽国」となった。

出羽柵
蝦夷の住む土地を改変し、版図を拡大する政策を実現すべく庄内にあった出羽柵を733年に秋田村の高清水の丘に移す。この出羽柵は760

のである。

その最初の律令国家で水軍長官だった阿倍比羅夫の秋田行きは、大和朝廷の東北経営の先兵となった。阿倍比羅夫は、斉明天皇時代（655－661）は、越国《こしのくに》（福井、石川、富山、新潟、山形）の国守（地方長官）であり、その支配圏を伸ばそうと、日本海を北上し、山形や秋田で蝦夷を服従させ、北海道や樺太へ渡り、「粛慎《みしはせ》」とも交戦している。

越国は7世紀末に「越前」「越中」「越後」に3分割されている。当初、越後の版図は、磐舟以北の田川、飽田（秋田）、津軽の蝦夷地を含んでいた。しかしこの地域はあまりに長く連なっているため、まず庄内地方を出羽として分立し、領土確定した上で、さらに秋田まで支配を延伸する戦略をとった。「越国」→「越後」→「出羽」→「秋田」という日本海側に沿った4段階の領土化を実行しようとしたのである。秋田遠征はその最終段階だったと言える。

秋田は北、東、南の三方を山に囲まれ、西は日本海に面している。青森との県境は白神山地が壁となり、岩手の県境は険しい奥羽山脈が立ちはだかり、山形の境の南には出羽丘陵が延びる。北方の果ての閉鎖的地理条件だが、日本海を隔てた対岸とは海流に乗りダイレクトに繋がっている。そのような特異な場所に秋田城が築かれた。

秋田城は奈良時代から平安時代にかけて、東北の日本海側に置かれた大規模な地方官庁であり、周辺地域の政治、軍事、文化の中心となった。先住民である蝦夷の人々が暮らしていた東北各地に置かれた地方官庁としては最北に位置し、最大規模を誇る。

平城京遷都からまもない712年に**出羽国**（山形、秋田）が建国され、山形庄内地方沿岸に**出《で》羽柵《わのさく》**が築かれた。この頃、一帯は蝦夷地だった。出羽柵は733年に秋田の高清水の丘に移される。この移動は、朝廷による出羽国経営が安定し、柵を100キロあまり北へ延置し、秋

年頃に秋田城と改名される。

2：註1と同じ。

田地方を国域化しようとしたことを意味する。

古代柵は7世紀から8世紀までの東北の支配拠点であり、大和朝廷が各地で生活していた蝦夷を支配し、統括することを目的に「越後」「陸奥」「出羽」に設置された。出羽柵はその最北にあり、多くの役人が送り込まれ、税徴収や戸籍作成にあたり、時には武力で蝦夷と対峙した。

治安維持のため兵士が常駐したが、彼らは屯田兵に似た移民武装集団であり、軍務に服しながら、塹壕建設や道路工事を行い、開拓植民事業も実施する人々だった。752年に東大寺大仏が完成、761年に出羽柵は「秋田城」と改名され、政治執行機関の国府も移り、辺境開発が加速した。

秋田城は重要な港津だった雄物川河口に近い、海からの飛砂で覆われた丘陵地帯にあった。現在までの発掘調査からは、城跡は高台につくられ、瓦葺き屋根の土塀で二重囲いがなされていたことがわかっている。秋田城は津軽（青森）や渡島《おしま》（北海道）の秋田以北の蝦夷社会と畿内の律令国家との関係を調整する結節点としての重要性を増してゆく。

780年代から800年代にかけては大和朝廷の蝦夷地経営が強化されたこともあり、征夷大将軍・**坂上田村麻呂**（758-811）による蝦夷征伐跡が秋田のあちこちに残っている。

830年には秋田で大地震があった。『類聚国史』によれば、秋田城は崩壊し、城郭、官舎、四天王寺、丈六仏像、四天堂舎の中心施設はことごとく倒壊した。地面は割れ、雄物川の河床が沈下し、水が細流になったとある。また837年には秋田城司（秋田城介《すけ》）の強欲に端を発した税金や年貢の取立てに対抗して「夷俘《いふ》」が武力決起する。

東北の蝦夷は大和朝廷により征伐の対象とされ、平安時代後期までに平定されるが、その

坂上田村麻呂（758-811）
平安時代の公卿、武官。桓武天皇（母親は百済系渡来人）の下、795死去。797年と804年の2度にわたって征夷大将軍を務めた。蝦夷制圧に功績を残し、軍神として崇められる。

渤海国（698-926）
中国東北部からロシア沿海地方まで広く存在した国家。中国と朝鮮の国境にある白頭山麓にいた濊と高句麗遺民が興した国とされる。渤海の名は、本来は遼東半島と山東半島の内側にあり、黄河が注ぐ湾状の海域を指した。727年から919年までの間に日本に34回の使節を派遣する。モンゴル系遊牧民契丹の遼（916-1125）に滅ぼされた。

金（1115-1234）
満州から中国北部を広く支配したツングース系女真族による中国の征服王朝。12世紀に勃興し、契丹人の遼王朝と漢族王朝の北宋を滅ぼした。モンゴル帝国の急拡大により滅亡するが、17世紀に女真のヌルハチが金を名乗る王朝を興す（後金）。

過程で蝦夷は順化されたり、和人と同化していった。「夷俘」とは蝦夷の恭順化の第１段階を言い、第２段階は「俘囚《ふしゅう》」と呼ばれた。「蝦夷」は「夷俘」「俘囚」と順化が進むにつれ、与えられた農地を拓き、収穫をあげ、軍事訓練も受け、反抗心も薄らいでいたはずだったが、武力蜂起が起こった。その決起がいかに我慢に我慢を重ねた末の行動だったかを示している。

平安時代に入り、８７８年には蝦夷の人々による元慶《がんぎょう》の乱も起こった。秋田城下の蝦夷たちが一斉蜂起し、秋田城を襲った事件である。なんとか持ち堪え、翌８７９年には出羽権守・藤原保則が秋田城を再建するが、その権勢の衰えはいかんともし難く、10世紀半ばまで活動を続けたものの、まもなく古代城柵としての機能を失った。そして鎌倉時代から武士時代の到来と共に「秋田城介」という名は北方を鎮護する役職となる。奈良時代から平安時代にかけての律令国家体制は５００年続いたが、その後に７００年続く武家政治の開始と共に秋田城の実質は霧散していった。

❸……渤海と粛慎

秋田と日本海を挟んだ大陸との関係に再び目を向けてみたい。奈良時代から平安時代にかけて日本は東北アジアとの交流交易を行っている。唐時代（６１８－９０７）の遣唐使は有名だが、秋田城が対岸の渤海《ぼっかい》国との交流窓口となっていたことはあまり知られていない。靺鞨《まっかつ》によって建国された**渤海国**（６９８－９２６）は、中国東北地方から朝鮮半島北部、ロシア沿海州まで勢力を伸ばした。周辺諸国との交易で栄えるが、最後は遼（９１６－１１２５）により滅ぼされた。しかしその後、女真《じょしん》が建国した**金**（１１１５－１２３４）で渤海国の遺民たちが厚遇さ

後金は１６３６年にホンタイジにより「大清」と改名され、明の滅亡後に大帝国を築いた。

れ、重要な官職についたり、王家へ嫁ぐ者が多数あり、渤海の人々は金へ紛れこんでしまう。

渤海国は727年から919年まで34回にわたり使節船を日本に派遣した。そのうち8世紀に来航した13回中の6回が出羽国へ来着した。秋田と渤海国の関係を裏付ける遺物や遺構は秋田城跡から多く発見されている。珍しいのは全国的にも例の無い奈良時代の水洗便所跡である。この便所の沈殿槽から日常的に豚食をしていないと感染しない寄生虫卵が見つかり、豚飼育が盛んな**渤海国使節**のためにつくられた特別仕様の便所跡と推定された。

日本と渤海国は、当時、両国とも新羅との関係が悪化し、新たな海路を開こうとしている。つまり朝鮮半島経由ではなく、秋田から日本海を北上し、蝦夷地の北海道、樺太、ロシア沿海州へ延びる海のネットワークを構築しようとしていた。天候や季節にもよるが、秋田から日本海をダイレクトに横断するルートも試行されている。

8世紀の秋田城は渤海国との交流交易で大きな意味を持ち始めていたし、それ以北の北方民族との関係を重視する外交や政治の場としても機能しようとしていた。秋田は日本海を媒介に広がる北の世界の扉となってゆく。

日本海を南下していた粛慎についても触れておかなくてはならない。『日本書紀』欽明天皇5年(544)に以下のような記述がある。

「越の国からの報告によれば、佐渡島の北の御名部《みなべ》の海岸に粛慎が船でやってきて海岸近くに留まっている。彼らは春や夏は魚を捕り食料にしている。佐渡島の人々は彼らを人間ではなく「鬼魅《おに》」だと言って近づこうとしない。その後、粛慎は新潟の瀬波河浦《せなかわのうら》へ移り滞在していたが、瀬波河浦の人々は浦の神の霊力が強すぎ近づく

渤海国使節
渤海使と呼ばれ、渤海国より日本を訪問してきた公式使節であり、727年から919年まで34回来訪した。この他に929年に渤海国の後継の東丹国(契丹国の封国)の使節の記録も残る。唐や新羅と対立するようになった渤海国は国際的な孤立を恐れ、日本へ度々来訪するようになった。使節団の出発地はロシア沿海州ポシェト湾近くの塩州城(クラスキノ土城)と推定されている。

ことができないと言っている」[3]

これが日本最初の粛慎の記録である。さらに斉明天皇4年(658)には、越の国守の阿倍比羅夫が粛慎を討ち、生きたヒグマ2匹とヒグマの皮70枚を献上させたとあり、660年に阿倍比羅夫は200艘の船団を率いて粛慎を討った。この時、比羅夫は陸奥の蝦夷を兵士として乗船させて大河のほとりまで行った。その地には渡島(北海道)の1000人もの蝦夷が河辺で生活していて、1人が進み出てきて、「粛慎の水軍がたくさん来て、我々を殺そうとするので、川を渡り、朝廷に仕えたい。我々を連れていってくれ」と言ったという。

この時代に渡島を舞台に粛慎と蝦夷とが交戦状態にあった上に、大和朝廷との間でも入り組んだ交渉があったことがわかる。

和人から「鬼魅」と言われた粛慎は、黒水靺鞨と称せられるツングース系民族と思われる。黒水靺鞨は満州の狩猟民族の女真族や樺太アイヌ、ニブフ人にも近い。豚食を好み、竪穴式住居に住んでいた。5世紀から12世紀までオホーツク文化を生み出し、北海道を拠点に日本列島へ南下してきていたオホーツク人だという説もある。彼らは天武天皇と持統天皇の時代にも日本にやってきて、官位を賜った記録がある。

662年、阿倍比羅夫は中大兄皇子(後の天智天皇)の命で、新羅征討軍将軍として百済救済のため朝鮮半島へ向かった。しかし翌663年に白村江の戦いで新羅と唐の連合軍に敗れてしまう。白村江の後には唐や新羅の来襲に備え、比羅夫は九州の日本海沿岸の防衛責任者に任じられたが、まもなく死去した。それにしても阿倍比羅夫が実在する人物なら、九州から北海道、朝鮮半島から樺太まで、日本海を縦横無尽に駆け巡る驚くべき将軍だったと言え

3：註1と同じ。

る。その行動範囲と戦歴は日本海がこの時代の日本の主戦場だったことを告げる重要な手掛かりとなる。

❹……樺太への道

アイヌは、近世の北海道を中心に樺太や千島にも居住し、独自の文化と言語を展開した。アイヌ語は独立言語だが、文字が無いため、どのような歴史と経緯を持っていたか不明である。オホーツク人や和人との混血もあったが、形質的、遺伝的には縄文人の特徴を強く受け継いでいる。かつて日本列島全域で生活していた痕跡があり、やがて北海道、樺太、千島へ追いやられた。中世以降、和人はアイヌを蝦夷と呼び、北海道、樺太、千島を蝦夷地と称してきたが、北海道、樺太、千島には多様な部族のアイヌが分散居住し、集落の対立も繰り返され、統一された民族ではなかった。

樺太(サハリン)が半島ではなく、独立した島だと確認されたのは1809年のことである。松前藩は既に北海道北部の亜庭湾にある大泊を漁場として開発を進めていた。江戸幕府が派遣した間宮林蔵が間宮海峡を発見し、樺太が島であることが確認され、日本の領土確立の第一歩が踏み出された。樺太はかつて日本では「唐の島」という意味で「カラフト」と呼ばれていた。しかしその後、ロシアも樺太へと南下し、一時、樺太は日本とロシアの雑居地になっている。

幕末の1855年、ロシアとの間で**日露和親条約**(下田条約)が交わされ、それまで曖昧だった日本とロシアの国境が決定された。つまり千島列島のうち択捉島以南が日本領、得撫《うるっぷ》島以

日露和親条約(1855) 伊豆国下田の長楽寺で締結され、蝦夷地に国境が引かれたが、千島列島における日本とロシアの国境を択捉島と得撫島の間に設定した。北蝦夷地(樺太)は国境未確定として従来通り日本人とロシア人の混住の地とされた。

樺太千島交換条約(1875) 樺太で頻発する日露両国人の紛争解決のため、新たに国境を定め、ロシア領千島列島と樺太を交換した。つまり得撫島以北の千島列島18島を日本が領有し、樺太はロシア領となる。サンクトペテルブルクで調印署名が行われた。またこの条約により樺太や千島に居住していたアイヌは3年以内に自身の国籍を決め、国籍と一致する領土へ移住することを強要された。

北がロシア領となった。同時に樺太の南半分についても議論が交わされたが、結局は「界《さかい》を分かたず、これまでしきたりのとおりたるべし」とされ、日本とロシアの雑居状態は続いた。

しかし明治に入ると、1875年の日露交渉で、今度は樺太はロシア領へ、千島は日本領と決まる。**樺太千島交換条約**であり、この条約により日本は樺太から撤退した。さらに日露戦争を経て、樺太の運命は転々とし、1905年、日露戦争後の**日露講和条約**で北緯50度を境界として、北はロシア領、南は日本領に決定した。日本領になった南樺太は第二次世界大戦末期にソ連軍が侵攻してくるまで、40年間、日本領土だった。南方の日本植民地だった台湾の統治期間(1895-1945)と重なっている。

近代国家日本の国策という視点で考えると、北海道と樺太の歴史的位置づけは似ている。北海道も樺太も開拓地と流刑地を一体化しようとする植民政策を背景に持つ。かつて明治政府は間近に迫っていたロシアの脅威に備え、蝦夷地への定住と防備を促進し、確実化するために屯田兵村を置いた。そこに送られたのは、奥羽越列藩同盟を結んでいた東北の旧藩士たちである。朝敵とされ、職にあぶれていた彼らは北海道へ送られ、開発に携わった。

その後、薩長中心の明治政府への強い不満から士族たちにより**西南戦争**等の内戦が相次ぎ、多数の「逆徒」を収容する収監施設(集治監)の増設を迫られた。1879年、内務卿・伊藤博文は未開地の北海道へ目を向け、危険分子の隔離や開発への使役、定住人口の確保といった目的のため、強硬な政策を短期間のうちに実行してゆく。

❺……流刑地を延長する

ロシア側もこの時代に同様の手法を用いている。まず樺太領有後の1868年、シベリアからサハリンへ流刑地を延長した。

「桜の園」や「三人姉妹」といった名作で知られるロシアを代表する文学者**アントン・チェーホフ**（1860-1904）がシベリアを馬車で横断し、首都だったサンクトペテルブルクから1万キロ彼方にある樺太島（サハリン）に辿り着いたのは1890年のことだった。チェーホフが30歳の時である。

彼が樺太を訪れたのは流刑地調査のためだった。当時、チェーホフは『イワーノフ』（1887）の成功により文壇の寵児となり、サンクトペテルブルクの街を歩くだけで花束を渡されたり、娘たちに囲まれるという浮かれた生活を送っていた。[4]

そうした華々しい生活を振り切りやってきた樺太で、地の果てに追いやられた流刑者の実態を調査するため、半年以上の期間をかけ、1万枚もの個人別カードを基に渾身のルポルタージュ『サハリン島』を書き上げる。チェーホフの輝かしい生涯の中で、そこだけ黒い裂け目をなすような異様な作品となった。

個人別カードという味気ない記録資料を精査し、詳細に分析し、流刑地の実態を余すことなく露呈させる。人口動態調査記録や社会統計資料を駆使し、当局すら把握していなかった流刑地の正体を明らかにする。『サハリン島』が文学作品というより歴史資料として大きな

アントン・チェーホフ
（1860-1904）
ロシアの劇作家、小説家。流刑地樺太（サハリン）へ出かけ、囚人たちの過酷な生活や環境を取材記録した『サハリン島』を発表し、注目された。代表作に「イワーノフ」「かもめ」「桜の園」「三人姉妹」などがある。

4：アントン・チェーホフ『サハリン島』（原卓也訳　中央公論新社）

旧日露国境（サハリン）

意味を持つと高く評価されるのはその精度による。
ロシアが流刑地を樺太に延長すると決定した際、勅命委員会は次のような利点を挙げていた。まず脱走が困難であり、罪人は二度と帰れないと諦め、刑罰の威力が増大する。広大な新天地で罪人は意欲を持ち、働ける。世界的に需要の高まる石炭開発が有望である。そこを流刑地とすることで樺太の領有を確実化できる。そうした国家的な目的のために樺太は最適な島だった。反乱分子や不穏分子を遠くの島へ隔離し、開拓や開発に使役し、経費節減を図り、領土の実効支配の担保にする。中央集権体制の論理が辺境においてあからさまな形で具現化していた。

チェーホフはこうした冷酷無慈悲な流刑地の管理体制に強い憤りを感じた。『サハリン島』には、過酷な樺太の実情と共に、樺太アイヌへの敬意、日本人への共感も滲ませ、チェーホフがなぜ樺太に行かざるをえなかったのかを浮き彫りにする。

チェーホフは、帝政ロシアで浮かれ騒いでいた自分の本当の姿を見つめ直そうと樺太へ赴いた。権力は辺境で、その醜い怪物的な様相を剝き出す。こうした国家権力に対抗する文学の探究は以後の彼の作品にも貫かれている。

チェーホフは樺太在住の日本人外交官たちとも親しく交わり、帰途に日本へ渡航する計画も立てていた。しかし日本でコレラが大流行したため、断念する。第二次世界大戦後、日本領だった南樺太西海岸の野田町はソ連の実効支配の下、チェーホフと改名された。樺太のユジノサハリンスク空港は、2019年にアントン・チェーホフ空港になったが、今や流刑地の面影はすっかり消え失せている。

小林多喜二（1903-1933）
プロレタリア作家。秋田大館に生まれ、4歳の時に小樽に移住する。小樽では北海道拓殖銀行に勤めながら創作を続けたが、「蟹工船」や「不在地主」が原因で銀行を解雇される。「蟹工船」が帝劇で上演された時の題名は『北緯五十度以北』だった。その後、投獄と保釈が繰り返され、1933年、特高警察に逮捕後に虐殺された。

ブロニスワフ・ピウスツキ
（1866-1918）
ロシア支配下リトアニア生まれの人類学者、社会活動家。弟はポーランド初代大統領ユゼフ・ピウスツキである。アレクサンドル3世暗殺事件に連座して樺太へ流刑、そこでニヴフやアイヌの言語や文化を研究し、多大な功績を残した。その功績を称え、ポーランド政府は2013年にピウスツキがかつて滞在した北海道白老町の旧アイヌ民族博物館に記念碑を建立し、2020年、同町に開設されたウポポイに移設された。

船川港
男鹿市船川地区に位置する港

❻……流刑地民族学へ

第二次世界大戦前には、毎年3月になると、まだ雪の多い私の故郷、土崎から男鹿の**船川港**にかけての海沿いの村々から樺太漁場へ出稼ぎの人々が多数出発したと父から聞いたことがある。船川線（現、男鹿線）や青函連絡船接続に便利な奥羽線はこうした人々で溢れ、田畑は年寄りや女たちに任せ、春から秋にかけての半年を男たちは実入りのいい樺太漁場へ出かけ、秋には赤い林檎を手土産に帰ってきた。

秋田出身の**小林多喜二**（1903－1933）が書いたプロレタリア文学の代表作『蟹工船』（1929）は、オホーツク海やカムチャッカ半島、千島や樺太へ出向き蟹漁加工に明け暮れる労働者を描いた作品である。「おい、地獄さ行ぐんだで！」というその書き出し通り、北の海には過酷な地獄が待ち構えていた。小林多喜二は特高警察に逮捕され、拷問の末に惨殺された。樺太に着いた年のチェーホフと同じ30歳だった。[5]

秋田以北の北方文化を考える上で、日本海を挟んだ樺太は押さえておかなくてはならない島である。特に流刑地民族学やシベリア民族学の流れは重要だ。そうした文脈上に、チェーホフと同時代を生きた流刑地の罪人**ブロニスワフ・ピウスツキ**（1866－1918）がいる。その生涯を描いたポーランド映画『ピウスツキ・ブロニスワフ――流刑囚、民族学者、英雄』（2016）を見た時、このような民族学者が辺境の果てで研究調査に励んでいたのかとひどく驚いた。[6]

ブロニスワフ・ピウスツキは1866年、ロシア領リトアニアのポーランド没落貴族の家

湾。古くから天然の良港として交易の拠点となり、北前船の寄港地であった。明治末から昭和にかけて、土崎港に次いで船川港で整備が進められ、木材加工や石油精製工業等の工業団地の立地で栄えた。近年は観光や流通、医療の拠点としての役割が期待されている。

5：小林多喜二『蟹工船・党生活者』（新潮文庫）

6：ヴァルデマル・チェホフスキー『ピウスツキ・ブラニスワフ――流刑囚、民族学者、英雄』（2016　ポーランド映画）

に生まれた。1886年にサンクトペテルブルク大学法学部在学中、革命組織「人民の意志」に加わり、翌1887年に皇帝アレクサンドル3世暗殺未遂事件に連座して逮捕され、死刑判決を受けた。しかし皇帝特赦で最果ての樺太へ15年の懲役流刑の身となる。

樺太に送られたピウスツキは、重罪犯ではなく政治犯だったため、有能な知識人として待遇され、警察署や測候所の仕事を任されるようになり、ギリヤークと呼ばれていた先住民ニブウや樺太アイヌの人々と親しく交わるようになる。その後、恩赦により刑は10年に減刑された。1897年に刑期が満了し、自由の身となる。しかしピウスツキは帝都サンクトペテルブルグへは帰らず、樺太から大陸のウラジオストクへ移住し、その地の帝室地理学協会アムール支部研究室や帝室博物館で民族学関連の仕事に就いた。同時に先住民調査を継続し、1900年のパリ万博には彼の調査した資料や文物が展覧されている。

民族学者としてピウスツキは、樺太アイヌ最初期の貴重な資料『アイヌの言語とフォークロア研究資料』（クラクフ　1912）を筆頭に、シャーマニズム、熊送り、習俗、伝説に関する多くの著作を発表した。

またエジソン発明の蓄音機を使って樺太アイヌの歌やインタビューを録音し、蠟管レコード（樺太各地の先住民集落で現地録音）にした。サンクトペテルブルグのクンストカメラ（正式名称はロシア科学アカデミー人類学民族学博物館）の付属収蔵室に送った民具や道具、模型や写真も膨大な数に及ぶ。このクンストカメラ・コレクションには樺太アイヌ、千島アイヌ、北海道アイヌの3地域のアイヌの民具や写真が含まれている。

ピウスツキは1902年から1905年にかけての4年間、南樺太から樺太中部のタライカ湾沿岸、そして北樺太に点在するアイヌやギリヤーク、ウィルタの集落を訪ね歩いた。

レフ・シュテルンベルグ
（1861-1927）
ユダヤ系ロシア人の民俗学者。ペテルブルク大学で物理と数学を専攻するも、1886年に逮捕され、シベリアを経て、サハリンに流刑となる。その間、アメリカ自然史博物館のためにニブフ、ウィルタ、アイヌの研究を行う。1891年にはブロニスラフ・ピウスツキと知り合いになっている。ロシア史上最初の博物館クンストカメラの改修に携わり、人類学・民族学博物館として一新させた。

村々で資料を購入し、舟や家の模型制作を依頼し、長い旅を続けた。北海道では1903年に平取《びらとり》まで出向いて収集、撮影、録音している。帰途には完成模型を回収、梱包し、沿海州を周航する便線に乗せ、サンクトペテルブルグへ向けて送り続けた。熊送り儀礼用の子熊に装着する頭飾りから子供玩具のブンブン独楽まで、そのコレクションはアイヌの生活文化の全領域をカバーし、20世紀初頭の樺太と北海道の北方文化の全容を余すところなく伝えている。

1900年前後にロシアが輩出した民族学者や言語学者には、1889年から1897年まで流刑された**レフ・シュテルンベルグ**など、シベリアや樺太の流刑地で学問の形成基盤を固め、辺境の果てで孤独な想像力を発酵させ、新次元を切り拓いていった人が数多くいた。

レフ・シュテルンベルグは柳田國男や折口信夫の薫陶を受け、オシラサマ研究や宮古島方言の研究を行い、日本民俗学の初期を支えたロシア出身のニコライ・ネフスキーの師であり、帝政末期の政治活動と関わり、ヨーロッパ的ロシアから弾き飛ばされ、漂泊の旅を続けながら民族や言語の体系化に励んだ知のパイオニアである。彼はシベリア北東のヤクーチャやチュトコ半島といった酷寒の流刑地で先住民と親しみ、その言葉や習俗、文化や儀礼と真摯に向き合い、人類の文化発祥に関連する多くの鉱脈を見出した。ピウスツキとも1891年に樺太で知り合い、交流している。

その流刑地民族学の流れを汲み、ピウスツキも北限の知のパースペクティブを生き生きと描きだした。映画『ピウスツキ——流刑囚、民族学者、英雄』は、投獄、流刑、故国での学術活動、パリでの客死など、ピウスツキのエピソードが綴られ、彼がいかにして先住民の悲惨な状況を明らかにし、その改善策を提言し続けたのかが語られている。またギリヤークやアイヌの若者たちを教師として育成し、次の世代へ受け渡そうとする彼の地道な活動にも触れられていた。

ピウスツキは樺太南部東海岸にある相浜集落で、樺太アイヌのチュフサンマ（村長バフンケの姪）と結婚し、一男一女が生まれた。2人の子供は第二次世界大戦後、北海道へ移住せざるをえなくなり、長男の木村助造の子孫は今も日本で生活している。妻のチュフサンマは晩年失明し、1936年に樺太で亡くなった。

ピウスツキは1905年に日本へ渡り、亡命ロシア人による反皇帝組織を支援したり、鳥居龍蔵、坪井正五郎、片山潜、大隈重信、二葉亭四迷といった人たちと交遊した。その後、アメリカ経由でポーランドへ戻ったが、1918年、第一次世界大戦中にパリのセーヌ川に身を投げて亡くなった。その波乱の人生が映画では淡々と語られている。[7]

❼……鳥居龍蔵と源泉としての北方

秋田の北方文化の源泉や、北方民族学を考える上で欠かせない日本の民族学者がいる。**鳥居龍蔵《りゅうぞう》**（1870-1953）である。鳥居はピウスツキやチェーホフが樺太を行き来していた1899年に千島列島調査を行った。函館から警備艇の「武蔵」に乗船し、根室港を経由して色丹、択捉、得撫、幌筵《ぱらむしる》といった島々をハードなスケジュールで渡り歩いた。色丹島では強制移住させられていた千島アイヌのグレゴリーを案内人に、千島アイヌの体質、言語、生活、文化を調査し、その報告を『千島アイヌ』（1903）としてまとめた。その頃の千島アイヌは圧政

鳥居龍蔵（1870-1953）
徳島生まれ。人類学者、考古学者。独学で人類学を学び、東京帝国大学人類学教室で坪井正五郎に師事する。1921年に論文「満蒙の有史以前」で文学博士号を得て翌年東京帝大助教授となるが、1924年に辞職する。日本人と日本文化は、アジアの諸民族が混淆しながら形成されたと考え、台湾、千島、中国、蒙古、満州、シベリアなどを実地調査したフィールドワークの先駆者である。

と強制移住による環境の激変で著しく人口が減っていた。

鳥居は1911年には樺太調査も決行している。小樽から樺太のコルサコフに入り、日露戦争で日本領となった南樺太を樺太庁の依頼で調査し、北樺太の国境付近まで旅し、ウィルタやギリヤーク、樺太アイヌらの先住民族の住み分けや生活形態に関するフィールドワークを行った。[8]

翌1912年にはポロナイスク、ゴルデコボコと回った。鳥居は、アイヌが北海道から樺太へ北上し、ウィルタがロシア沿海州から樺太へ南下し、さらにアムール川(黒龍江)流域のギリヤークがウィルタを背後から襲ったと考えていた。その後、ギリヤークは北樺太でウィルタを滅ぼし、自らをウィルタに代わる〝トナカイの飼育人〟と称している。鳥居の旅程を見ると、彼が常に樺太、千島、北海道の向こう側の大陸を志向していたことがわかる。

1919年、鳥居はその方向上に、初めてシベリア調査へ赴いた。ウラジオストクからハルビン、マンチューリ、チタ、イルクーツク、ダウリヤと奥地へ分け入り、ブリヤート、モンゴル、ソロン、ウィルタを訪ね、残された古い丸木舟や竪穴住居跡、貝塚を詳しく調べた。

1921年には北方モンゴロイド諸族の集結地と言えるアムール川流域から北樺太にかけて、ニブウやウィルタの調査を行い、1928年にもウラジオストクからハバロフスク、アルハラ、ウスリースクとアムール川流域を再調査している。アムール川流域から樺太北部に居住するニブウや、アムール川と松江の合流地点に暮らすナナイは、共に白樺の樹皮を加工し容器をつくる技術に優れ、白樺製の道具はシベリア各地に広く分布している。ニブウやナナイは筒状容器をつくり、その底を植物の根で締めて整形し、アイヌに似た文様を付けていた。

7：註6と同じ。
8：鳥居龍蔵『鳥居龍蔵全集』全12巻（朝日新聞社）

鳥居龍蔵が初めて海外調査を行ったのは1895年の遼東半島においてだった。この時点で既に鳥居はシベリア地帯に並々ならぬ関心を寄せ、バイカル湖北東の東部シベリアにおける人類学や考古学は日本人が特に研究すべき最重要領域であることを示唆していた。1895年、雑誌『太陽』に鳥居が書いた「シベリアの住民」には、シベリアに先住民を求め、日本人の原郷の1つを探究しようとする彼の強い意識が表れている。日本人はそこからやって来たという確信が鳥居にはあった。[9]

1919年の調査で鳥居は念願の極東シベリアを踏査し、ウラジオストクからイルクーツクを回り、ヤンコフスキー貝塚を発掘し、石器や土器を採取した。東シベリアの首都であり、ロシアの流刑地だったイルクーツクでは東西シベリアの博物学的標本類を収蔵する博物館を訪ね、そのコレクションを丹念に調べた。さらにシベリア鉄道に乗り、国境を越え中国の内モンゴルに入り、ダウル、ソロン、オロチョン(オロッコ/ウィルタ)、エリュート(オルト)といった先住民族の調査をした。彼らは獣を捕らえ、肉を主食とし、毛皮を交換し、転々と旅しながら生活を続ける人々だった。

この中のソロン(素倫)人とは中国北端の興安嶺に住むツングース系の人々であり、隣接するモンゴル同様に牧畜や狩猟を生業とし、遊牧生活を営む。狩猟社会ではなく、遊牧社会に近づいていることに注意したい。鳥居はハイラルから嫩江《のんこう》流域に入り、日本人で初めてのソロン人調査を行った。彼らの体質、風俗、習慣、言語はモンゴル人に似ていて、移動式のモンゴルゲル(パオ/包)で暮らしていた。非漢民族の女真族に近い民族集団である。

女真族(満州族)は中国東北の東部シベリアの沿海域で半農半猟生活を送っていたツングース系民族である。12世紀頃から強大化し、とうとう中国の外来王朝として金(1115-

1234）を建国した。金はそれ以前の中国王朝である宋と協力して1125年に遼を滅ぼす。さらに金は協力関係にあった宋を攻め、滅亡させた。宋の一部は南に逃れ南宋をつくっている。

アイヌの人々が貴重な服として大切にした蝦夷錦という清朝の絹製官服がある。元々は中国江南地方でつくられたが、北京からアムール川を下り、間宮海峡を通って樺太へ移動し、さらに南下して北海道アイヌの高級嗜好品となり、松前藩がアイヌとの交易で入手し、江戸へ献上していた。この交易ルートを「北のシルクロード」と呼ぶ。

蝦夷錦は、豪華絢爛たる色彩と刺繍文様の鮮やかさで人々を魅了し、その格調高さで女真族が興した清王朝の官服となった。通常の衣服より一回り大きく、紺や黄の絹の地布に金銀の糸を交えて龍（王朝のシンボル）の形が刺繍されている。菅江真澄の「かたゐ袋」でも蝦夷錦は言及されている。

「十徳という錦は、黄金の糸に、絹糸を縒りまぜて、浪の上から竜が雲のたなびいている所に上昇する型を織っている。これを衣に縫い、袖の端などは、馬の蹄のように作っているのは、今の唐人でももっぱら普段着る衣服を、たまたまアイヌの船で積んでくるのである」[10]

蝦夷錦は女真錦とも呼ばれていた。鳥居龍蔵のシベリア調査はこの蝦夷錦を流通させた北のシルクロードの背後にある広大なシベリア大陸やモンゴルの草原へ向かっていた。

9：中薗英助『鳥居龍蔵伝　アジアを走破した人類学者』（岩波現代文庫）
10：堺比呂志『菅江真澄とアイヌ』（三一書房）

❽……北緯40度ノート

「北方」とは、北の寒冷気候の影響を直接受けてきた地域である。通常は北緯40度、あるいは北緯45度以北を言う。

北緯40度線はちょうど秋田県男鹿市入道崎を通り、その線は北京やニューヨーク、マドリードやアンカラへ走っている。直下に、韓国と北朝鮮を分かつ北緯38度線があり、これは新潟県新発田市を通過する。

北緯45度線は北海道北端の稚内にあたる。ちなみに日露戦争で日本領となった南樺太は、北緯50度線で北樺太と分割された地域である。北緯50度以北になるとツンドラ地帯と呼ばれ、限られた草本類や低木、地衣類の生育しか見られなくなる。北方針葉樹地帯の植生はシラカバ、ハンノキ、トウヒ、カラマツが主だ。地下深くは通年凍結している凍土地帯であり、動物資源としてはトナカイや鮭類が目立つ。海は1年の大半は氷で覆われるものの、水温変化が少ないため、夏は大量のプランクトンが発生し、冷水域に適応した魚類や海獣類が豊富に生息する。

人類史において、こうした北方地域に人類が進出したのはそんなに古いことではない。東アジアでは長い間、北緯40度付近が人類の寒冷地適応の限界と思われてきた。その北緯40度線を越え、寒冷なシベリアへ人類が進出を開始するのはおよそ4万年前とされる。さらにそこで寒冷地適応した人々が地続きだったベーリング海峡を渡り、アメリカ大陸へ渡っていった。

年代特定は困難だが、中期旧石器時代末の5万年前に人類は北緯45度線に到達し、さらに1万年前に北緯70度線を越え、極北の地に進出していた。興味深いのは、その間の3万年前にシベリアのバイカル湖付近で独特の石器製作技術である石刃《せきじん》技術を持つ文化が現れたことである。その技術が北の限界を突破してゆく機動力になった。

氷点下50度にもなる真冬のシベリアにも人間の確かな営みがある。春になれば永久凍土のあちこちにブルーベリーが実り、それを摘み、ジャムにして保存する。ツンドラの表面を針葉樹が覆う土地はタイガと呼ばれ、春から夏の間は表面の雪が解け、湿地性の草林植物が広がる。

そんな風土が続くバイカル湖に近いイルクーツクから車で1時間半のマリタ村で、1928年、注目すべきマリタ遺跡が発見された。日本の縄文時代以前の2万3000年前のシベリア旧石器時代を代表する遺跡であり、北方モンゴロイドの特徴を持つ扁平な顔立ちの人骨も見つかり、マリタ人と名付けられた。生活痕跡も残され、動物の骨やマンモスの牙でつくられたヴィーナス像(マリタのヴィーナス)も見出されている。

シベリアの旧石器時代文化は7段階に分類されるが、その最終段階の7期目に現れる「楔形細石刃核」が注目された。あらかじめ調製された楔形の「石核」から打ち欠きによって機械の規格品のように精巧で薄い剥片を大量につくり出していたのだ。いったいどのようにしてつくったのだろうか。

槍先に使ったり、動物を解体したり、皮をなめしたり、木を加工したりするための石刃は、旧石器時代の最も高度な石器技術であり、シベリアから中国北部、朝鮮半島、日本列島、アリューシャン列島、アメリカ大陸までその波が広がっていった。

この石刃を得た人間は、狩猟により食料を手に入れ、移動する動物を追い、住居を転々とする生活を送っていた。最終氷期の終わりにはマンモスやトナカイ、バイソンを追ってシベリアから平原地帯を抜け、水没していなかったベリンシア（ベーリング海峡地）を通り、アメリカ大陸へ渡っていった。1万数千年前のことである。石刃を持った人間は陸続きだった樺太へも入り、日本列島にやってくる。ほぼ同時期ではないだろうか。

人類は海岸、内陸、河川、湖沼、島嶼、森林、氷河とさまざまな自然環境の中で、海獣や陸獣を追い込み、漁撈や採集を行い、移動拡散しながら、長い時間をかけて北方へ深く入りこみ、また北方から南方へ行き来を繰り返した。

それぞれの土地で環境や気候に相応しい生活文化をつくりあげ、そこで得られる限定された資源や素材を有効活用し、寒さや飢えと戦い、寒冷地に適合した肉体と精神を生み出していった。石刃はそうした人間の営みに欠かせない聖なる道具となる。

言うまでもなく、このように北方地域の生活の場が拡大していったのは、人間の生物的な適応能力の高さゆえであり、生存技術の洗練のためだった。身体的な適応能力の増大というよりも精神的な忍耐力や創造性の高度化のためである。厳寒の冷地において、いかにして快適に過ごし、精神をリセットしながら生存の質を高めてゆくか。それを可能にする叡智と技術をどのように生み出すのか。日々の営みの根底にその挑戦と戦略を据える。そのことが人間の行動に幅と奥行きを与え、それが北の精神の洗練の始まりとなった。

❾……心は淋しき旅人

幕府の長い鎖国政策により、江戸時代には長崎が唯一の窓口となり、中国やオランダとだけ交易を行っていたという印象が強い。しかし実情は、薩摩藩を介しての琉球貿易、対馬藩による朝鮮交易、松前藩を通じてのアイヌ交易など複数の窓口が存在していた。

菅江真澄が言及した蝦夷錦は、そのうちの北方交易（山丹《さんたん》交易）の実態を物語る重要な産物であり、中国江南地方で制作された龍紋の絹織物は、北京から清朝役人により遥々運ばれ、アムール川下流域に住む山丹人や樺太アイヌの手を経て北海道へ、さらにアイヌと松前藩の交易により本州へもたらされた。

樺太と大陸の間の間宮海峡を発見した間宮林蔵『東韃《とうだつ》地方紀行』の「進貢」図には、1809年、アムール川河口に近いデレンの清朝満州仮府へ命懸けで赴いた間宮林蔵が見た、清朝の役人が先住民族から朝貢を受ける様子が記録されている。ひざまずき先住民族が黒テンの毛皮を献上し、役人が蝦夷錦を含む反物を与えようとしている図である。[11]

デレンからの帰途、間宮林蔵は入り組んだアムール川に沿った崖上に2つの大きな石碑を認め、「サンタンゴエ地図（山丹越え地図）」として記した。石碑は、明朝時代初期の15世紀初めに、明の永楽帝から派遣された宦官イシハがこの地に奴児干都司《ぬるがんとし》という役所を設置し、永寧寺を併設した経緯を印すモニュメントであることが後に判明する。奴児干都司は、日本海とオホーツク海を繋ぐ最果ての地点にあった。

1788年から北海道で4年を過ごし、アイヌ研究を続けた菅江真澄は、1792年に本州に戻ることを決心する。その帰途、北方の海の漂流者にまつわる驚くべき話を聞き、「牧の冬かれ」に記述した。

真澄は、北海道の松前城下である福山を発とうとする前日、ロシアのロマノフ王朝エカテ

11：間宮林蔵『東韃地方紀行他』（村上貞助編　東洋文庫　平凡社）

リーナ2世の命を受けた使節**アダム・ラクスマン**が、伊勢から10年前にロシアに漂流漂着した大黒屋光太夫ら3人を護送し、ロシア船エカテリーナ号に乗せ、根室へ辿りついたという噂話を聞く。ラクスマンは松前藩主章広に書状をもらい、江戸幕府と直接交渉しようとしていた。

その最中に真澄は北海道を去るが、本州に着いた途端、青森でもロシアに漂着した漁師の竹内善右衛門一行の話を聞かされた。ただそれはだいぶ昔の話で、竹内の漁船が松前に行く途中で漂流し、流されてロシアへ辿りつき、漁師たちは仕方なくそこに住みついて妻を娶り子をもうけたが、ロシア船が日本へ行くというので、同乗を乞い、松前にやってきたという。

この噂話の真実は、青森下北郡佐井村の竹内徳兵衛ら17人の船人が暴風雨のためカムチャツカ近海に漂流したのだが、それは半世紀前の1744年のことだった。徳兵衛はまもなく死んだが、他の船人はカムチャツカへ移送され、日本語通訳になったり、サンクトペテルブルクまで送られ日本語学校教師になった者もいた。サンクトペテルブルクで教師になった男は日本語学校がイルクーツクに移ったため自分も移動し、その地でロシア人女性と結婚し、子供ももうけた。

そして奇異なのは、そのカムチャツカ漂流民の1人の久助から日本語を学んだロシア人トコロコフが使節ラクスマンの通訳として一行に同行し、根室へやってきていたことだった。さらに久助の息子タラッペジニーノフも同じ船に乗り、来航していた。真澄が聞いた噂話はそのことだった。

「牧の冬かれ」には、だから2つの漂流民譚が記されている。1つは欧米諸国による最初の開国要求となった、日露交渉史上有名なラクスマンと伊勢の光太夫の事件である。もう1つ

アダム・ラクスマン
(1766-1806)
ロシア帝国(ロマノフ王朝)海軍軍人、ロシア最初の遣日使節であり、エカテリーナ2世の命を受け、漂流民の大黒屋光太夫らの送還を名目に根室に赴き、江戸幕府に交易を申し入れる。江戸幕府は鎖国を理由にこれを拒否し、ラクスマンは目的を果たせず帰国した。

はその50年前にカムチャツカ半島沖に漂流した青森下北郡佐井村の竹内徳兵衛らの後日譚である。ただ噂話は、それらの2つの漂流譚の登場人物やその子孫が混じりあい、他の話も付加され入り組んでしまっていた。

「このごろ、もっぱら人が語っている話題は紀伊国の船人が大ぜい、卯の年（天明三年）のころ波にさらわれ、風に吹かれて漂流し、カムサッカという荒蝦夷《あらえみし》の遠い国（ロシア領カムチャツカ半島）についたが、十年ばかりの間にその多くは、あるいは死に、あるいは病人となった。その生き残った者をつれて、このたびカムサッカのロシア人が四十人あまりで、東蝦夷の国きいたっぷ（北海道根室）というところに来て、国の守《かみ》に貢《みつぎもの》を奉ると申し出たという話があると、うわさされている」[12]

こうした錯綜する複数の漂流民譚を、真澄はいったいどんな思いで聞いていたのだろうか。遭難、流浪、送還、亡命、離散、望郷、病気、死別……その漂泊する魂の物語に耳を傾け、最後まで聞かずにはおれない真澄の姿が浮かびあがる。

長く暮らした北海道を去った真澄は、船で青森の下北半島へ向かい、その日の夕方に大間村奥戸《おこつべ》に着いている。翌日から再び村歩きを始め、まもなく雪中を恐山に登り、下山し、冬枯れの小道を歩きだした。

菅江真澄は、この1792年から7年間、弘前藩で採薬御用を務めたりもしながら青森の旅を続けた。その後、最後の旅を覚悟したかのように、再び秋田へ向かった。彷徨い続ける自らの身を意識し、北の果ての漂流者たちに自身を投影させる。その思いを忍ばせた秋田旅行

12：『菅江真澄遊覧記3』（宮本常一・内田武志編訳　東洋文庫）

記の「雪の道奥雪の出羽路」を書くのは、19世紀が始まる1801年のことである。あらためて寄るべない我が身を、しんしんとした雪片に重ねながら、とぼとぼ歩いてゆく真澄の姿が薄墨絵のように淡く、遠く浮かびあがる。

〔第三章〕雪国の民俗

伝承の意味

❶……蘇る写真

古めかしい褐色のカバーに覆われた『雪國の民俗』（1944）を開くと、見開き右に秋田の版画家・勝平得之《かつひらとくし》の描いた、蓑（ケデ）と藁沓《わらぐつ》姿のナマハゲが包丁と桶を掲げて勇壮に躍り出てくる。左には干柿や干餅を吊るした室内に閉じこもる娘と子供が障子を少し開け、荒れ狂う鬼の姿を怯え覗いている。

『雪國の民俗』は、秋田を繰り返し訪れ、秋田に親しんだ〝日本民俗学の父〟**柳田國男**（1875–1962）と映画監督・写真家の**三木茂**（1905–1978）により心を込めてつくられた秋田の写真文集である。[1]

三木茂は高知に生まれ、1922年に映画界入りし、国際活映、松竹下加茂、帝国キネマといった撮影所を転々とした。1924年に映画カメラマンとなり、1920年代後半からはサイレント映画とトーキー映画の両方で活躍し、溝口健二や伊丹万作《いたみまんさく》といった巨匠の下で撮影を担当した。以後、新興キネマ、JOスタヂオと移り、1938年に東宝文化映画部へ入社する。この会社は前年につくられた東宝の第2製作部が発展し、記録映画専門会社として独立したものだった。

しかし日本は1941年に太平洋戦争に突入し、企業統制により三木は自動的に日本映画社へ移籍となり、終戦後独立して三木映画社を設立した。数多くのドキュメンタリー映画を手がけ、文化映画の新しい時代をつくった名手である。

『雪國の民俗』は1940年冬から1941年冬まで1年をかけ、男鹿半島寒風山の山麓集

柳田國男（1875–1962）
兵庫県生まれ。日本民俗学を確立した民俗学者。東京帝国大学法科大学政治科卒業後、農商務省に入る。地方の農村実態を調査する傍ら、雑誌『郷土研究』を発行する。内閣法制局、貴族院書記官長を経て退官し、東北、沖縄をはじめとして日本列島各地、台湾などの民俗学的調査を行った。多数の著作があり『定本柳田國男集』にまとめられている。

三木茂（1905–1978）
高知生まれの映画監督、写真家。溝口健二や伊丹万作らの映画で撮影を担当し、1938年には記録映画専門会社の東宝文化映画部に入社し、数多くのドキュメンタリー映画を手がけた。1976年、自身が監督・撮影を務めた遺作「柳田國男と遠野物語」を発表する。

落を中心に撮影されている。三木は柳田國男生誕100年記念時に、記録映画『柳田國男と遠野物語』(1976)を製作するが、その折、初版5000部が売り切れたこの異例の民俗写真集『雪國の民俗』再版の話が出た。しかし戦時中の大空襲により、防空壕で三木はネガを灰にしてしまい、複写写真もひどく見劣りしたため断念していた。その後、紙焼きのオリジナル写真が成城大学の民俗学研究所に保存されているという知らせを受ける。原画写真は100枚以上あり、それぞれの写真裏に柳田自筆の「雪國の民俗」というメモ書きも確認できた。

『雪国の民俗』は丹精を込めて構成され見飽きることはない。冒頭の「土に生きる人々」の章はポートレイト中心で、導入に宮沢賢治の「雨ニモマケズ」が引用されている。1枚目の写真は縄文時代の環状列石で知られる鹿角大湯《かづのおおゆ》の農夫の姿である。無精髭をたくわえ、石のようにむっつりとし、愛想は無いが、慈愛の眼差しでカメラを見つめ、土と共に生きる静かな喜びを口元に湛える。粘り強さと頑固さを皺に刻み、祖先から受け継いだ逞しい精神力を表情に焼き付ける人々の肖像がその後も続き、節くれだった手のクローズアップで終わる。

次章の「農村歳時記」冒頭の「大正月のお飾り」は、今では見ることのできない貴重な儀礼の写真で、秋田市に近い金足《かなあし》の正月の光景である。黒々とした土間に米搗き臼が逆さに伏せられている。その上に若水を汲む水桶と柄杓を置き、藁沓を添える。臼には注連縄《しめなわ》が張られ、水桶に鏡餅を1枚入れる。水桶の横木に松とゆずりは、干し魚を紙で包んだものを水引きで結び、紅をつけてある。緊張感に満ちた美しく身の引き締まるインスタレーションだ。

伏せた臼の下には一升枡に白米を盛り、その上にウスノモチを3つ並べて膳に載せ、松、ゆずりは、スルメが添えられた。3つのウスノモチはそれぞれ早稲、中稲、晩稲を表す。正月

1：柳田國男・三木茂『雪国の民俗』(第一法規)

3日に臼を起こした時、モチに米が付いていれば、その米の種類の作が良いという吉兆となる。

水桶や柄杓は暮れの市で毎年買い求め、藁沓は新しくつくり、若水を汲んだ後の水桶や柄杓は春まで保存し、苗代に種を蒔く時に再び使う。家の隅に飾られているメェャダマモチ(繭玉餅)は豊かに稲が稔るように、柳の枝に小さなモチを付け神棚や鴨居に飾る正月用具である。

玄関には門松を置く。門松の材料は家によって異なるが、通常は松を使い、若松を山から伐って門口の両脇に立てた。今の門松は定式化されてしまったが、かつてはさまざまな形の門松があった。現在のような形式になったのは江戸時代で、諸国大名が参勤交代で江戸に集まり、しだいに1つの型が出来上がっていった。残されている絵や図を見ると、葉付きの竹が松より高く立ててあったり、松だけのもの、削いだ竹の中心に松があしらわれるものなどがある。地方によっては竹も松も立てずにシトミやサカキを立てる所もあった。シトミやサカキは正月の神を迎える招代《おぎしろ》である。

日本では年の暮れになると、神と人の中間のものが山から降りてくると信じられた。これが鬼や天狗へ変化してゆくが、正月に迎える歳神様もその変形であり、正月3日の晩に尉《じょう》(老翁)と姥《うば》の姿で山へ帰ってゆくという信仰にもこの来訪神の印象が伝承されている。

山人や山姥が持ってくる土産には寄生木《やどりぎ》や羊歯の葉、木の実などいろいろなものがあり、これは今も正月の飾り物となって往時を偲ばせる。里の人たちはこうした土産を山人の祓いを受けた証拠品として家の内外に飾った。門松もまた山人が山から持ってきて家に立ててゆく「山づと」の見立てだった。

ナマハゲ
男鹿半島周辺で古くから行われてきた伝統的な年中行事であり、仮面をつけ藁の衣装を纏う来訪神のことを言う。菅江真澄が２００年以上前に、日記『男鹿の島風』に記したのが最も古い記録とされるが、由来はわかっていない。２０１８年にユネスコ無形文化遺産に登録されている。現在も、市内の地区の約半数である70地区ほどで開催されている。

❷……ナマハゲと梵天

正月行事の後には**ナマハゲ**の写真が続く。旧暦正月15日の夜には赤鬼青鬼(男鬼を赤、女鬼を青とする説もある)の面を被った若者2人がナマハゲとなる。面は欅皮や竹籤《たけひご》に張り紙をして、馬の尾で髪や鬚をつけ、口は耳下まで裂き、銀紙で目玉を光らせ、ぞっとする形相の鬼面をつくる。

藁やウミスゲ(海藻)でつくった蓑と腰蓑を着て、藁のハバキ(膝当て)とクヅ(雪沓)を履き、銀紙を貼った山刀、鋤、大包丁を持ち、ガラガラ鳴る鈴や木箱を震わせながら家々に現れ、泣く子や怠け癖のついた嫁聟《むこ》を探して体罰を加える。正月休みの怠慢を戒め、農事に精を出させる行事である。ナマハゲが来ると家々では主人が丁重に迎え、酒肴でもてなす。

ナマハゲに似た風習は東北の日本海側を中心にあちこちにある。柳田國男の「小正月の訪問者」によれば、青森西津軽のシカタハギ、秋田由利のナモミハギ、岩手下閉伊《しもへい》のナモミタクリ、岩手上閉伊ではナゴミタクリ、またガンボウやモウコとも言う。岩手遠野ではヒカタタクリ、石川能登ではアマミハギと称される。他にも各地に広がるが、ナマハゲのような厳粛さと強迫感を併せもつものは少ない。ナマハゲはヒガタ(炉火)に長くあたっていた人の膝や火鉢近くにいた人の腕に現れる火紋を、生皮と一緒に剝ぎ取ることを意味したともいう。[2]

旧正月17日に、三木茂は秋田の赤沼にある三吉神社へ行き、近郊町村から奉納される梵《ぼん》天《でん》行事を撮影した。梵天とは巨大なシデ(幣束)のことである。アイヌではイナウと呼ぶ神の依代《よりしろ》だ。大きな竹籠に棒を通し、目にもあやな布でぐるぐる巻き、さらに上部に紅白のボテ

2：柳田國男「小正月の訪問者」『歳時習俗語彙』(国書刊行会)

マキを付け、シデを周りに垂らす。折口信夫の「髯籠の話」には、こう記される。

「次に言うべきは、修験道の梵天《ぼんてん》のことである。目籠と梵天との関係は、いまのところまだ、いずれが親いずれが子と、そう手軽には決し兼ねるが、二者の形似は確かに認めねばならぬ。ただ目籠の単純なるに比して、梵天にはさらに御幣の要素をも具えているのである。京阪では張籠《はりこ》のことをぼてと謂う。これはぼてぼてと音がするからぼてというのか、と子供の時は考えていたが、これもどうやら梵天と関係がありそうだ。

我々上方育ちの者には、梵天といえば、ただちに芝居の櫓《やぐら》などに立てた、床屋の耳掃除に似た頭の円く切り揃えられた物を連想するが、関東・北国等の羽黒信仰の盛んな地方ではかならずしもしからず、ぼんてんすなわち、幣束《へいそく》の意に解しており、その形状もいよいよ削り掛けまたはいなうの進化したもののように見えて来る。香取氏の梵天塚の話(郷土研究二の五)などを見ても、梵天・幣束・招代《おぎしろ》の三者の関係は直観しうるのである」[3]

梵天は修験道における神の依代である。神々の天降りに先立ち、神々の降りる場所を決めなくてはならないが、何をもって神々を導く目標とするのか。最初は天に最も近い高い山の喬木《きょうぼく》を目印とし、その梢に御幣《ごへい》を垂らした。神々の最も目に触れそうな場所であり、神にとっての依代、人から言えば招代となる。神霊を一所に集注させるこの招代が無くては神々は憑りつくことができない。梵天はその〝移動する聖地〟である。

3：折口信夫「髯籠の話」(『古代研究I　民俗学篇』角川ソフィア文庫)

アマメハギ(石川県輪島市門前町皆月)

村々からの長い道のりを法螺貝《ほらがい》を吹き鳴らし、勢いよく梵天を振り回し、突き上げ、揺らし、道行唄を歌って威勢をつけ、一気に神社を駆け上がってゆく。この時、御神体を他から侵されないように村人が一致団結して守り抜き、奉納する。数十人が1組となった屈強な若者集団が40組あまり、先陣を競い押し合いへし合いしながら、神社をよじ登ってゆく様は、神輿や曳山にない弾力感が秘められる。祭神の三吉大神の勇壮な荒御魂に相応《ふさわ》しい祭りである。

雪に明け暮れした2月から3月へ移ると、重い灰色の雲間から今まで見られなかった青い空が顔を覗かせ、待ちあぐんだ春の兆しが見えてくる。薄い陽射しで積もった雪が解け始め、大きな力が動いてゆくように人々の気持ちも解放へ向かう。雪に覆われ見境のつかなかった田畑にある日ぽっかり穴が空き、雪解け水が底に微かに流れていった。やがて黒く光る土が現れると、足を乗せて久々の土の感触を取り戻す。大地から血のようなものが静かに這いあがってくる。

❸……民俗学写真の精髄

『雪國の民俗』は、もともと秋田男鹿地方の農村を題材に三木茂が撮影を担当した記録映画『土に生きる』(1941)の副産物だった。三木は映画撮影の合間にその地の農事や衣食住など目についたものを片っ端から写真に撮りまくり、ノートやメモがわりに映画制作の参考資料にしようとしていた。そうした調査やロケハンをこなし、1年間滞在し、映画撮影の合間に写した写真が二千数百枚ほどになった。

「これらの二千数百枚の写真は、たとえ眼あたり次第、手あたり次第とはいえ、やはりそこには何らかの形で資料蒐集という目的意識は働いていたのである。それであるから、この本の写真は世にいう報道写真とか芸術写真とかいう美しい写真ではなく、いえばその方の写真とはまったく反対な写真ばかりであると思う」[4]

1930年代の日本の写真は、写真雑誌『光画』を拠点とした野島康三らの芸術写真や、ドイツ帰りで「新興写真」運動の影響を受けた名取洋之助らの報道写真に大別されていたが、三木はそうした動向と無関係にあくまで記録資料として撮影した。

「私としては平凡でもよい、そのものがなんであるか、なんの目的をもっているか、なんで作られているか、どのくらいの大きさか、いつ、どこでということが明瞭でさえあれば、あとはそう必要ではないのである」[5]

三木は撮影方法や撮影姿勢についても言及している。

「カメラの位置も、自分の眼の高さから上でもなく、下からでもない位置から撮影し、必要ない限り同一レンズを使ってトリミングをいっさい行わない方法をとった。つまり、ありのまま、そのままを見せたいというのが私の念願である」[6]

4：註1と同じ。
5：註1と同じ。
6：註1と同じ。

民俗学写真の基本的撮影方法を三木は厳密に実践している。そこには柳田國男からのアドバイスもあった。三木自身は民俗学写真を撮ろうとは思わなかったが、自分の映画の仕事上、さまざまなロケーション現場で異質な風俗や習慣に出会い、驚かされることが多く、次第に興味が高まり、折に触れ民間伝承を集めたり、古老の聞き取りを重ねたりするようになっていた。

そうした好奇心に誘われるまま本を読み漁っているうちに柳田國男の著作が愛読書となり、視野が大きく開ける思いにとらわれてゆく。一つ一つの遺風習慣をカメラで撮影し、観察することで自分たちの祖先の感情や意志に触れることができるのではないかと考えた。

三木はやがて日本の伝承の確実さやその精神の豊かさを理解し、日本の民俗を紹介する映画をつくることを決心し、企画を練り始める。そう思いたったのは日本のかけがえのない民俗習慣が消え去ろうとしていたことも関係している。写真映像でなら今、正確に記録しておくことができる。彼は『雪國の民俗』の刊行された1944年に、撮影時（1940年）には存在していた行事や祝祭が行われなくなってゆく状況をこう記している。

「現にこの本の中にある写真でさえ、今日ではやれなくなった行事もあるし、無くなってしまった祭りごともあって、あの当時はまだあったのだ―などと三年も前のことをまるで遠い昔のことを語るような口吻であるから、ましてや五年も前、十年も前、二十年も前のことになると、もう記憶の底から引張り出さなければならないようなことばかりである」[7]

吉田三郎（1905-1979）
男鹿脇本生まれの民俗学者。貧しい農家の三男として農業指導者**石川理紀之助**の影響を受け、農業理念や社会思想を学ぶ。渋沢敬三や柳田國男の支援を受け『男鹿寒風山麓農民手記』をアチック・ミューゼアムより刊行する。男鹿で農業を営みながら多くの民俗学関連の著作を残した。

石川理紀之助
（1845-1915）
明治から大正時代の農業指導者、歌人。菅江真澄が逗留した奈良家の分家に生まれる。生涯を農村の更生と農家の救済に捧げた。11歳の時に菅江真澄の墓を寺内村で発見した折に、墓碑銘からその日が命日であることを知り「なき人に慕ふ心や通ひけむおもはず今日の時に逢ふとは」と吟じた歌が彼の詠歌の最初とされる。

奈良環之助（1891-1970）
秋田金足小泉の奈良家別家に生まれた民俗学者。東京帝国大学農科実科卒業。秋田の文化財調査に尽くした。ブルーノ・タウトの来秋時に対応し、奈良

戦時中という非常時のせいもあったのだろうが、わずか3年で民俗習慣や祭祀が消え失せてゆく実情に三木は驚いた。その頃、たまたま渋沢敬三主宰のアチック・ミューゼアム（日本常民文化研究所）から刊行されていた**吉田三郎**の『男鹿寒風山麓農民手記』や『男鹿寒風山麓農民日録』と出会い、大きな感銘を受けた。この2冊は三木の映画『土に生きる』制作の直接的契機となり、同時に『雪國の民俗』が生まれる源泉となった。

映画制作にあたってもできる限り民俗学の背景や視点を持つことが重要と考えた三木は、著者の吉田三郎や柳田國男から助言を仰いでいる。映画撮影中も南秋田地方の民俗研究やマタギ研究で知られていた**奈良環之助**《たまのすけ》の熱心な指導を受けた。三木は自分の撮った写真から数知れないほど多くのものを学んだと後に述懐しているが、今なおその正確無比な写真から私たちもたくさんのことを知ることができる。

❹……風と土を彫る

秋田市に**秋田市立赤れんが郷土館（勝平得之記念館）**がある。柳田國男と三木茂による『雪國の民俗』の装幀を担当した郷土版画家勝平得之の業績を顕彰する施設である。三木は映画『土に生きる』撮影中に勝平と会い、意見を交わし、心を通わせていたこともあり、装幀を依頼した。勝平はブルーノ・タウトや藤田嗣治との交友でも知られている。

赤れんが郷土館は秋田県技師の山口直昭設計で、秋田銀行本店本館として1911年に完成した。煉瓦造り2階建ての土台は男鹿石の切石積み、1階は磁器タイル、2階は赤煉瓦というルネサンス様式を真似た外観である。内部に入るとバロック様式で、腰材に緑色の蛇

家本家の視察を手配した。秋田市美術館（現、秋田市立千秋美術館）初代館長。共著に『近世の洋画—秋田蘭画—』がある。真山神社の神事「柴灯祭」をナマハゲと組み合わせ、現在のなまはげ柴灯まつりの形にした。

秋田市立赤れんが郷土館 1912年につくられた旧秋田銀行本店（国の重要文化財）を改修して完成した。1989年には新館に勝平得之記念館を併設し、1992年には分館として秋田市民俗芸能伝承館（通称ねぶり流し館）が開館した。秋田の歴史、民俗、美術工芸に関する企画を実施している。

7：註1と同じ。

紋岩を用い、床は色タイル、応接室は総欅、階段は白大理石という豪華な造りになっている。この秋田を代表する明治洋風建築の別館3階が勝平得之記念館となり、彼の代表作と再現された仕事場を見ることができる。

生涯秋田を離れることなく、一貫して郷土の自然と風俗を簡潔で抒情的な線と面で描き続けた**勝平得之**（1904―1971）は、秋田の鉄砲町（大町）に生まれた。家は代々、秋田藩の藩札の紙漉き業で、父母も近隣に産するコウゾを原料に紙を漉き、副業に漆喰壁の左官業をしていた。勝平は1924年頃から家業を手伝う傍ら、白黒の単純明快な墨刷木版画を手掛け始める。版木は下駄屋から下駄の歯にする朴《ほお》の枝を買い求め、蝙蝠傘の骨を研いで丸ノミとし、紙漉きの暇な冬の間中、彫り続けた。

勝平はやがて浮世絵を見る機会があり、色刷版画の魅力に惹かれ、2年間の独学の末に「自画・自刻・自刷」の3つの工程を1人で完結する彩色版画の技法を考案した。自ら創出した技法を浮世絵と区別するため、「創作木版画」という印判を作品に押している。それからは郷土風物の作画専念を決意し、「秋田十二景」に着手した。1929年には日本版画協会展に最初の色刷版画「外濠夜景」と「八橋街道」を出品して初入選し、父親が濾した紙と息子の独創的な版画が結びついた作品が観客の目を見張らせた。1934年にはパリのルーブル美術館展に「店」と「雪の街」を出品し、『版藝術』12月号では「勝平得之版画集――雪国の風俗」が特集されるなど、その斬新な版画が内外で注目されるようになる。

1935年には「秋田風俗十態」シリーズを開始したが、この年、ドイツから亡命してきた世界的な建築家**ブルーノ・タウト**（1880―1938）と知り合い、秋田の民家や祝祭を案内する。1936年1月にブルーノ・タウトは英語版著作『日本の家屋と生活』（三省堂）を脱稿し、

勝平得之（1904―1971）
秋田市鉄砲町生まれの版画家。家は代々秋田藩の藩札の紙漉き業だった。独自の技法により秋田の風俗や民具を詳細に表現した色刷り版画は、貴重な民俗資料でもある。梵天や竿燈などを描いた連作「秋田風俗十態」をはじめ、連作「秋田風俗十題」、「ナマハゲ」のほか、大日堂舞楽を6年の調査と10年以上の時間をかけてつくられた「大日霊貴神社祭禮舞楽図八部作」などがある。ブルーノ・タウトにより海外に紹介され、ケルン市立東洋美術館にも作品が所蔵される。

ブルーノ・タウト（1880―1938）
東プロイセンのケーニヒスベルク生まれの建築家。初期の代表作に「鉄の記念塔」や「ガラスの家」があり、集合住宅を多く手掛けた。1933年に上野伊三郎の招きにより、20代から影響を受けた日本に渡る。東北を度々訪れ、秋田を裏日本の京都であると記す。工芸品のデザイン指導などを行うが、建築の依頼は少なく、1936年トルコに移り、1938年イスタンブールで

手刷りによる彩色版画口絵1000枚を制作し、545点が収録された。翌年の刊行を機に、勝平の作品は欧米にも広く紹介されるようになる。1936年2月にもタウトは秋田を再訪し、勝平が案内した。

戦時中の1941年には三木茂が監督した映画「土に生きる」のタイトルデザインを担当した。1942年には出羽三山研究の第一人者戸川安章《あんしょう》との出会いから修験道の古文書『三山雅集』の復刻を依頼される。手刷り100部の制作を引き受け、山形の鶴岡に4ヶ月滞在した。『三山雅集』は江戸時代宝永年間（1704－1711）につくられたもので、その古版木の手法を詳しく調査し、復元版画をつくることが勝平の使命となった。手刷り総枚数が2万枚に及ぶ異例な仕事である。1日最低でも200枚を刷らなくてはならない過酷な工程を勝平は完遂した。1943年に勝平は「秋田風俗十題」を完成させた。

第二次大戦後も勝平の制作意欲は衰えず、1946年には角館の民俗研究家の武藤鉄城が文章を、勝平が図版を担当した『秋田民俗絵詞第一輯　被物と履物』を出版し、1949年には「五大尊舞」や「鳥舞」を含む、1300年近い歴史を持つ大日堂舞楽を描いた色刷りの大作「大日霊貴神社祭禮舞楽図」8部作を完成させ、1951年には「農民風俗十二ヶ月」シリーズも制作し、第1回秋田市文化賞を受賞している。勝平は秋田の風土のたおやかさを誰よりも大切にし、その空気や光影の質感を抽出し、秋田の木や水から生まれた独特の紙の上に展開させた。

「私はこの紙への愛着から、ひとりで版画の道にはいり、これまで歩いてきたが、それはただ失われるものへの強いあこがれだけであろうか。父が残した紙は、もう数

客死した。主な著作に『日本美の再発見』『日本文化私観』がある。

も少なくなった。この紙を見ると幼い頃が思い出され、父の紙漉き姿が目に浮ぶが、いま、わたしにできることはこの紙をもっと有効に使うことである。そしてこの紙がつきたら、また新しい紙に版画芸術をわたしの手仕事として郷土秋田の風物を描き残すことがただひとつの道であり、これを念願としている」[8]

消えゆく秋田の風俗を勝平は深い愛着をもって描き、懐古趣味に陥ることなく、秋田の農民芸術の発展性へ目を向け、紙と刷りにその美質と可能性を発見し続けた。

❺……秋田パノラマを開く

秋田の風景風俗や伝統行事を巧みに版に刻み、独特の創造世界を生み出した勝平得之は、有名な藤田嗣治の「秋田の行事」にも影響を与えている。勝平より18歳年上の**藤田嗣治**(1886－1968)は、1937年、日本最大級の絵画「秋田の行事」を完成させた。高さ3・65メートル幅20・5メートルの目を見張るサイズで、秋田の四季折々の祝祭行事と人々の暮らしを大胆に構成し、観る者を圧倒する緻密な壁画を作り上げた。米穀業を営む秋田の大富豪で絵画コレクターの平野政吉の招きにより、米俵が1万2000俵貯えられる巨大な米蔵壁面にカンバスを張り、一気に描いた勢いのある名作である。

藤田嗣治は1886年、東京の牛込に生まれた。父の藤田嗣章《つぐあきら》は軍医であり、日本統治下の台湾や朝鮮に赴任している。日本の植民地衛生行政に携わり、森鷗外の後任として最高位の陸軍軍医総監を務め、劇作家の小山内薫は従兄である。

藤田嗣治(1886－1968)東京牛込生まれ、フランスで活動した画家。東京美術学校西洋画科を卒業後、渡仏した。モンパルナスに居を構え、ピカソやモディリアーニなどエコール・ド・パリの画家たちと交流しながら乳白色の肌をした裸婦像を描き人気を博す。1933年に帰国し、平野政吉と出会い、巨大壁画「秋田の行事」に取り組む。

東京美術学校（東京藝術大学）の美術解剖学講師も務めていた森鷗外の勧めで藤田は、東京美術学校西洋画科へ入学した。同期の親しい友人には岡本太郎の父である岡本一平がいる。1910年に卒業してまもなく渡仏し、モンパルナスに居を構え、エコール・ド・パリの一員として活躍した。女と猫を得意な画題とし、面相筆による細い線描を生かした日本画技法を油彩画に取り入れ、透き通るような乳白色の肌あいを描いたフェティッシュな裸婦像で注目を集めた。

1931年に妻マドレーヌ・ルクーとブラジルへ向けてパリを発ち、アルゼンチン、ペルー、メキシコ、アメリカを回ったが、この時、シケイロスらによるメキシコの大壁画運動に強い感銘を受けている。ドイツでナチスが政権を握り、ヨーロッパ情勢が不安定になった1933年には日本に帰国し、翌年、東京の二科展会場で平野政吉と初めて出会った。日本海側を北上する旅の途中で秋田を初めて訪れたのは1935年のことである。

1936年、藤田は10巻もの海外向け日本紹介映画「現代の日本」の1つ『風俗日本』の制作を依頼され、ロケ地に秋田を選んだ。同年その撮影のため来秋したが、この年、マドレーヌが異国での不慣れな環境の中、東京戸塚の藤田のアトリエで死去する。この報を聞いた平野政吉はマドレーヌ追善のため、秋田に美術館建設を提案し、藤田はその美術館構想を受け入れ、再度秋田入りし、巨大壁画制作の意向を表明した。その年の夏から秋にかけて藤田は竿燈《かんとう》まつりや日吉八幡神社山王祭、高清水丘陵の秋田城跡などを取材し、年末に再び来秋して壁画制作の準備に没頭した。

1937年には秋田の美術館構想の最終展示作品が発表され、建設地も決定した。その年の2月から3月にかけて、藤田は平野家の米蔵で「秋田の行事」を集中制作する。滞在制作中

8：企画コーナー展「勝平得之——得之・秋田への想い」展示解説資料に拠る（秋田県立博物館　2023年9月24日～11月26日）

の2月には**太平山三吉神社**の梵天奉納を追加取材し、壁画に組み込んだ。1938年に美術館は着工するが、戦時体制が強まる中、建設中止が決まり、「秋田の行事」は制作現場の平野家米蔵でそのままお蔵入りになってしまった。

「秋田の行事」が初公開されるのは、秋田県立美術館が開館し、平野政吉コレクションを展観する特別展示室が設けられた1967年のことである。制作から実に30年を経て、米蔵の精を吸い取った果ての公開であり、パリに戻っていた藤田は翌1968年にチューリッヒ州立病院で81歳で死去した。

平野政吉（1895-1989）は、現在の秋田市大町1丁目（勝平得之生家は大町6丁目）で米穀業を営む秋田有数の資産家平野家の3代目だった。青年期から浮世絵や骨董、江戸期絵画を収集し、そのコレクションは刀剣から西洋近代絵画に及ぶ。平野は藤田が一時帰国していた1929年に彼の個展を見て感銘を受けた。

平野家で滞在制作をしていた時、藤田は近所だった勝平得之と会い、秋田の行事や風俗について聞き取りをしている。「秋田の行事」は、平野家の地元であり、秋田市の商人町だった外町（大町）に関する生活と祝祭を描くものだったためである。

「秋田の行事」は、外町の総鎮守である日吉八幡神社の秋の山王祭、春の太平山三吉神社の梵天奉納、夏の年中行事である竿燈まつり、冬の水神祭りカマクラという秋田の四季の祝祭が描かれ、それらの間を米俵や油井《ゆせい》、天水甕《てんすいがめ》や雪だるま、箱橇《はこぞり》や酒樽といった秋田縁りの品々が繋いでゆく。それはまさに秋田パノラマというべき雪国のダイナミックな流れと眺望を描ききったものだった。

太平山三吉神社
山岳信仰の対象で山そのものを神とする。太平山のふもとに里宮があり、山頂に奥宮がある。801年に征夷大将軍坂上田村麻呂が戦勝祈願で社殿を建立したといわれる。現在も北海道、東北地方を中心に三吉神社があり、太平山講も広く行われている。毎年1月17日には梵天祭がある。

平野政吉（1895-1989）
秋田市大町生まれ。米穀業と金融業で財を成した平野家の3代当主。画家を志し、16歳の時に初めて浮世絵を買って以来、絵画、陶器、仏像などを収集し、刀剣から西洋近代絵画に及ぶ大コレクションをつくりあげた。藤田嗣治が一時帰国した1929年に彼の個展を見て感銘を受け、大作「秋田の行事」を依頼し実現させる。

❻……雪国の衝動

柳田國男は「雪国の春　自序」という1928年に発表された印象深い文章で、紀行として残しておきたいと心から思ったのは1920年の夏から秋への長い旅だったと記し、いま再びその頃の気持ちになり、隣の国を見るような懐かしさを感じながら村々のことをしみじみ考えてみたいと書き出している。そしてその文章を雪国ではない地方の人々にこそ読んでもらいたいと記した。[9]

柳田はそれ以前の1925年に南国沖縄に材をとった「海南小記」を執筆している。ある意味でこの時期、日本の南と北の両端の、まったく違った生活文化を比べることで雪国の特異性を浮き彫りにしようとしていた。[10]

養い育てられた天然の乳母としての海と山、雪に反射し春先に散乱する濡れたような日の光、豊かな水に揺られ平らになった黒々とした土、冬のとてつもない寂寞と若い娘たちの春への想い、そして淋しい旅人としての性《さが》、そうしたものが日本人の深層に溜め込まれてきた。

北国を行脚する人々は、冬がまだ深まらないうちに何とか身を容れる小さな隠れ家のような居場所を見つけ出し、そこで平穏に一冬を過ごせるよう祈り、春が帰ってくるのをただ待ち焦がれる。柳田が高く評価し、繰り返し引用した菅江真澄はその典型的な旅人だった。暖かい三河の海に近い故郷を20代に旅立ってから50年もの間、旅の宿を移し続け、冬ごとに異なる主人と共に正月を迎えた。

9：柳田國男「雪国の春」(『雪国の春　柳田國男が歩いた東北』角川文庫)
10：柳田國男「海南小記」(『海南小記』角川文庫)

日本ほど雪が多く降る国はない。北国の旅人は、雪深い渓谷を遡り、屏風のような雪のヴェールを抜け、前へ前へと進む。折々には吹雪に立ちどまり、ゆくあてもなくじっと雪片の舞いを見つめるしかない時もあった。

「われわれの祖先がかつて南の海端に住みあまり、あるいは生活の闘争に倦《う》んで、今一段と安泰なる居所を求むべく、地続きなればこそ気軽な決意をもって、流れを伝い山坂を越えて、次第に北と東の平野に降りて来た最初には同じ一つの島がかほどまでに冬の長さを異にしていようとは予期しなかったに相違ない」〔11〕

黄昏にまた1人行く雪の人。吹雪が続く冬籠りは、花が咲いていたことを忘れてしまうほど長い。このまま雪の合間に永遠に閉ざされてしまうのではないだろうかと子供のような不安でいっぱいになる。しかしそうした永い冬があるから、ようやく迎える春の歓びがいやます。

「奥羽《おうう》の所々の田舎では、碧く輝いた大空の下に、風はやわらかく水の流れは音高く、家にはじっとしておられぬような日が少し続くと、ありとあらゆる庭の木が一せいに花を開き、その花盛りが一どきに押し寄せてくる」〔12〕

この生き生きとした季節の運動とシンクロする人間の高揚感の底に、実は中世における日本人の移民史が隠れていると柳田は指摘する。そしてその歴史を染み通ってきた感覚が日本人の心を温め、旅人に家郷を想起させ、閉じ込められた冬の夢を豊かなものにしていた。

日本人はこうした夢を貯め、同じ作物で、同じ家の造りで、南島に似つかわしい生活様式を雪国へ運び、艱難《かんなん》辛苦の果てに新たな環境へ調和させていった。それに留まることなく、さらに奥へ奥へ、北海道や樺太の山々へも移ってゆこうとした。それが雪国の人々の止められない衝動だった。

❼……北上する神々

暦上の春がやって来ると、西は筑紫《つくし》の海の果てから、東は津軽の山の陰まで、多くの農民行事が少しも変化せずに同じように行われてきたことは日本列島の奇跡であると柳田國男は言う。

しかも隣県に同様な例があることを知らずに伝わっていったのは書伝による伝播ではなく、人々の北への移動と展開によるものであることを知らせている。あるいは南の果ての孤島の穀祭には2人の若者が神に扮し村々の家を訪ねる風習があるが、これも元は正月の宵の行事であり、タビタビ、トビトビ、ホトホト、コトコトと戸を叩く音を真似して名付けられているものの、神の祝言を家々にもたらす目的には相違ない。南島同様に北国でも仮面を被り、藁の衣裳で身を包み、神の話を伝えにくる。怠け癖や逸楽を嫌い、怠惰な者を罰するため、ナマハギ、ナゴミタクリ、ヒカタタクリなどと称したという。

11：註9と同じ。
12：註9と同じ。

「閉伊《へい》の男鹿《おが》島の荒蝦夷《えびす》の住んだ国にも入れ代わってわれわれの神を敬する同胞が、早い昔から邑里《ゆうり》を構え、満天の風雪を物の数ともせず、伊勢の暦が春を告ぐるごとに、出でて古式をくり返して歳の神に仕えていたなごりである」〔13〕

雪国の初春の祭りには神の木を飾り立てる風習があった。もともと餅はこの神の木を装飾するためのものである。飾り立てるというよりも、その植物の実を用い、その姿を借り、豊年を予兆させる〝あやかりの法術〟だった。家の中にも立てたが、門口に松と共に若木を立て、田にも茂った枝を挿し祝った。広い庭先には畝《うね》をつくり、松葉を早苗に見立て、田植えの真似も行われた。

稲は熱帯野生の草である。これを日本列島へ招き入れたのは、日本という土地の意思の力による。稲の成熟は深い雪の中で強く念じられた。稲苗に似た山中の松葉は、雪を忘れさせる緑の証しとして尊ばれ、正月に松を立てることが慣習となった。こうした正月行事を終え、再び真冬の厳しさと寂しさに戻ることは耐え難いが、家には明るい囲炉裏の火があり、その炎の周りに無数の追憶と物語が舞い踊っていた。

勝平得之は1970年に体調を崩し、入院した。胃癌だったが、病名は家族に伏せられたまま、翌年亡くなる。勝平は最後の病床で、「秋田魁新報」のアンケートに答えている。「守り抜こうふるさとの自然」というテーマで、生活から姿を消した自然や秋田に復活させたいものとして、勝平は「一家の和楽を共にし、家の中心地になる『いろり』」であると答えている。

勝平には「いろり」（1957 「秋田風俗十題」より）と題された作品がある。よく似た母と娘が板の間に筵《むしろ》を敷いた囲炉裏端で暖を取りながら楽しげに話をしている。赤々と燃える炭と手前に脱がれた雪沓、雪掻き棒と薪の束……光源としての囲炉裏が鮮やかに描かれる。囲炉裏は、その光を頼りに再び籠る冬の家に、古くて新しい感情を培養させていった。それは雪国になくてはならない中心装置だったのである。[14]

8……トンネルの向こう側

1944年の「秋田魁新報」に掲載された柳田國男の「雪國の話」には、はるばる秋田へ辿り着いた人々への柳田の思いが滲み出ている。

「初組は必ず積雪の嶺の彼方より、好んで雪国を開こうとして入った人々の、予定通りに太い根を土地に降したものであった。手短かに言うならばこの新らしい雪国を作る為に、何れも余分に働いた者の末なのである」[15]

戦争中だったため満州での戦状を反映させながら次のようにも述べた。

「遠く北満の曠野に進出する若い我等の同胞が、是から新たに建設して行く雪国も、きっとまた特色に富んだものであろうが、今ある国内の雪国などは、まず他には類の無い成長をしている。第一には人を大きな要素とし、それに天然がこの群島固有の、かわった色々の条件をもって参加しているのである。誰がどのように計画をしてみても、もう再びこれに似寄った歴史は作ることができぬであろう。それを

13：註9と同じ。
14：『勝平得之記念館作品集』（秋田市立赤れんが郷土館）
15：柳田國男「雪国の話」（『雪国の民俗』第一法規）

今まではまだ気づかずにいたのであった」[16]

この言葉は秋田という雪国の無類の特別さと歴史性を表している。人々はそのことに気づいていない。そこには日本列島が長い時間をかけ、厳しい労苦を伴って作り上げてきた雪国の佇まいが、尊い1回限りのものであるという思いが秘められている。

柳田が驚いたのは、春先に列車で東北を行き過ぎる時、たびたび目にしていた田畑に積み上げられた肥塚だった。これらはすべて雪の最も降り積もった時期の真っ白な世界に、山や木立を目印に各々の持地へ間違いなく持ってきて置いておいたものだった。その雪上移動に使用される橇《そり》でも牽綱《ひきづな》でも、脛巾《はばき》や藁沓の類であれ、日々の用途を深く胸に抱き、使う人の気持ちを想い、長い冬の間に農民たちが心を込めてつくったものだった。

その時間を十分にとることができたため、身にぴったり合い、相応しく作り上げられたが、それ以上にそうした日用品をなんとか美しくしようと努めていた。柳田は『雪國の民俗』の写真に収められた道具や物品が高度なレベルの〝用の美〟を湛えていることを指摘する。雪国では目立たない美意識が繊細に繰り広げられてきたのである。

雪国の冬の家の内部では、安静や平穏という以上に、無言の細やかな愛や美の調和が醸し出されていた。それを次の世代へ受け渡そうとする振る舞いが無意識に進行していた。囲炉裏端で祖父が赤い鼻緒の藁草履をこしらえているのを傍で見ている時の喜びを娘たちは一生忘れなかった。それと同じことを年を取ってから念入りに孫に返そうとする。永い世代にわたる、そうした受け渡しが、家の箍《たが》を引き締める。

「北で菱刺しなどといった小ぎぬの縫ひとりでも、またはシボとかニンブとか名づけられた色々のつぎを横にした裂織の厚布でも、そういう動機があるゆえ著しく精巧な美しいものに発達してきた。隠れて家の中にこつこつと働く人々の、技術と嗜なみはたやすく外に認められた。家庭はすなわち工芸の一つの学校でもあったのである」[17]

『雪國の民俗』の三木茂の写真には、隠された美と調和を察知し、過不足なく捉える確かな感性がある。そのような写真の重要性を柳田は強調し、自分が経験した後に、その経験を焼き付けてゆく三木の写真の方法を高く評価した。

「三木茂君は仲間だから褒めにくいけれども、その秋田での写真は自ら感じてから後に光景をフィルムに感じさせている。この集の写真には前からの親しみがあり、また写すに先立っての色々の感動があった。知識欲に充ちた多くの日本人を代表して、一種の報告者となって未知の地へ入って行く以上は、それだけの心がけは当然であるが、そういう態度も今はまだ未来に向って期待するより他は無いのである」[18]

柳田の未来の民俗学写真への期待が三木の実践を通し、そこに語られている。『雪國の民俗』以前から、30年以上にわたり、柳田はしばしば秋田を歩き、多くの友を見出し、所々の山や川に親しんだ。また菅江真澄に私淑し、その絵と紀行文に繰り返し触れ、特に八郎潟周辺

16：註15と同じ。
17：註15と同じ。
18：註1と同じ。

の記述は柳田に忘れ難い印象を残していた。それゆえにこの写真集をつくるにあたり、三木の写真の単なる理解者としてだけでなく、こういう流れにしたらとか、この写真を入れたらとか、構成や編集に助言している。

「人をいつまでも古い生活様式に、割拠させてはおかない世の中の道が、鮮やか過ぎるほどこの中には現れているが、それでも何となしに保存を許されている瑞々のものから、祖先の世渡りを辿ることまではできそうなのである。国の内外を通じて、未知の世界というものはまだ広い。それがたった一つでも明らかになってくれば、それだけ我々は聡明になるのである。もう人間の知るべきことは知ってしまった様に、安心しようとしていた文化科学の学徒にとって小さいながらもこれは一つのトンネルのようなものでないかと思う」[19]

終戦の前年、柳田國男は言葉を選びながらそう述懐した。私たちはそのトンネルの向こうの秋田を今も見出せているだろうか。

19：註1と同じ。

小正月行事

上桧木内の紙風船上げ（仙北市）

上桧木内の紙風船上げ（仙北市）

刈和野の大綱引き（大仙市）

上下：刈和野の大綱引き（大仙市）

奉納
伊豆山神社
若竹町町内会
若竹町

上下：ぼんでん（大仙市花館）

ぼんでん（大仙市花館）

小正月は旧暦1月15日のことで、一年で初めての満月の頃でもある。2023年のその日、積雪によって月は少しも見えなかったが、上桧木内で巨大な紙風船の軌跡を追いながら夜空に思いを馳せ、「ジョヤサ!」という掛け声が響き渡る刈和野の大綱引きで大地の揺さぶりを感じ、雄物川の渡船場からぼんでんと共に彼岸へ渡って、湯沢の犬っこ祭りで人混みに迷いながら娑婆へ戻ってきた。こうした様々な伝統行事によってぼくは歳神を見送り、疫禍が明けて最初の正月を締めくくったのである。

上下：犬っ子まつり（湯沢市）

夏まつり

上下：竿燈まつり（秋田市）

秋田市の竿燈まつりや湯沢市の絵どうろう祭りの原型と言われているのは、夏の睡魔を払うまじない、あるいはお盆の物忌や禊とも言われる「眠り流し」である。竹に灯籠や短冊を付けて練り歩く七夕と眠り流しは一連の行事で、お盆に祖先の霊を迎えるにあたって、それまでの半年間の穢れや悪霊を流し去るという意味合いを持っている、と考えられる。こうした夏の夜に浮かぶ灯りを見るにつけ、彼岸からやってきた無数の魂を思わざるをえないのである。

七夕絵どうろうまつり（湯沢市）

［第四章］縄文の粒子

四次元の秋田

❶……岡本太郎の秋田

岡本太郎が初めて足を踏み入れた秋田は、吹雪の降りしきる早朝の秋田駅だった。1957年の冬のことである。ホームの雑踏で、頬被りする娘の鋭い眼光にすぐさま反応し、何度かシャッターを切る。何よりもその瑞々しい顔が、自分とは異質な存在感を放射していた。

見え隠れする彫りの深い、雪と風に鍛えられた女の表情は、遥か昔、この地を生きた人々の累積する記憶の層を感じさせた。北方民族の血と力の美しさ、その土地に生まれ、厳しい環境を引き受け、慎ましく実直に育ち、飾ることなく、素朴な感情を迸らせる。岡本はそこに縄文人の面影を掠め見たのではないだろうか。

縄文土器が日本美術史の文脈で評価され、日本美術の原点として位置付けられるようになるのは近年のことである。岡本太郎が東京国立博物館で考古学資料として展示されていた縄文土器を見て、その乱調の美に注目したのは1951年のことだ。欧州帰りの岡本の眼はそこに異様な強度と呪術性を孕んだ精神性を感知し、翌1952年に美術雑誌『みづゑ』に「四次元との対話――縄文土器論」を発表する。

「私の血の中の力がふき起るのを覚えた。濶然と新しい伝統への視野がひらけ、我国の土壌の中にも掘り下げるべき文化の層が深みにひそんでいることを知ったのである」[1]

岡本太郎（1911-1996）
神奈川生まれ、東京青山育ちの芸術家。東京美術学校中退。父親は藤田嗣治の親友だった漫画家の岡本一平、母は小説家・歌人の岡本かの子。1930年から1940年までフランスに滞在、抽象美術やシュルレアリスム運動に加わった。

太陽の塔
1970年に開催され、6400万人以上を集めた大阪万博（日本万国博覧会）のモニュメント。「人類の進歩と調和」というテーマを表現するテーマ館の核として建設された。通算官僚・堺屋太一らの推薦により依頼された岡本は、とにかくべらぼうなものをつくってやると構想を練った。塔内部は〝生命の樹〟と呼ばれる生命進化系統図となっている。

岡本はその後、日本文化の古層に降りてゆくかのように「藝術風土記」[2]（『藝術新潮』）の連載を始め、日本列島を駆け巡り、写真を撮影し、文章を書いた。そうした日本美術の原郷を探る旅の最終成果が、1970年大阪万博時に完成した、縄文土偶を象る「**太陽の塔**」である。縄文土偶は子を宿した女性像が多く、多産や豊穣を祈る地母神信仰と繋がりを持つ。その姿をモチーフに「太陽の塔」は生命の循環をテーマとし、塔内には巨大な〈生命の樹〉が高く聳え立つ。

「藝術風土記」は、写真と文章で岡本太郎の見たものや考えたことを示し、「知られざる日本の美」を読者に突きつけてほしいという依頼から始まっている。1950年代後半、高度経済成長期以前の、まだ〝原日本〟とも言うべき風土の残香漂う日本列島を旅し、日本人の生活と生き様に岡本がどう感応するのかに焦点があてられた。その第1回が秋田だった。誌面からはこの連載初回に懸ける岡本の気合いがひしひしと伝わってくる。

> 「あけ方、汽車の窓から外をながめ、ぞっとして胸をそらせた。暗い灰緑色の海が、重なる山脈のようにそばだち、幾重にも幾重にも、泡だち、のたうちながら眼の前に迫ってくる。その荒れた様は声もたてられない凄まじさだった。よく見ると、弓形にえぐられた入江の片隅に、低くうずくまった漁師の小屋が、吹き寄せられたように、薄く雪をかぶってかたまっている。まるで今にも呑《の》み込まれるのじゃないかと思われる。はじめてみる冬の裏日本。そのきびしい気配にうたれ、私はこれからふみ込んでゆく天地、風土に、身のしまる思いがした。それは快感でもあった」[3]

1：岡本太郎「四次元との対話——縄文土器論」（『みづゑ』1952年2月号　美術出版社）

2：岡本太郎『日本再発見——芸術風土記』角川ソフィア文庫

3：註2と同じ。

神奈川県高津村生まれで青山育ち、パリ留学から帰国し、徴兵され、中国戦線に出征した岡本が、初めて日本海と奥羽山脈を裂く風土の荒々しさに慄然とする様子が書き出しから伝わってくる。

「雪の壁は深く、ここには別の時間が流れているようだ。私の主張する芸術と、いったいどういう関係があるか、――いささか絶望的な気がしないではなかった。だが私はこのような、いわばとり残されたところに、古くから永遠にひきつがれてきた人間の生命の感動が、まだなまのまま生き働いているのではないかと思った。たとえば『なまはげ』の行事などに」〔4〕

1957年2月12日、夜汽車に乗り、厳寒の秋田へ岡本は到着した。雪が降り積もる隙間だらけの駅舎で、ホームに慌ただしく行き来する人々が群れている。その雑踏の陰からじっと自分を見つめている娘がいた。その表情を素早く撮る。

秋田市内の古い町屋である那波家を訪れた後、すぐさま男鹿半島へ移動し、ナマハゲを見に行く。ギラギラした仮面の表情とギョロギョロと光る眼、毛むくじゃらの体と角と牙、その形相の凄まじさを次々と撮り押さえていった。

「これらは、鬼なり動物なり、神なりになりきってはいない。人間でありながら、そのまま人間を超えている」〔5〕

岡本はこの「なりきれなさ」を重視する。流動性を帯びた混沌が躍り出てくる。人間であって人間でない。両面性を煌めかせながら人から鬼へ、鬼から人へ激しい速度で移動する。

❷……馬と牛、縄文と弥生

秋田取材には編集者も助手も付き添わず、岡本太郎はフィルムの巻き戻しから詰め替え、レンズの交換や撮影交渉まですべてを自分でやらねばならなかった。うっかりカメラの裏蓋を開け、フィルム1本駄目にしたり、撮影済みフィルムを農家へ忘れたり、二重露光を繰り返したりと失敗を重ねながら、重いので露出計を持たず、距離や明るさにも無頓着に、一発必中の思いでシャッターを切り続ける。

1957年2月14日には横手まで行き、梵天とカマクラを見た。けら蓑を纏う少女や橇に乗った子供たち、朝市の慌ただしい情景も捉える。岡本はその後、岩手で撮影を継続し、「鬼剣舞」など、各地に蝦夷の残影が色濃く残っていることに驚いた。岡本は東北の風土に明滅するかつての蝦夷の面影にも触れている。岡本にとって東北は「蛮人」たちの里だった。

「かつては辺地の蛮人としてさげすまれ、否定された。今日の日本の歴史、その伝統の中においても、エゾといえばまるで縁のない人種の如くである。だが、そうじゃないのだ。彼らこそ本来の日本人であり、また人間としての生命を最も純粋に、逞しくうち出しているわれわれの血統正しい祖先なのだ。〔…〕アカデミックな中央の

4：註2と同じ。
5：註2と同じ。

権力、その官憲性により不当に押しつぶされ、過去に埋れてしまった。この日本人の魂、それをえぐり出し、解き放ち、われわれの芸術にとって最も緊急であり、由々しき問題としてぶつけて行く。それは他ならぬ私自身の使命ではないか」[6]

この時点で岡本太郎は、蔑視されてきた蝦夷の問題を自身の芸術の方向性と重ね合わせようとしていた。そのまま進めれば当然のように日本の被差別民やアイヌの歴史も射程に入れなければならないはずだったが、結局、そこへ至ることはなかった。

しかしこれらの発見は岡本にとって、縄文文化を新たな角度から再考する契機となっている。

「ここには伝説的な日本的器用さはない。無骨である。叩きつぶされ、押しつぶされ、それはまるで全然ないかのように、光の外に置かれながらも、なお厳然と、民族のレジスタンスとして叫び続けている。たとえそれと、はっきり自覚されていなくても。暗く深い、もう一つの美の伝統であり、生命力である」[7]

中央権力により東北奥地に追いやられ、北海道へ逃れ、北海道で続縄文文化から擦文《さつもん》文化、さらにオホーツク文化やアイヌ文化へ変身してゆく日本列島の北方文化の展開を岡本は東北で再発見した。

それまでの岡本の認識は、大和朝廷の蝦夷征伐は福島の白河の関あたりで留まり、それ以北の〝みちのく〟は大和の影響をわずかに受けながら、かなり後世まで縄文文化を保ち続けたというものだった。そして岡本は縄文文化の特性を次のように捉える。

「私はかつて日本全土をおおい、特に東北方面に栄えた縄文文化について考えた。野性の馬を乗りこなし、山野をかけめぐり、獲物を捉えたセイカンな狩猟民族。この文化は激しく、荒々しい美観である。その縄文文化は、日本民族の始源を逞しく芸術的に彩っている。〔…〕縄文文化は馬的だ。それが全面的に栄えていた原始日本へ、大陸、あるいは南方から、稲作農耕文化が流れこんで来た弥生時代。この方は牛の文化だ」[8]

馬と牛という動物性を、岡本は縄文と弥生に対比させようとする。けれども日本列島に馬が登場するのは弥生時代を過ぎた古墳時代中期のことである。4世紀後半の朝鮮半島は4つの国に分かれた動乱の時代にあった。大和朝廷はそのうちの百済と同盟を結び、強国の高句麗と戦うため、大陸へ出兵した。その遠征時に、高句麗の騎馬軍団の攻撃力と移動性の高さに圧倒され、その地で屈強な馬を買い入れ、日本へ連れ帰ったことが日本の馬の歴史の始まりとされる。やがて育成や調教、馬具の制作や装飾を担う騎馬職人たちが多数日本へ招かれるようになり、6世紀後半には馬の国産化が開始される。縄文時代や弥生時代に、わずかな野生馬がいた可能性はあるが、『魏志倭人伝』にも弥生時代の日本には馬がいないと記されているように、岡本の言うような日本馬が栄えている状態では決してなかった。とはいえ、日本の馬産地が北海道、青森、岩手、秋田といった蝦夷の地だったことは改めて注目しなくてはならないことだろう。

6：註2と同じ。
7：註2と同じ。
8：註2と同じ。

❸……雪の結晶と遮光器土偶

1936年に世界で初めて雪の結晶を人工的に作り出し、北海道十勝岳で3000枚以上の雪の結晶写真を撮り続けた〝雪の博士〟**中谷宇吉郎**《なかやうきちろう》（1900－1962）は、故郷の石川の片《かた》山津《やまづ》を思いながら『北方風物』（第1巻12号　北日本社）に「冬ごもり」という文章を寄せている。

「秋田県や山形県から、雪の名所新潟はもちろんのこと、北陸地方一帯にかけて、私たちの祖先はそういう冬ごもりの生活を、今までに千五百年くらいもの間、ずっと続けて来ていた。そしてそれはごく近年までも続いているのである」[9]

1500年前というより、もっと遥か昔の縄文時代の雪影に中谷は想いを馳せていた。「雪は天から送られた手紙である」という言葉を中谷は残したが、北国の生活を運命づけるこの天の手紙に、縄文の人々はいったい何を読みとっていたのだろうか。

その想いを共有するように宇吉郎の弟の**中谷治宇二郎**《じうじろう》（1902－1936）は、縄文時代の形態学や考古学研究に邁進していた。同じ石川の片山津に生まれた治宇二郎は、兄が通う東京帝国大学理学部の研究室に出入りし、鳥居龍蔵と面識を得て、その後理学部人類学科に入り人類学や考古学を学んだ。1929年にパリ大学に留学するも、結核のため1932年に帰国し、大分県由布院で療養しながら、『日本先史学序史』を執筆し、惜しくも34歳で早逝した。

中谷治宇二郎は、フランスで先進的な旧石器時代研究が行われていた時代に、考古学研究

中谷宇吉郎（1900－1962）
石川片山津生まれの物理学者、随筆家。考古学者中谷治宇二郎の兄。夏目漱石門下の物理学者寺田寅彦に師事し、東京帝国大学理学部物理学科卒業。1932年に北海道帝国大学理学部教授となり、雪の結晶の分類や人工雪の生成などの研究に取り組み、1936年、世界初の人工雪の生成に成功した。1948年には日本映画社の協力のもと、科学映画の古典となる「霜の花」や「大雪山の雪」を完成させ、翌年に中谷研究プロダクション（岩波映画製作所の前身）を設立した。

中谷治宇二郎（1902－1936）
石川片山津生まれの考古学者。雪の研究で知られる物理学者中谷宇吉郎の弟。1921年、シベリア出兵に従軍。1924年、東京帝国大学人類学教室に入学し、1927年、卒業論文「注口土器の分類とその地理的分布」を提出する。1929年留学先のフランスでその要約をフランス語で出版したところ、マルセル・モースが研究法を高く評価する。主な著作に

の類型学的手法を確立しようと、パリ大学ソルボンヌに留学し、『分類の未開形態』（1902邦訳は法政大学出版局）の著作がある社会学者**マルセル・モース**（1872−1950）に師事した。翌1930年には、ロージュリー・バス洞窟（旧石器時代後期の代表的遺跡）の発掘作業やギメ美術館の収蔵品調査、アルス・アジアティカ・シリーズ（東洋美術叢書）に予定されていた仏語版『日本考古学概説』の執筆作業に追われた。

治宇二郎は、日本では主として北東北で調査発掘をし、遮光器土偶の出土で知られる縄文遺跡の亀ヶ岡遺跡（縄文晩期／つがる市）、亀ヶ岡式土器の母体となった注口土器の出土した玉清水遺跡（青森市）、秋田県の北秋田郡七座村《ななくら》（現、能代市）の麻生上ノ山遺跡、秋田県平鹿郡旭村（現、横手市）の中山遺跡を精力的に調査していた。ちなみに「遮光器土偶」の名前は、鳥居龍造の師・**坪井正五郎**が大英博物館で見たイヌイットの使うゴーグル（雪中遮光器）から思いついたという。

1929年、治宇二郎は卒業論文「注口土器の分類とその地理的分布」の仏文要旨を作成し、海外の研究機関に送っていた。マルセル・モースがこの論文を読み、「中谷による『文化地の中心を求める図式方法』」として紹介している。

亀ヶ岡式土器は、さまざまな器形に複雑怪奇な文様が施され、赤く着色される特徴を持つ。治宇二郎は、新石器時代の土偶が出産の女神《ヴィーナス》とみなされるのは、それらが裸体であり、乳房や腹部が異常に大きく、妊婦を想起させるためと記し、亀ヶ岡の土偶をそのヴァリエーションとみなし、巨大な眼は縄文人における視覚の重要性を示すデフォルメではないかと指摘した。その眼や顔の異様な大きさは、「土偶」から「仮面」へ移行するプロセスを暗示しているのかもしれない。いずれにしてもこうした土偶の類型的な発展や移行は、その背後に感

『日本石器時代提要』や『日本先史学序史』がある。

坪井正五郎（1863−1913）江戸両国生まれ。人類学、考古学の先駆者。東京帝国大学理科大学動物科卒業。在学時から人類学、考古学への関心を深め、東京人類学会を結成。大学院やイギリス、フランスへの留学で人類学を学ぶ。1893年に帰国後、東京帝国大学理科大学教授となり、人類学教室をつくる。柳田國男と南方熊楠を結びつけ、弟子に鳥居龍蔵がいる。1913年、万国学士院大会出席のため滞在していたサンクトペテルブルクで客死した。

マルセル・モース（1872−1950）フランスの社会学者、文化人類学者。叔父である社会学者のデュルケームの教えを受ける。1930年代にコレージュ・ド・フランスで社会学講座を担当し、同時にパリ大学の民族学研究所で民族誌学を講じた。主な著書に『贈与論』、『供儀』、『エスキモー社会』がある。

9：中谷宇吉郎「冬ごもり」（『霧退治——科学物語』岩波書店）

知し難い文化趨勢の変化や他文化の影響を宿していることを治宇二郎は直感していた。

❹……ドキュマンを探して

中谷治宇二郎は1929年に日本を出発し、仏語を習得しながら、パリ近郊に石鏃《せきぞく》を掘りに出かけたり、カルナックの巨石文化遺跡を訪ねたりした。またマルセル・モースがパリ大学ソルボンヌで開講した「社会学と民族」の連続講義を聴講する。その「贈与論」や「供犠論」が、ジョルジュ・バタイユやミシェル・レリスといったフランスの先鋭的な思想家に決定的な影響を与えたモースは、当時、実証的な社会学の典型例を原始社会に求め、原始宗教研究を掘り下げようとしていた。

未開社会の交換は「取引」ではなく「贈与」という形をとる。つまり「贈与」は、「交換」という行為より一段上の概念であり、それは利潤追求のためのものではない。その「贈与」の道徳は、今も限られた形ではあれ、私たちの社会を基層で揺り動かし続けている。こうしたモースの考えは、物には霊的存在や霊的価値が上書きされているという「物霊論」へ発展していった。

モースの信頼を得て、治宇二郎はフランスの人類学や考古学の世界に招かれ、パリ人類学会やフランス歴史学会会員にも推され、論文を発表するようになった。その中には人類博物館副館長**ジョルジュ・アンリ・リヴィエール**からの東洋美術叢書の著書依頼や、ジョルジュ・バタイユ主宰の前衛芸術雑誌『ドキュマン』からの執筆依頼も含まれていた。

リヴィエールは芸術学と民族学と考古学が交差する伝説的な雑誌『ドキュマン』を発想

ジョルジュ・アンリ・リヴィエール
（1897–1985）
フランスの博物館学の先駆者であり、フランス民族誌学を革新し続けた。もともとは音楽家を志していたが、1925年からミュージオロジー（博物館・美術館学）をエコール・ド・ルーブルで学び始め、1928年に卒業した。その年に初めて展覧会「古代アメリカ美術」（パリ装飾美術館）を企画し、成功させる。その後、トロカデロ民族誌博物館の全面改修を手掛け、国民議会議員で民族学者のポール・リヴェの依頼で1938年に人類博物館として開館に漕ぎつけ、副館長となる。その間、伝説的な前衛美術雑誌『ドキュマン』の編集にも関わっている。

JR 五能線木造駅の遮光器土偶（青森県つがる市木造房松）

し、バタイユを後押しして実現させた仕掛け人であり、治宇二郎が論文を『ドキュマン』で発表したのもリヴィエールの後ろ楯があったからだった。その後、リヴィエールは1938年に人類博物館の設立に動き、革新的な博物館づくりに大きく貢献する。

ジョルジュ・バタイユを編集主幹に1929年に創刊された『ドキュマン』の1930年第1号に、中谷治宇二郎の論文「日本の新石器時代の土偶」が発表された。写実型土偶、奇妙なグロテスク型土偶や三角顔型土偶、梟顔型土偶、陸奥式A型土偶に分類されて論文に添えられた土偶写真は[10]、フランスの読者に新鮮な驚きと共に受け入れられた。

『ドキュマン』は特別な前衛雑誌である。治宇二郎の論考はバタイユ「低次唯物論とグノーシス主義」、民族学者マルセル・グリオール「サバ族の描かれた神話」、詩人ロベール・デスノス「ピグマリオンとスフィンクス」といった論考の間に置かれ、特別な輝きを放った。以降も治宇二郎は1930年第5号、第6号、第7号の編集協力として名前を連ねている。

『ドキュマン』はまたイメージのモンタージュの実験場でもあった。マン・レイの助手を務めたジャック＝アンドレ・ボワファールやルイス・ブニュエル映画の撮影カメラマンであるエリ・ロタール、ドイツの新即物主義写真のカール・ブロスフェルトといった写真家たちによる、屠殺場や植物細部をテーマとした写真が火花を散らすようにちりばめられ、誌面の流れに独特の雰囲気を生み出していた。

いずれの写真も、未分化な衝撃的イメージであり、不安と快楽がないまぜになった不気味さを湛え、生の灰を掻き出し、その奥に隠された真実を探し求めるような方向性を持っていた。治宇二郎の縄文論文と土偶写真は、そうしたイメージ群と相互反響しながら、人間の生の基盤を浮かびあがらせていた。

❺……マルセル・モースの弟子たち

岡本太郎は、中谷治宇二郎と同じ年の1929年に日本を出発している。マルセイユ経由でパリに着いたのは1930年1月だった。治宇二郎と同じくパリ大学ソルボンヌに入り、哲学、美学、社会学を学び、パリ大学民族学研究所で民族学を講じていたマルセル・モースの授業にも参加した。

〝映像人類学のパイオニア〟と呼ばれるジャン・ルーシュ監督の短編記録映画『マルセル・モースの肖像』で、岡本太郎はモースの愛弟子として登場し、モースの影響力の強さを「tous（トゥ＝すべて）」という表現で、激しい勢いの仏語で喋り続ける。「tous」とはモース社会学の基本理念である「全体的真実」を意味し、社会の本質の全体への浸透性を示す。どんな社会でも全体との関係で見なければ何事も理解できず、全体の一部でない社会現象は存在しないということがモース社会学の原点だった。その精神を岡本はルーシュの映画の中で全身を使った身振りで表現した。[11]

中谷治宇二郎が結核で帰国せざるを得なくなった1932年、岡本太郎は画家ジャン・アルプの誘いで抽象表現を志向するアプストラクシオン・クリアシオン協会のメンバーとなっている。その入会を機にジョルジュ・バタイユやミシェル・レリスらの前衛思想運動と関わるようになり、コントル・アタック（反スターリン集会）等の秘密結社的な集会や組織にも参加した。

岡本が同じモース門下の中谷治宇二郎と交友していた文献資料は残っていないが、『ド

10：「日本の新石器時代の土偶」（『日本縄文文化の研究』昭森社）

11：ジャン・ハーシュ監督「マルセル・モースの肖像」（1973　フランス映画）

キュマン』の存在は知っていただろうし、日本人によって初めて欧米に紹介された縄文土偶論に目を通していた可能性はある。とはいえ岡本が縄文文化に関心を抱くのは帰国後の1950年代初めであり、『ドキュマン』誌上の中谷論文掲載とは20年以上の開きがあり、本格的な興味を持つまでには至らなかったのだろう。

岡本太郎は、先に触れたように1951年、「日本古代文化」展（東京国立博物館）で縄文土器（火焔型土器）を初めて見た。戦後日本考古学界最大の成果とされる岩宿《いわじゅく》遺跡（群馬県みどり市／縄文時代以前の2万5000年以上前）が1949年に発見され、当時は日本列島最古の文化が旧石器時代まで遡ることが明らかにされていた。つまり縄文時代以前、日本に人類は居住していなかったという定説が覆されてしまったのである。

この展覧会をきっかけに岡本は秋田取材直前の1956年、東京国立博物館所蔵の縄文土器や縄文土偶の撮影を行っている。撮影は縄文土器の特性を明確にすべく実験的方法を試みているが、黒幕を背景に明暗のコントラストを強調し、土器に潜在する力を引き摺り出そうとする方向性は一貫している。

岡本には、いわゆる「物撮り写真」の技術は無かったし、博物館の一隅という制約ある条件下で撮らなくてはならなかった。そうした困難な状況で、光源は一灯に絞り、土器の文様や細部が潰れても、物に秘められた手の感触や身体の動きの重なりに焦点を当てようとしていることがわかる。土器をぐるりと見廻す時の岡本の眼の動きと共に開かれてゆく次元をなぞるようなその撮影方法は独特である。

第二次世界大戦開戦と共に岡本太郎はパリから帰国するが、まもなく徴兵され、中国戦線へ赴いた。戦争が終わり引き揚げてからは「傷ましき腕」の再制作（1949）をはじめ多くの

木村伊兵衛（1901–1974）東京下谷生まれの写真家。1930年頃から当時新しく登場していた小型カメラ「ライカ」を用いて、下町のスナップショットを撮った。1932年に野島康三らと写真雑誌「光画」を創刊する。戦後は日本写真家協会初代会長としてヨーロッパや中国で撮影を行い、海外での評価を高めるなか、1952年から始めた秋田での撮影がライフワークとなる。写真集『秋田』は没後の1978年に刊行され、それらの写真は秋田のイメージアップ広告として今も多用され続けている。

濱谷浩（1915–1999）東京下谷生まれの写真家。日本人として初のハッセルブラッド国際写真賞を受賞した。1930年代は銀座や浅草などの都市を舞台にモダンな感覚に溢れた写真を撮影していたが、1939年、25歳の時にグラフ雑誌の取材で新潟県高田市を訪れ、雪国の民俗に魅了される。渋沢敬三との出会いもあって民俗学に傾倒し、1944年には高田市に移住して取材を続け、後に初の写真集『雪国』

作品を発表したが、10年の滞欧生活を踏まえ、日本を新たな角度から検証しなくてはならないという気持ちが強くなった。しかもその方向は、次第に日本というフレームをはみ出し、古代から現代へ至る日本の表層的な歴史や伝統から離れた異質な流動性を汲み上げてゆく試みへ転じていった。そうした岡本の日本観を端的に示すものが、当時辺境とみなされていた北の端の東北であり、南の果ての沖縄であり、その両端を繋ぐ縄文文化だった。

岡本は、縄文土器写真を撮影直後の1957年から秋田の撮影を開始し、沖縄から青森まで日本列島を縦横に移動しながら思索を深め、『忘れられた日本――沖縄文化論』（1961）や『神秘日本』（1964）といった著作を発表してゆく。

この時期は日本の写真史で言えば、**木村伊兵衛**が「秋田」のシリーズ（1957）を開始したり、**濱谷浩**《はまやひろし》が秋田や青森などの日本海側を取材した『裏日本』（1957）を発表したりと、日本海側の東北地方への関心が高まっていた。また山形酒田出身の土門拳が『ヒロシマ』（1958）を発表するなど社会的リアリズムがうねりを見せ、1957年には東松照明《とうまつしょうめい》や**細江英公**《ほそええいこう》らの写真家集団ＶＩＶＯ結成の引き金となった「10人の眼」展も開催されている。そのような時代に、写真は素人同然だった岡本が縄文土器の撮影を機に、日本列島の古層を暴くように精力的に写真撮影にのめり込んでゆく。

1つ疑問なのは、岡本太郎がなぜ北海道を除外したのかということである。一連の連載や著作でも北海道にはほとんど触れられていない。当時の通念上は、日本の北の果てとは秋田や青森よりも北海道ではなかっただろうか。しかも北海道には近年、「北海道・北東北の縄文遺跡群」として世界遺産となった縄文遺跡が多数発見されていたし、縄文文化と共振するアイヌ文化の厚みもあり、何より父である岡本一平の生地は垣ノ島遺跡や大船遺跡のある北

を刊行する。記録としての写真に意義を見出し、戦後も民俗行事の撮影を進め、秋田を含む日本海側12府県を取材した「裏日本」シリーズに取り組んだ。

細江英公（1933–）
山形米沢生まれの写真家、鎌鼬美術館名誉館長。1959年に東松照明や奈良原一高らと独立写真家集団「ＶＩＶＯ」を結成する。「禁色」公演をきっかけとして交流した土方巽らを被写体とした『おとこと女』、三島由紀夫の裸体を被写体として耽美的な世界を作り上げた『薔薇刑』が国際的な評価を得た。1995年に清里フォトアートミュージアムの初代館長に就任している。

海道函館なのである。当時の岡本太郎にとって北海道はぽっかりと空いた〝處外の地〟だったように思える。

❻……縄文とアイヌ

瀬川拓郎『アイヌと縄文――もうひとつの日本の歴史』によれば、縄文中期から「抜歯」の風習は、通過儀礼や婚姻時に広く行われていたが、弥生時代に入ると急速に衰退したという。「刺青」も縄文中期から男女問わず盛んに行われたが、弥生時代に入ると邪悪な霊を威嚇するための男性限定のものとなり、まもなく消滅した。しかしアイヌ文化では近年まで両方とも行われていた。つまり抜歯と刺青は縄文時代の遺制を伝え、そうした縄文文化の特徴を形質的に、遺伝的に留めていたのがアイヌ文化だった。[12]

日本列島が弥生文化に覆われてゆく中で、北海道の縄文文化は最後までそれを受け入れることはなかった。寒冷地で稲作が困難だったし、民族気質や行動形式の差異など、いくつもの理由が考えられる。彼らは縄文文化を残す生活を維持し、多くの毛皮獣が生息していた北海道で、交易のための狩猟採集に特化する方向へ切り替えていった。このため北海道では、中央の古墳時代まで、続縄文時代と呼ばれる生活様式が存続し、飛鳥時代や奈良時代になって、ようやく擦文時代が始まっている。

北海道では多くの特徴的な縄文遺跡が見つかっている。大地を環壕で分けた巨大祭場を持つ苫小牧《とまこまい》の静川遺跡や千歳の丸小山遺跡、コの字形の盛土で囲われた合葬墓のある函館の垣ノ島遺跡や円形竪穴《たてあな》の墓地を土塁で覆った千歳のキウス周堤墓群など、秋田や青森と同じく祭場や墓群を内包する遺跡が多い。

日本列島に住む人々は、縄文晩期まではある宗教観や儀礼様式を共有していた。例えばイノシシを供犠対象として殺し、骨を焼き、吉凶を占う祭祀がかつてあり、その痕跡は広い地域で確認されている。日本のイノシシの生態分布境界（ブラキストン線）は津軽海峡だったが、その境を越えて、北海道にも焼かれたイノシシの骨が発見されている。しかしこれはイノシシが北海道に生息していたことを示すのではなく、北東北から持ち込まれていたことがDNA分析で判明した。つまり人々はイノシシに特別な霊的な力を認め、イノシシを供犠とした祭祀を行うため、わざわざ本州から海を越えて運んできたものと推定される。

瀬川拓郎は、アイヌは本州のイノシシ祭りを、イノシシがいない北海道で熊祭りに変更しながら存続させたのではないかと仮説を立てている。可能性はあるが、熊祭りは北海道以北の樺太やロシア沿海州でも古くから行われていた。おそらく熊祭りもイノシシ祭りも各地域でそれぞれ別々に行われ、それが民族移動により融合したり、形式変化していったと思われる。[13]

現在ではアイヌ文化の核心とみなされるようになったイオマンテ（熊祭り）の歴史的成立過程は不明だが、イノシシや鹿を祀り、その骨を焼き、吉凶を占う古代日本の祭祀の流れと関係を持つことは確かだろう。

アイヌの人々は、春から秋までは水辺に夏の家をつくり、魚や貝を獲って暮らし、秋の終わりには冬の家のある山へ移動し、山狩を行った。その節季の初めに盛大な熊祭りをして山神へ祈りを捧げ、幸先を祝った。イノシシ祭りも同様な供犠の祭りだったのだろう。

12：瀬川拓郎『アイヌと縄文——もうひとつの日本の歴史』（ちくま新書）

13：註12と同じ。

❼……人種の波動

「アイヌ人」「琉球人」「本土人」のサンプリングによる、三者の遺伝的多様性の分析結果はよく知られている。この三者は、東南アジア人や中央アジア人とは正反対の方向へ分布してゆき、本土人、琉球人、アイヌ人という順で彼らから遠ざかってゆく。つまり東南アジア人や中央アジア人と反対方向に線が引かれると、その線上に本土人、琉球人、アイヌ人が現れ、彼らのＤＮＡを引っ張ってゆく共通祖先として縄文人が想定されることになる。

だとすればアイヌ人は遺伝子的には縄文人に最も近い。また琉球人とアイヌ人も類似した遺伝的特質を持ち、本土人は後から日本列島へ入ってきた人々を祖先とすることがわかる。残された遺骨から推測すると、縄文人は歯が爪切り刃のように噛み合う形（切端咬合《せったんこうごう》）で、彫りが深く、鼻が高い形質的特徴を持ち、アイヌ人も同様の特徴を保持している。

形質人類学では、アイヌの人種性について多くの議論が戦わされ、長い間、アイヌ人はヨーロッパ人（コーカソイド）に分類されてきた。それが覆されたのは1960年代のことであり、アイヌ人の歯冠形質の広範囲な分析調査の結果から、最終的にアイヌ人はアジア人（モンゴロイド）と結論づけられた。

しかし正確に言えば、アイヌ人は「新モンゴロイド」が成立する以前の、長期に及ぶ北限寒冷地での耐性を受けていない「古モンゴロイド」の特性を受け継ぐ人々と考えられている。

現世人類は〝出アフリカ〟と呼ばれるアフリカからの脱出を果たし、ユーラシア大陸全体に進出していく。大雑把になるが、イラン付近で3つのルートに分かれる。インドからオーストラリアへ向かう南ルート、中東のコーカサス山脈を越える西ルート、アルタイ山脈を越える北ルートである。わかりやすく言えば、南ルートが「オーストロイド」、西ルートは「コーカソイド」、北ルートは「モンゴロイド」、アフリカに留まったのが「ネグロイド」である。

さらにもう1つの大きな分岐が〝出アジア〟である。東アジアにいたモンゴロイドが最終氷期あたりから住み慣れた土地を離れ、大移動を始めた。これにはスンダランドやサフルランドといった大陸がしだいに水没してゆくことも関係している。アジアから南へ向かった「南方モンゴロイド」はニューギニア、ミクロネシア、ポリネシア、オーストラリアへ拡散し、北へ向かった「北方モンゴロイド」は北アジア、極北地域、ベーリング海峡を渡り、南北アメリカへ拡散していった。つまり北方モンゴロイドは、敢えて厳寒地域で生き延び、過酷な寒冷地に適応するため肉体や精神を環境に合わせながら鍛えていった人々を祖先とする。

北方モンゴロイドはシベリアではおよそ2万5000年前に北極圏へ辿り着き、イヌイットやアリュート、コリヤークとなる。縄文時代が始まる1万5000年前頃に彼らはさらに移動を始め、アメリカ大陸へ渡っていった。モンゴロイドは旅する民族で、移動しながら変成を繰り返し、驚くほど多様な文化と生活様式を生み出していった。この北方モンゴロイドの一部は、シベリアや中国北部、モンゴルを経由しながら北海道へも流入している。

縄文人とアイヌの研究に取り組んだアメリカの自然人類学者クリスティ・ターナー（1933-2013）は〝出アジア〟が始まって、南へ向かった南方モンゴロイドの一部は琉球列島経由で日本列島へ入り、縄文以前の1万8000年前に沖縄・港川遺跡の港川人となったという仮説を提示した。そして北方モンゴロイドの一部が北海道から本州に入り、沖縄から来た南方モンゴロイドと本州中央部で再会し、縄文文化の基盤が形成されていった。以降、大陸で分岐し、既に歯型や体形体質を異にしていたモンゴロイドの分派や系列が日本列島へ次々入りこんで混血を繰り返す。[14]

形質人類学者の百々幸雄《どどゆきお》は『アイヌと縄文人の骨学的研究』で、アイヌ人は他のどんな人類集団とも異なる、現世人類という大きな海に浮かぶ〝人種の孤島〟のようだと指摘する。アイヌ人と縄文人は約6万年前に〝出アフリカ〟を果たした現世人類がヨーロッパ人（コーカソイド）とアジア人（モンゴロイド）に分岐する以前の未分化な人類の原形質を保っているのではないかと百々は問うたのである。アイヌ人の特質は、北方モンゴロイドと南方モンゴロイドの分岐点を示すだけでなく、ヨーロッパ人とアジア人の分岐点をも示している。[15]

最終氷期における最寒冷期だった約2万年前、シベリアや北ヨーロッパでは厚さ数十キロという大氷河が形成されていた。その頃、樺太、北海道、本州、四国、九州、沖縄、台湾はほぼ陸続きで、多くの動物や人間が行き来していた。ようやく1万5000年前に最終氷期は終わり、縄文時代が始まる。「縄文の海進」と呼ばれる海面の上昇が進み、2000万年〜1500万年前頃まで北と南で大陸と繋がっていた日本列島は完全に切り離され、海に囲まれてしまった。

そのために縄文時代の日本は大陸との交流が以前に比べて少なくなり、縄文人の特質は1万数千年もの間長期保存されることになる。だとするなら縄文人は人類史上稀な、現世人類の最古層に属する遺伝子的特性を保持したまま日本文化の底辺を築いたことになる。

❽……蓑虫山人と縄文仮面

蓑虫山人（1836-1900）
美濃国生まれの絵師、考古学者、造園家。14歳で故郷を離れ、諸国を放浪する旅を続けながら絵日記を著した。長期にわたり秋田に滞在し、「六十六庵」という日本初の考古学博物館を構想し、考古学資料の収集に励む。狐森遺跡出土の「人面付環状注口土器」も、蓑虫山人が1894年にスケッチし、広く知られるようになった。

人面付環状注口土器
秋田郡昭和町（現、潟上市）の狐森遺跡で発見され、その異様な形状で人々を驚かせた。発見者は菅原吉郎兵衛で、狐森遺跡はその後開発され、現存しない。土器は秋田県立博物館へ寄贈され、国の重要文化財に指定された。

1887年、坪井正五郎が主宰する『東京人類学会雑誌』に、絵師で考古学者だった**蓑虫山《みのむしさん》人《じん》**(1836―1900)が、自費で行った亀ヶ岡遺跡発掘調査記録を提出し、この報告が青森を代表する縄文遺跡の存在を初めて学界に知らせるものとなった。

蓑虫山人の本名は土岐源吾といい、美濃国安八《あんぱち》郡緑村で中世守護大名の流れを汲む名家に生まれている。1849年に14歳で故郷を離れ、諸国を放浪する旅を重ね、旅先の風景や風俗を描いて歩いため〝漂泊の絵師〟と呼ばれた。

「蓑虫」は雅号であり、特製の笈《おい》を背負った自分の姿を蓑虫の姿に重ねたとも、故郷の美濃国からとったとも言われる。生活用具一式を蓑虫のように背負い、自在の寝幌に一夜を過ごす旅の人生を送り続けた。一時、関西から九州へ渡り、西郷隆盛の自死をくいとめたという逸話があるが定かではない。九州から次第に北へ、北へと歩みを進め、1877年に初めて東北へ入り、以後、長期にわたって東北各地を巡り歩き、特に考古学資料に魅了され、蒐集家を訪れ、多数のスケッチを描いている。

『蓑虫山人全国周遊絵日記「秋田編」』によれば蓑虫山人は秋田を気に入り、長期にわたり秋田に滞在し、各地を訪れ、水墨画を描き、名家の庭園をつくり、絵日記風の著作を残した。蓑虫山人は後に「六十六庵」という日本初の考古学博物館構想を抱き、考古学資料の収集と地方の蒐集家の所蔵品目録づくりに励むようになる。[16]

江戸時代の天保14年(1843)正月に、秋田の昭和町(現在の潟上市)の狐森《きつねもり》遺跡で特異な型態の「**人面付環状注口土器**」が発見され、人々を驚かせた。ドーナツ状の造形物の端に人面がくっついている。器面にボツボツしたコブのような文様があり、縄文後期のものとされた。

14：G. Richard Scott, Christy G. Turner, *The Anthropology of Modern Human Teeth*, Cambridge University, 2000.

15：百々幸雄『アイヌと縄文人の骨学的研究』(東北大学出版会)

16：『蓑虫山人全国周遊絵日記「秋田編」』(DIフォト)

田所直次『官暇余録』(巻6—1)によれば発見者は菅原吉郎兵衛であり、狐森遺跡は開発されてしまい今は存在しない。

人面付環状注口土器の中は空洞であり、器面全体が黒く化粧塗りされ、粘土紐を貼り付けた隆帯上に、刻みとコブ状突起が付いている。この異様な土器は1894年に蓑虫山人がスケッチして知られるようになった。昭和に入り行方不明になっていたが、菅原吉郎兵衛の子孫菅原重太郎が家の大掃除の際に仏壇裏から再発見し、その後、秋田県立博物館へ寄贈され、現在は国の重要文化財に指定されている。2009年には大英博物館での**「国宝 土偶展」**(THE POWER OF DOGU)にも出品された奇形土器の逸品である。

蓑虫山人の紀行画文『蓑虫山人画記行』にそのスケッチと解説があるが、出土地の狐森遺跡で蓑虫自身が再度発掘を試みたことも記されている。蓑虫は秋田で多くの考古学資料の蒐集家を訪ね、その中には秋田一のコレクターで、秋田師範学校出身の在野の考古学者佐藤初太郎もいた。

蓑虫山人は還暦を迎えた1896年、秋田扇田(現、大館市)の麓家に世話になっていたが、突如として望郷の思いを断ちがたくなった。身の周りの始末をつけ、50年に及ぶ旅を棲家とする生活の終了を決心し、愛用の笈を徳栄寺に納め、跡を濁さずに帰郷した。老いだけではない、他人には計り知れない複雑な思いがあったのだろう。郷里に帰って数年後の1900年、65歳で生涯を閉じている。ここにも死期を悟った寂しい旅人が1人いた。

もう1つだけ縄文土面について書いておきたい。亀ヶ岡遺跡の調査後、中谷治宇二郎は1927年に秋田の山本郡二ツ井町の麻生遺跡を調査した。治宇二郎が描いた土器のスケッチが残っている。麻生遺跡は能代と大館の間、米代川《よねしろ》と阿仁川の合流点に位置し、縄文

「国宝 土偶展」

仮面を付けたような青森の「合掌土偶」、緻密な文様で被われた北海道の「中空土偶」、多産と豊穣を祈る人形(ひとがた)をした長野の「縄文のヴィーナス」の国宝3件、重要文化財23件が一堂に会した最大規模の土偶展となった。2009年にロンドンの大英博物館で行われ(THE POWER OF DOGU)、日本帰国展(国宝 土偶展)も注目を集めた。

後・晩期の土器土偶の優品が出土しているが、特筆したいのは土製仮面があることだ。遮光器土偶の顔面だけを仮面化したような写実性の強いものである。

東京大学理学部人類学教室の専門画工だった大野延太郎が、1897年に調査を行った際、地元の蒐集家の小笠原為吉が所持していた円形土面を預かり、人類学教室へ持ち帰った。主任教授の坪井正五郎に見せると非常に驚き、坪井はこの珍しい資料を基に古典的論文となった「石器時代の仮面」(『東洋学芸雑誌』1897)を書いた。その論文には大野の手になる図も掲載されている。以後、この仮面への言及や説明は考古学界で再三行われ、その資料的価値や美術的価値は広く知られるようになり、岡本太郎が秋田を撮影した1957年には重要文化財に指定されている。

かつては麻生遺跡において仮面儀礼が行われていたのだろう。仮面の額の左右に小孔が確認できる。人間が着ける「被り仮面」というより、壁や柱に掛ける「飾り仮面」ではないかと言われているが定かではない。目や口元にレリーフ状の縄文帯があり、額の縄文帯に雲形文様が施されている。

縄文時代の仮面はその数が少ないため、族長の手により保管され、その指揮下で共同体の儀礼が執り行われていたと考えられる。共同体メンバー間に広く保有され、ある期間が過ぎると破壊された多数の土偶とは意味が異なる特別な祭具だった。土偶から仮面が発生したのか。形式的にはそのような見方も可能だろうし、全く別のルートから入り込んできた可能性もある。

土製仮面は、縄文後期の九州北部を起点とし、その形態や文様を変化させながら、日本列島を北上し、最後に辿り着いたのが北東北の果て、縄文時代晩期の秋田・麻生遺跡や青森・

亀ヶ岡遺跡だった。しかもこうした遮光器型土面を最後に、仮面は土偶より早く日本列島から姿を消してしまった。この仮面の一瞬の光跡は秋田文化を考える上で興味深い。東北の果ての縄文の土製仮面は、ナマハゲを筆頭とする秋田の仮面文化の奥行きと特性を別の角度から伝えるもののようにも思える。

❾……ストーンサークルの秘密

秋田県最北端の鹿角市十和田毛馬内《けまない》から、北東へ8キロ行くと大湯温泉に着く。古い温泉で500年以上の歴史を持ち、近辺に有名な**大湯環状列石**がある。このストーンサークルは1931年、大湯温泉からさらに南西へ4キロ行き、リンゴ園を抜け、花輪へ至る県道そばで発見された。約4000年前の遺跡である。県道を挟んで東側にあるのが「野中堂遺跡」、西側にあるのが「万座遺跡」だ。

野中堂遺跡は、内と外に二重の石が大きく環状に並べられている。その最大径は44メートルあり、1つの石を中心にサークル状に石を配した1単位が集合し、全体として大きな環状列石をなす。内の輪と外の輪の間に日時計(日時計状組石)と呼ばれる立石があり、立石のまわりに放射状に細長い石を敷き詰め、四隅に東西南北の標示石が配される。この日時計と野中堂遺跡の中心と万座遺跡の中心とは一直線上にあり、その線上の向こうへ夏至の日の太陽は沈む。

万座遺跡は北側に楕円形の小屋のような住居跡があり、中央には焚火の痕跡もあった。こちらの環状列石の最大径は52メートルに及ぶ。両遺跡は、7キロ離れた安久谷川から、

大湯環状列石遺跡
約4000年前のストーンサークル。1932年、耕地整理の際に発見された。県道を挟んで野中堂遺跡と万座遺跡に分かれる。祭祀場や集団墓、天文台など諸説あり、その目的はいまだ解明されていない。

伊勢堂岱遺跡
北秋田市の市街を見下ろす高台にあり、祖霊信仰や精霊交流が行われたと考えられる儀礼の痕跡が残る。約4000年前の環状列石を主体とし、仮面のような板状土偶も見つかっている。

8500個あまりの川原石を運んできて200年かけてつくられている。

祭祀場とか、集団墳墓とか、星の運行を見定める天文台とか諸説があり、その目的は未だ解明されていないが、大湯環状列石を見る限り、ストーンサークルは太陽の出没位置から季節の移り行きを特定し、狩猟採集や祭祀・埋葬の時期を、確実な同期性の下に実行する暦の役割を果たしていたことが推定される。それは祖霊の回帰や神々の降臨と関係し、神や祖先に守られながら暮らすことの安心感の指標となったことだろう。

秋田には、大湯近くにもう1つ重要なストーンサークルがある。1992年に発見された**伊勢堂岱**《どうたい》**遺跡**である。「北海道・北東北の縄文遺跡群」の世界遺産登録(2021)にともないこの遺跡には「ここから先は北の縄文回廊」という惹句が添えられ、背後に広がる広大な縄文ワールドの基点に据えられた。

鹿角花輪から花輪線で大館に出て乗り換え、奥羽本線で鷹ノ巣まで行く。そこから単線の秋田内陸縦貫鉄道に乗って2駅、縄文小ケ田駅で降りる。駅から歩いて10分ほどの場所に4つの環状列石群があり、秋になると鮭が回遊してくる潟東川に近く、北秋田市の市街地を見下ろす高台にある。祖先崇拝や精霊交流が行われた儀礼の痕跡が残る配石遺構で、こちらもほぼ4000年前の遺跡である。環状列石の下に、ドールハウスに使うような、実物より遥かに小さいミニチュアサイズのキノコ/動物型土製品、壺や耳飾りなどの出土品が発見された。また仮面のような特殊な板状土偶も、200個以上の土偶と一緒に見つかった。

縄文土偶は、通常は女性を表し、妊娠した姿が描かれることが多いことから豊穣を祈願する祭祀用具とされたり、完全な形で残ることがないため安全祈願や病気治癒のため破壊して使われたものと想定されてきた。

しかし伊勢堂岱遺跡の、土偶とも仮面ともつかない板状土偶は完全な形で復元でき、人体を逆三角形で表現してある。人体といっても四肢は表されず、乳房、臍《へそ》、性器は明確で、口から体部を貫く穴も開けられている。この穴は体の中心や気の流れを支える体内器官を抽象的に表現したものと言われるが、楽器などもっと別の機能を持っていたようにも思われるし、紐や糸を通し顔や体に付けていたようにも考えられる。板状土偶は「土偶」と「仮面」と「人形」の中間に位置する、それらの形式がまだ未分化だった時代の秘められた呪具だったのではないのだろうか。

⑩……縄文のネットワーク

環状列石遺跡は、北東北と北海道南部だけで発見されている。多くは特別な風景の見える土地にあり、秋田の大湯環状列石の場合は、東方に黒又山という古くから信仰の対象になってきた山があり、山が見えるだけでなく山頂から太陽が昇ったり落ちたりするのが確認できる地点にある。そのような場所で秋分・春分、夏至・冬至といった季節を分ける日に集合し、祭祀や儀礼を行っていた。

世界へ農耕が伝播してゆくにつれて、季節ごとの恵みをもたらしてくれる祖先を崇拝したいという願いや、種蒔きや収穫を知らせる天体の周期的運行を祝いたいという思いから、原始的な宗教が生まれていった。こうした新石器時代の人間の信仰の痕跡は、6000年前ほどのヨーロッパ各地の巨石建造物に萌芽が見られる。6000年前から4000年前の間に盛んにつくられた石の記念物には支石墓、メンヒル(単一柱状巨石)、列石、ストーンサークルなど多様な形式がある。イギリスのストーンヘンジも、夏至の日の出の位置が円形の中心とヒールストーンと呼ばれる玄武岩を結んだ線と一致するように組まれている。同じイギリスのエーヴベリーの有名なストーンサークルは現存する最大級の環状列石であり、フランスのカルナック列石も同時期のもので、周辺には農耕が始まっていた痕跡が残る。

これらとほぼ同時期の縄文晩期の集落には、中央に広場があり、そこが墓地を兼ねている所が多い。村の中心が祖先を祀る墳墓となる。集落の中心に共同墓地があり、生者と死者の交流が行われ、そうした営みが共同体を動かすエンジンとなった。死者を墓穴へ埋葬するだけでなく、同じ場所に木柱を立てたり岩石を置いたり、時には大掛かりな土木工事を行い、風景を取り込み巨大なモニュメントを作り出した。環状列石はその典型であり、冬至から夏至にかけて変動してゆく日の出や日の入りの位置をランドスケープと関係づけながら、生活に組み込んでゆく。地面に掘り込んだ穴や岩石を構成し、集落の人々の感情や心理を調律する一種のインスタレーションアートといえるだろう。

環状列石を配して共同の祭祀場や霊場が集落の中心に形づくられた。祖霊死霊を祀り、分散しがちな集団を緊密に結びつける葬送や祝祭が行われる。葬送は縄文晩期の最大の儀礼であり、死者や先祖の霊の存在は人々の心の要となり、共同体を組織する核心だった。人々はあの世の存在を固く信じ、墓はこの世からあの世への通路であり、墓の上に霊たちの依代となるさまざまな石を立て、敷き詰め、目印とした。そうした作法は縄文人の感情の奥深くを流れていたものであり、今も日本人の死生観の原型となっている。

伊勢堂岱遺跡で発見された土偶や祭具は、霊魂や祖先と交流するための道具だった。土偶や祭具には呪術的な生命が宿っているとされ、各家で用いた後に壊してその命を封じ、破片は捨てられた。縄文人は、森羅万象に精霊が棲みついていると信じ、それらを神格化し、人間と同等な位置にある動物や植物に畏敬の念を忘れず、その荒ぶる心を鎮め、災いや呪いを避けるために日々祈った。自然の循環と同期しながら1万年以上続いた縄文文化の精髄がそこにはある。秋田はその先鋭なプラットフォームとなった。

⓫……四次元の秋田

荒々しい力動的な縄文土器には縄文人の特殊な知覚が秘められている。岡本太郎は「四次元との対話——縄文土器論」で、現実を超えた四次元世界と交流する知覚がそこに表出しているのではないかと問題提起した。

縄文土器は躍動し、非対称となり、不協和音を奏でる。土器の形態は一視点から常にはみ出てしまうため、移動撮影のように視点を移しながら面の流れを把握してゆくしかない。隆起し、渦巻き、変調するダイナミズムを、全身で感知した縄文人の知覚の痕跡が土器に残る。

縄文土器は、その外部世界を内部に括り込み、外と内の境界を形に変換し、ついには土器が置かれた空間を反転させてしまう独特の造形処理がなされている。それゆえ外の形は内のテクスチュアを湛え、そのことが空間を丸ごと飲み込むような縄文土器の特徴となった。

縄文土器は世界最古の陶芸である。今から1万数千年前に現れ、その型式は草創期、早期、前期、中期、後期、晩期と細分化され、変容してきた。草創期の無文様で素朴で若々しく、原始性が濃厚なスタイルから、火焔型と呼ばれる形態の乱舞へ、さらに多様な装飾文様の時期を経て、落ち着いた土の佇まいを感じさせる時代、別様式の出現による消滅まで、大きな変貌を遂げてきた。

マルセル・モースの薫陶を受けた構造人類学のパイオニア、クロード・レヴィ＝ストロースはパリの日本文化会館で開催された「縄文——日本美術の始源」展（1998）に寄せたカタログ序文で次のように書く。

「これらの甕や杯や大壺の形のまれに見る複雑さ、自由奔放さを見ると、否応なしにその用途について自問せずにはいられない。失われた宗教の儀式に使用されたのではないか……？　しかし火に幾度も晒され、多くの場合変質した基底部、そして内部に見つかった燃えかすは、土器が煮炊きにも使われたことを証明している。〔…〕形と想像しうる機能との奇妙な不適合性は、われわれを当惑させるのに十分である。〔…〕しかし視点を変えれば、私が「縄文の精神」と言い表したいもののなかに、美に対する日本の伝統的姿勢のいくつかが、おのずと浮かび上がってくるのではないだろうか。とりわけ、日本での芸術における創造の原動力——創造行為の敏速さと正確さ、そしてこれらを可能にしているふたつの条件、すなわちこのうえなく制御された技術と、それに先立ち、想像を約束された作品を前にして行われる長い瞑想——が見出せるかもしれない。日本芸術の神秘を理解するには、霊気溢れるヴィルトゥオーソ（名匠）だった縄文の陶工たちが、このふたつの条件をすでに満たしていた、と想定しなければならないだろう」[17]……（「縄文展カタログ序文」）

レヴィ＝ストロースは、生活と祭祀が密接に結びつき表裏の関係をなす縄文文化の有り

17：クロード・レヴィ＝ストロース「縄文展カタログ序文」（『くくのち1』1999年日本国際博覧会協会）

様に驚き、その表裏の素早い回転から生み出される特殊な感性と知性に注目した。

縄文土器の重厚な表現は、以降の日本美術の伝統とは趣を異にする、強靭で緊張感溢れる美意識を内包している。岡本太郎はそこに日本の美の流れの大きな断絶があるとみなした。また当時の日本の考古学についても触れ、縄文土器の考証は世界に類のない緻密さを誇るが、細部にわたる分類や分析に終始し、文化的な文脈を見失いがちであり、より広い社会的見地から土器に秘められている内実を掬い出すべきだと言った。日本の考古学は一時的な考証結果に囚われることなく、純粋に縄文土器にぶつかり、裸眼で凝視し、内容を洞察しなくてはならない。土器の表面を突き抜け、可視性を透過する直感が重要だと岡本は言う。縄文時代にはすべてのものに霊性が潜在し、霊的力が染み通っていると考えられ、縄文人は見えないものを見ていたのだから、同じような、ものの見方で見なくてはならない。

ものに潜む霊的な力へ働きかける行為は呪術と呼ばれる。その呪術的身振りが縄文土器に染み込み、強い霊性が形態に重なりあう。それゆえ縄文土器は不可視の世界と現実の世界とが相互浸透する場であり、不可視のものを形に宿らせようとする精神を表す。見えないものの力によって見えるものが彫り返される。その反転の痕跡が縄文文様なのだ。その文様は見えるものを描きだしたのではなく、未だに見えないものを見えるようにする営みである。

そうした視点に立ち、岡本太郎は縄文土器の写真ばかりではなく、男鹿のナマハゲや岩手の鹿踊りや恐山のイタコや出羽三山の修験道等の祭祀儀礼を、その運動の中枢を捉えるべく撮影していった。それらの根底に流れる縄文精神を素速く撮り押さえ、反応し、動きに乗り移ってゆこうとした。

初の秋田での取材撮影により、岡本太郎は、何ものにも還元し難く、計り知れないものへ瞬間的に触れたのではないだろうか。自分の周りの現実ではなく、それらを突き破ってくるような異様な奥行きを持つ力が現前してくる。そうした感覚を秋田で体験し、それこそが縄文の知覚だと確信する。

岡本太郎は、秋田の写真撮影で、縄文人が世界を流動する渦の中で受けとめる方法を無意識になぞろうとしていた。「人間対世界」と分別することなく、自らを巻き込む現象として世界を感知し、世界との連続性を身体化してゆく。岡本の秋田の写真にはその営みが木霊のように反響している。

［第五章］宇宙から降るデザイン
雪の家から秋田工芸まで

❶……白井晟一の温泉建築

秋田と山形の県境に位置し、南北26キロに及ぶ神室《かむろ》連峰の主峰神室山（1365メートル）を越え、秋田へ入った。山形新幹線の終着駅、新庄から在来線の奥羽本線に乗り換え、院内トンネルを抜け、秋田の院内駅で降りる。駅に隣接し、赤煉瓦造りの院内銀山異人館がある。日本一の大銀山だった**院内銀山**の関連資料の他、岩井堂洞窟で出土した土器を展示している。

院内銀山は、江戸時代の天保年間と明治時代中期に日本最大の産出量を誇る銀山となり、秋田藩の直轄鉱山として長く藩政を支えている。岩井堂洞窟は山形との県境に近い雄物川右岸にあり、凝灰石壁の4つの洞窟遺跡がある。縄文、弥生、平安の3時代に跨る複合遺跡で、保存状態のいい第4洞窟からは、縄文早期、縄文前期、縄文後期の各時代土器、さらには弥生時代や平安時代の遺物までが層状に発掘された貴重な遺跡である。

院内駅を出てしばらく行くと国道13号が通る。近くに院内関所跡が残っている。院内銀山は1609年に発見された。翌1610年の開坑と同時に全国から資本家、金子《かなこ》（採鉱人）、大工、掘子《ほりこ》が押し寄せ、シルバーラッシュに突入した。谷という谷が人家で埋まり、「山小屋千軒、下町千軒」（『院内銀山記』）の賑わいとなった。1612年には1300戸、5100人が住み“出羽の都”と称されている。最盛期の1642年には4000戸、人口1万5000人にまで膨れ上がった。秋田藩城下を凌ぐ繁盛ぶりで、明治中期には日本最大の銀山として頂点を迎えるが、戦後の1954年に閉山した。今は人影もなく寂れた街をぐるりと回って院内駅に戻る。そこから奥羽本線へ乗り、横堀、三関《みつせき》、上湯沢と3駅北上し、湯沢駅に着いた。

院内銀山
秋田県湯沢市にあった銀山。江戸時代に発見・開発され、天保年間（1830～1844）に産出量が国内1位となるなど、石見、生野に並ぶ日本最大級の銀山だった。秋田の伝統工芸・秋田銀線細工はここで産出された豊富な銀によった。明治期には東洋一の近代設備を誇り、外国との交流も盛んで、現在の院内駅に隣接する資料館「院内銀山異人館」はドイツ人技師が住んだ「異人館」を模してつくられている。1954年に閉山した。

川原毛地獄
湯沢市にある標高約800メートルの硫黄山。「毛無し」を意味する「川原毛」の名が示す通り、草木のない灰白色の地肌が剝き出しになった異様な光景を呈する。古くから奇山として畏れられ、恐山、立山と共に日本3大霊場に数えられた。807年に月窓和尚により開山され、829年に慈覚大師により大法会が行われ、地蔵と面が奉献された。入り口には三途の川が流れ、血の池地獄や針の山など136の地獄がある。

湯沢はその名の通り、近隣に良質な温泉を多数持ち、小安峡温泉、秋の宮温泉郷、泥湯温泉の鄙びた秘湯が点在する湯の里である。恐山、立山と並ぶ日本3大霊地と呼ばれる**川原毛地獄**もこの地にある。川原毛地獄の入口は紅葉の名所の三途川橋であり、渓流上の40メートルの高さから三途川へ冥土道が続く。橋を渡ると奇岩の連なる岩肌から水蒸気や火山性ガスが噴出し、地獄さながらの様相を現出させている。

院内銀山の繁栄があり、あたりの水質も良く、湯沢は古い老舗の酒造が林立する〝酒の都〟でもあった。美味い米と清流、酵母熟成を左右する冷涼な気候、鍛え抜かれた湯沢杜氏《とうじ》の技、それらが重なり、淡麗で滑らかな、喉越しよい美酒が生まれた。

川原毛地獄の近くに秋の宮温泉郷がある。奈良時代に発見された湯量豊富な古い温泉で、役内川のせせらぎの聞こえる風光明媚な佇まいが多くの文人墨客に愛されてきた。その温泉郷を代表する宿の稲住温泉は、建築家白井晟一が設計した名高い温泉建築である。

麻布台の「ノアビル」(1974)や浅草の「善照寺本堂」(1958)で知られる名匠**白井晟一《せいいち》**(1905-1983)は、1905年に銅類を扱う京都の豪商の家に生まれた。1924年に京都高等工芸学校(現、京都工芸繊維大学)図案科に入学し、卒業後の1928年にドイツのハイデルベルク大学へ留学し、カール・ヤスパースらに4年間学んだ。岡本太郎や中谷治宇二郎がフランスへ留学したのとほぼ同時期である。白井はその後、ハイデルベルク大学からベルリン大学へ移るが、1933年にナチスが政権を握ったため、モスクワ経由でシベリア鉄道に乗り、ウラジオストクから船で日本に帰国した。

白井晟一(1905-1983)
京都生まれの建築家。京都高等工芸学校(現、京都工芸繊維大学)を卒業後、ドイツで哲学とゴシック建築を学ぶ。帰国後に独学で建築設計を始め、モダニズム全盛の時代に日本文化の土壌から独自の思想と美意識による瞑想的空間を築いた。代表作に「善照寺本堂」「ノアビル」「親和銀行本店」「松濤美術館」などがあり、旧秋ノ宮村役場、稲住温泉「浮雲」「四同舎(旧湯沢酒造会館)」「顧空庵」など、湯沢を中心に、秋田に多くの建築を残した。

❷……郷土建築とモダニズム

白井晟一は日本に帰国後、建築を手がけるようになった。ドイツ留学帰りとはいえ、ほぼ独学での建築設計は異例である。白井はそれまでの日本建築界の通例に囚われることなく、与えられた条件の中で施主と対話を繰り返した。施主と一緒に考え、その家で生活する者自身の身体的で現実的な感覚から立ち上がってくる空間思考を大切にした。

白井には建築が建つ土地に内在するものを最大限に活用したい願望があった。同時にその土地から垂直的に上昇してゆく感覚を重視したい思いもあった。こうした二重の感覚が白井の建築志向の原点にある。土着的で地域主義的な方向へ、絶えず垂直的で超越的な波動が加わってゆく。郷土的な物性に、洗練されたモダニズムを筋交いに組み合わせ、浮力を生じさせる。その実験と実践を、白井は初期のキャリアにおいて、秋田の湯沢という特別な場所で成し遂げている。

白井晟一と湯沢との関係は、第二次世界大戦中、義兄の近藤浩一路を介し、家財道具を稲住温泉に疎開させたことを契機とする。東京美術学校で藤田嗣治の同級生であり、漫画記者としては岡本一平と双璧を成し、「一平一路時代」と評された近藤浩一路は、稲住温泉の初代当主・押切永吉と友人であり、戦時中、近藤家の貴重な荷物を稲住温泉の倉庫に預けていた。そうした関係から戦争が終わって白井は稲住温泉別棟の「浮雲」(1949-1952)の設計を手がけることになる。

「浮雲」の名はヨーロッパ留学中に知り合った林芙美子の同名小説から取られたと言われ

る。緩やかな起伏がある土地の斜面に寄り添うように建つ「浮雲」は、2階から渡り廊下で本館1階に繋がる。「浮雲」は基本的には宴会用大広間であり、階下にダンスホールとバーカウンター、ティールームが配され、村の社交娯楽場として賑わった。太い柱を置き、白壁に斜格子の窓や木の列柱が並ぶ。室内を飾る雲形の照明具がアクセントとなり、どこかヨーロッパの山荘を思わせた。

白井は「浮雲」の後、本館正面玄関の増築(1953)も手がけた。さらに「浮雲」の離れ客室として嵐亭《らんてい》(1959-1963)、漣亭《れんてい》(1959-1963)、杉亭《さんてい》(1959-1963)と設計した。離れ客室は高低差があり、大きな池もあり、豊かな自然の借景を最大限生かすように温泉敷地内に点在する。嵐亭は池に隣接し、広い半円形の濡れ縁を池へ張り出させ、水上に浮かばせる浮遊感溢れる空間にした。漣亭は洋風で、寄棟屋根を円柱がしっかり支える見事な造りである。杉亭は段差をつけて高くした二間続きの日本間を背に、池の方へ一段切り下げた細長い洋間を配し、通り庭に見立てる。それぞれ個性的な設計で、意匠を凝らしている上に、各室が茶室を備え、心和む優美な佇まいを醸し出している。

こうした建築を完成させる上で幸運だったのは、当時湯沢に大阪出身で住友家に出入りした名大工の岡野福松が住んでいたことだった。岡野が集め、育てた優秀な職人たちも湯沢に何人かいた。つまり岡野を中心とした数寄屋建築に精通した職人集団の存在が、この雪国の湯の湧く地の特異な温泉建築を可能にした。白井は『近代建築』(1954年10月号)に、彼と湯沢の強い結びつきに触れた「おもいで」という文を書いている。

「私は関西で生まれたが稚い時から東京で育ち故郷の山河にたいする実感はうす

い。言葉も風俗もかけはなれたこのようなみちのくもおくまったところに故郷のようななつかしさを感じるのは、きっとこのくにの人々のこまかい人情によるのだと思う」[1]

白井は、みちのくの奥の奥に、まだ出会えていなかった故郷を感知した。

❸……風土をかたちに

奥湯沢の稲住温泉に宿泊した翌朝、山深い辺りを散策する。玄関から国道へ出る坂の途中で、木々に紛れた異様な赤い建物を目にした。入口前に黄色いロープが張られ、近づくことができない。それでも興味を覚え、建物をぐるりと一回りし、写真を撮影したり、注意深く観察したりした。列柱が並ぶ正面のファサードと、それと対照をなす裏側のテラスが印象的である。

宿に戻って尋ねると、その建物は白井晟一が湯沢で2番目に設計した「秋ノ宮村役場」(1950-1951)だという。雪に佇む村の民家から着想を得たこのT字型2階建ての木造建築は老朽化した上に道路拡張工事のため取り壊しが決定したが、1991年に稲住温泉の押切家が買い取り、曳家《ひきや》方式で温泉敷地まで移築した。建築も遥々と旅をして安住の地に辿りついた。なお戦後まもなく、文部省主催の秋田文化講演会に招かれた白井晟一は、その際に病院建築を依頼され、設計した「羽後病院」(1948)が秋田の白井建築第1号である。

稲住温泉に移築された「秋ノ宮村役場」は、独特の風土と精神を生かした質実剛健な大建築となっている。秋田の気候や環境から染み出したような村の民家を役場という新たなスケールのもとに調律し、その上に雄壮な切妻大屋根と深い軒をふんわり掛けたような雰囲気がある。夕焼け雲のヴェールがかかったような親密で愛らしい表情で、赤く照らされた鳥海山が翼を広げ、離陸しようとしているようにも見える。積雪や暖房効率の観点から懸念も聞かれ、細かな折衝調整があったという。白井は完成後、次のように述べた。

「雪深い秋田にもやがてはその風土自然に導かれるように民衆のためにほのぼのとした多くの建物があらわれねばならぬ」[2]………(『新建築』1952年12月号)

その言葉を実現するかのように白井はこの地域に多くの建築をつくった。

「四同社(旧、湯沢酒造会館)」(1957-1959)は湯沢の銘酒「爛漫」の酒蔵近くに秋田国体に備えた集会施設として建てられたが、市民ホールも備え、関係者の結婚式や葬式にも活用された。白タイル壁に黒塗り銅板を張った柱が空間を引き締めるモダン建築である。玄関を入ると広い吹き抜けがあり、軽やかな花崗岩の回り階段がうねるように上階へ導いてゆく。

「雄勝町役場」(1956-1957/2017年解体)は2階部分が大きく張り出した煉瓦造りの鉄筋コンクリート建築である。片持ち梁(キャンティレバー)構造を持ち、柱はギリシャ建築のエンタシス(中央部ふくらみ)を模していた。

雪あかりに映えて美しい「山月亭」(1951)は、かつて湯沢にあった旅館高田屋の依頼でつくられ、その閉館と同時に解体された。棟梁の岡野福松の技術を最大限に生かし、雪の数寄屋建築の可能性を探究したものだった。白井が湯沢において何より豪雪への対応が重要

1：白井晟一「おもいで」(『無窓』筑摩書房)
2：白井晟一「秋ノ宮村役場」(『新建築』1952年12月号　新建築社)

課題と考えていたことを物語る家である。

稲住温泉から坂を下り、道路を隔てた対面にある鷹の湯温泉の「半宵亭」（1952－1954）も白井が手がけている。鷹の湯温泉は明治18年（1886）創業の歴史ある宿であり、役内川に沿い、本館、新館、別館があり、さらに吊り橋を渡ると自炊棟もある。「半宵亭」は、数寄屋建築の土《ど》庇《ひさし》のように大きく張り出した庇を、地面からの円柱で支える。均衡のとれた見事なプロポーションを実現し、雪の奥院の詩情を放っている。

❹……白井晟一と縄文的なもの

白井晟一は「縄文的なもの」へ関心を持ち続けた。1956年に書かれた「縄文的なるもの」で、縄文的なものが日本建築の古層に脈打ち、生地のようなものになっていると指摘した。岡本太郎が縄文文化に目覚めたのとほぼ同時期である。

白井は伊豆の大型民家である江川邸を例にとり、日本建築の伝統としての縄文的なものを分析する。つまり日本の造形文化の流れを、縄文と弥生に分け、縄文的なものの生命感覚と自然への姿勢を明確化しようとした。それまで日本の建築家や建築史家は、伊勢神宮から桂離宮に至る、自然を手なずけ、美学的に様式化してゆく弥生系伝統文化に重きを置いてきたが、そこに縄文的なものを導入することで日本建築の相対化を目指そうとしたのである。これも岡本の縄文文化観と重なる。

桂離宮へ至る日本建築の流れを、縄文的なものと弥生的なものの交差点から再認識する。縄文的なものは宗教建築や貴族建築ではなく、あくまで民家から生じている。その視点を失

旧秋ノ宮村役場

四同舎（旧湯沢酒造会館）

うことなく、伝統の保存や記憶の創造の営みを再開示する。[3]

民家は生活の原初的基盤上に成立している。建築における表面的な形象と内在する潜在力の関係に、創造主体の精神を貫入させるにはどうしたらいいのか。個の精神が建築の表面性に惑わされることなく、生地の潜在力を掬いとるにはどんな手法があるのか。形式性を失うまいとして萎縮しがちな弥生的なものへの反感が白井の文章には窺われる。

白井の言う縄文的なものには、その背景に日本列島を超えたユーラシア（ヨーロッパ＋アジア）的スケールがある。日本独自の文化と言われるものは、実はユーラシア的な美の原理であり、そのことを縄文的なものと白井は呼んだ。

網走の北海道道立北方民族博物館で、アラスカ最北端ポイントバロー海岸地域の、海獣狩猟を生業とするイヌイットの竪穴式住居を原寸復元した展示を見たことがある。雪で覆われているため、外からは小山のようにしか見えず、下方に出入口がある。そこからトンネルのような通路が続き、地下の貯蔵庫や台所に出る。床下から階段を上ると1階部分に主室があり、段差をつけた寝室が続く。こうした構造をとることで低い位置に溜まった冷気が主室や寝室に入らないようにするのである。梁の支柱は鯨の下顎骨であり、台所屋根は鯨の肩胛骨や流木を用いている。床面は掘り下げ、全体を黄土層で覆い、風を防ぎ、暖気が逃げないようにしてある。保温性が高く燃料が少なくてすむ住居の典型だ。寝台の上はアザラシの腸で隙間を埋めた天窓となり、明かり取りや通気口がいくつもあり、細かな神経が配られている。壁際の2ヶ所に暖房や照明のために石ランプが備えられていた。燃料はアザラシの脂肪で、8時間燃え続け十分に部屋を暖める。

北海道や青森でも何度か復元された竪穴式住居に入ったことがあるが、どこか大地に包

雪調（農林省積雪地方農村経済調査所）
凶作や豪雪で生活に苦しむ雪国の農村を立て直すために設立された全国唯一の役所であり、さまざまな関係者を巻き込み、先人が手をつけていない領域の課題に取り組んだ。農村経済の改革、副業の創案、積雪研究の3本柱で運営され、農業経済学者東畑精一、建築学者今和次郎、民藝指導者柳宗悦、物理学者中谷宇吉郎らが自身の専門的見地から実践的な研究を進めた。

まれているような安心感を全体から感じた。薄暗く、生暖かく、動物の皮膜に包まれているような安堵を覚え、内と外の感覚が研ぎ澄まされる。

竪穴式住居は新石器時代を代表する建築様式である。地面を掘り、窪めて、上に屋根を掛け、土中は暖かいので半地下式構造を持つ。竪穴式住居は縄文時代の日本列島だけではなく、遥かアムール川中流下流域、ロシア沿海州、中国東北部、朝鮮半島の東北アジア極東地域で、旧石器時代末期から20世紀初めまで驚くほど長期にわたって、その優れた気密性と断熱性ゆえに採用されてきた。

白井晟一の湯沢の家にはその名残りが濃厚に残る。1万数千年に及ぶ竪穴式住居の伝統と知恵が生かされている。屋根が大きく、庇が長く張り出し、隙間風を防ぐ天窓を多用し、雪や雨から壁を守る土塀を使い、冬籠りの間、薪を焚き続けるため特別な煙出しを付ける。白井の秋田の家には縄文的なものの気配が漂い、住むことの厳しさと心地よさを再認識させてくれる。

❺……今和次郎と雪との戦い

湯沢に行く途中で山形県北端の新庄に立ち寄った。新庄は日本3大豪雪地帯の1つで、雪害救済運動発祥地である。雪国で生き延びなくてはならない人々の生活を少しでも向上させるために「**雪調**《せっちょう》**（農林省積雪地方農村経済調査所）**」がつくられた、雪の歴史上特筆すべき町だ。

日本海側が大雪になるのは3つの条件が重なるためである。1つは水蒸気を多量に供給する日本海、2つ目はシベリアから吹きつける猛烈な寒気団、3つ目は日本列島を縦走する

3：白井晟一「縄文的なるもの」（白井晟一研究所編『白井晟一全集』別巻1　同朋舎出版）

大山脈の存在である。奥羽山脈と出羽山地に挟まれた盆地の新庄はこうした3条件が重なる地域であり、山雪型の大雪が降り積もる。

雪害救済運動により1933年に設立された「雪調」は、雪に関する研究に総合的に取り組む唯一の国家機関として、雪国と非積雪地方との不平等さを訴え、政府に雪国支援を強化させる契機となった。農家生活、農業経済、積雪状況、副業開発、農産物加工等の多様な分野にわたって雪の科学的研究を行い、農業経済学の東畑精一、〝雪の博士〟中谷宇吉郎、考現学の祖で建築家の今和次郎、民藝運動提唱者の柳宗悦《やなぎむねよし》ら、各界の第一線で活躍する学者や研究者を集めて実証的な研究が押し進められた。

青森弘前生まれの**今和次郎**《こんわじろう》（1888-1973）は東京美術学校（東京藝術大学）図案科を卒業後、建築学者として早稲田大学教授となり、農商務省の依頼により柳田國男と日本全国を回りながら民家研究や農村住宅の調査に明け暮れていた。秋田とも縁が深く、仙北市の生保内《おぼない》セツルメントや、最適な模範農村住宅と言われた秋田県立青年修練農場を設計している。渋沢敬三のアチック・ミューゼアムとも関わり、渋沢からスウェーデンの北方民族学博物館やノルウェーの民俗博物館、スカンセン野外博物館などの北方文化施設を訪ねるよう勧められ、1930年代に北欧を中心に最果ての民族文化の住居や家屋を海外調査した。

新庄に現存する雪調本庁の建物は、1937年に今和次郎が設計して完成したものだ。雪降ろしの必要のない急勾配建物で、採光や通気といった衛生面にも細かい配慮がなされている。また屋根裏スペースを大きくとり、養蚕場や物置、藁製品の加工場や乾燥場として活用された。内側は大きな屋根を支える棟木や桁《けた》、垂木《たるき》の木組みや丸太を縄で結んだ茅屋根の組み合わせが丸見えで、独特の構成美を見せる。この雪調本庁のモデルは、新潟県南魚沼郡

今和次郎（1888-1973）
青森弘前生まれの建築学者、民俗研究家、現代の風俗を記録する考現学の提唱者。1912年に東京美術学校図案科卒業。柳田國男門下として民家研究に打ち込む。1920年に早稲田大学建築科教授となり、1934年から積雪地方農家家屋の設計に関する研究を開始し、雪の科学的分析と雪害防止策に取り組んだ。

シャルロット・ペリアン（1903-1999）
フランス・パリ生まれの建築家、デザイナー。1927年に発表した「屋根裏のバー」が評価され、ル・コルビュジエとピエール・ジャンヌレのアトリエに入所、インテリアを担当する。当時は、前川國男や坂倉準三が入れ替わるように所属していた。1937年に独立した後、1940年、坂倉と商工省の誘いで来日し、各地を回ってデザイン指導を行った。多くの民藝品や資料を持って、仏領インドシナ経由で1946年パリに帰国する。1985年、パリ装飾美術館で「ペリアン大回顧展」が開催された。

大崎村の小学校校長・瀧沢素朗の家で、前年に行われた積雪地方の視察調査の際、今和次郎が注目した50度勾配の4階建て木造建築だった。土台はコンクリートだが、側面に融雪堀を設け、何よりも雪に強い家を目指していた。

また今和次郎が新庄で1938年に設計した実験農家は、高床式で2階部分が居室となり、風通しが良く、屋根は一部切り抜かれ、ガラス天井となっている。雪降ろしと降ろした雪の片付けに便利なように急勾配で、脇溝がつけられた。その実験住宅に標準的な農民一家を住まわせ、通年で生活をしてもらい、詳細な感想や記録をとったのである。

今和次郎は建築に留まらず、広く社会現象を組織的に研究し、時代の様相を多元的に考察しようとする考現学の提唱者であり、雪の生活学を熟考するのに最適な人物だったと言える。

今も新庄周辺の最上や置賜《おきたま》の地域を歩くと、今和次郎流の雪害に強い住宅であるピロティ式3階建住宅や50度勾配住宅を多く見ることができる。雪国の土地利用を高度化し、生活に快適さをもたらそうとした雪調の知恵は現在も生き続けている。

❻……ペリアンのデザイン改革

雪調の活動に深く関与し、秋田にも訪れたフランスの重要な建築家、デザイナーがいる。モダニズム建築の完成者**ル・コルビュジエ**の高弟で、20世紀を代表する女性デザイナーの**シャルロット・ペリアン**（1903－1999）である。

パリのル・コルビュジエ事務所から独立してまもない1940年、ペリアンは日本の輸出品のデザイン指導のため、商工省の要請で来日した。それ以前の1933年、ドイツからブルーノ・タウトが来日し、仙台の工芸指導所のアドバイザーに招かれたが、同様の役職を用意されペリアンは日本にやってきたのである。

ペリアンの来日を機に、雪調は協力者だった柳宗悦を介してペリアンの指導を仰ぎたいと要請する。その願いが叶い、東北各地を巡回指導するスケジュールの途中、**柳宗悦**の息子・柳宗理が同道して新庄へやってきた。

雪調では稲藁などの身近な素材を使った生活用具づくりを副業に推奨していた。農村工業発展の一環として、冬の農閑期につくれる民具などの商品化案を練っていたのだ。例えば既存の藁工品、蔓工品、木工品を洗練させたり、新デザインを試案したりして民芸品の販売ルート拡大を目論んでいた。既に雪調ではその指導者として柳宗悦や河井寛次郎、濱田庄司らを招いていたが、ペリアン来日の報を聞き、外国人デザイナーのアドバイスを求めたのである。

ペリアンは仙台から新庄へ向かい、雪調の山口弘道所長の歓待を受ける。彼は長く厳しい冬季に農民たちにどのような経済活動が可能なのかを検討し続けていた。例えば厚い雪の下で熟す野菜の栽培技術、蓑や藁を色付きの端切れと一緒に編んだ防寒用マントといったものである。

ペリアンはル・コルビュジエと共に「シェーズロング（モダンデザインの名作の寝椅子）」を制作し、好評を得ていたが、彼女のアドバイスの下、そのシェーズロングを応用した稲藁を使った寝椅子やスツール、テーブル、さらにはシェーズロング用掛け布やマットレス用クッションカバーの試作を行っている。こうした試作デザインは酒田の本間美術館本館の清遠閣で

柳宗悦（1889-1961）
東京麻布生まれの美術評論家、思想家、民藝運動の主唱者。民衆の暮らしの中から生まれた美の世界を紹介するため「民藝」という言葉を創出し、用と美が結ばれたさまざまな土地の工芸品を調査し、1936年、東京駒場に日本民藝館を設立している。主な著作に『手仕事の日本』や『民藝四十年』がある。

展示され、大きな注目を集めた。農民たちの巧緻な手技とペリアンのモダンデザインが有機的に結びついた機能性溢れた作品となったのである。

ペリアンは、農民の手になる各種の実用品に秘められた美に強い関心を示した。1940年に酒田の物産陳列館で行われた「庄内民芸品」展を視察し、曲物《まげもの》細工や竹細工を絶賛し、曲物細工のワッパを化粧品箱に、大ワッパを裁縫箱にアレンジした試作品依頼もしている。農家の娘たちの日常着にも感銘を受け、紺絣の着物は何着も購入した。彼女の基本姿勢は、東北地方のさまざまなデザイン資産から最大限の効果を汲み上げようとすることであり、広く東北のフィールドワークを行い、秋田へも旅した。新庄から酒田に行き、さらに鶴岡へ寄り、そこから秋田へ、県境を北上して田沢湖に近い角館で秋田県の物産品を集めた展示場を見た。ペリアンは自分の判断や行動を深める機会を求め、職人たちを訪ね、関係者と対話を重ねた。

考古学者・中谷治宇二郎の良き理解者だった人類博物館副館長ジョルジュ・アンリ・リヴィエールから、ペリアンは日本の民具道具を購入し、持ち帰ることを依頼されていた。リヴィエールは人類博物館に日本館をつくろうとしていたのである。そのためにペリアンが秋田で選んだ民芸資料には、男性性器の形をした木の人形、繊細な線で目鼻の描かれた湯沢の川連《かわつら》こけし、薄い金属板を貼り、桜の樹皮を被せた角館の樺細工の茶箱、同じ樺細工の紙箱や煙草入れ、絹織物、和紙、刀剣類があった。慌ただしいスケジュールでペリアンは次の目的地の盛岡へ向かったが、この山形、秋田、岩手の旅の印象を次のように記している。

「私は白い冬の東北地方が好きだ。寒さ除けの藁の帯に包まれてまっすぐに立つ木々。雪の厚い絨毯の下に呑み込まれ、木と藁で縁側を囲って閉じこもった家々。巨大な屋根がその上に張り出すようにのる。すべてがひっそりと静まりかえり、動かない。雪のなかに掘られた数本の小道が、歯を黒く染めた老女たちの家に導く。仮面の顔、子どものようなからだ、アイヌの目のように大きく見開かれた目、蓑と笠姿の農民たち、足には大きな藁靴、灰色の空、薄い日の光。それは美しく、濃密だった。すべてが安定していた。けれども、なんと寒かったことだろう！」[4]

（シャルロット・ペリアン「生きるための空間」）

ペリアンはこうして東北各地の職人たちと共同作業を行い、さまざまな試作品をつくり、その総仕上げとして、1941年に歴史的な展覧会「選択・伝統・創造」を東京の高島屋で開き、日本の美と精神に新たな目を向けさせることになる。

❼ 秋田から沖縄へ

1940年暮れ、シャルロット・ペリアンは東北への旅の合間に、東京銀座の資生堂ギャラリーを訪れている。ちょうど「沖縄紅房」展が開催中だった。「**紅房**《べんぼう》」とは昭和初めに、旧来の琉球漆器とは異なるモダンな感覚を取り入れ、一世を風靡した沖縄の前衛漆芸運動である。紅房は1931年に設立され、2001年に幕を閉じた琉球屈指の老舗だった。ここから首里城復元に関わった沖縄県指定無形文化財保持者の前田孝充《こういん》ら多くの漆職人が育っている。

紅房（べんぼう）
琉球漆器の老舗。その前身は生駒弘が組織した沖縄漆芸組合だった。紅房は職人本位の製作体制を敷き、モダンデザインを取り入れた斬新な漆器を生み出し、沖縄に新しい風を吹き込んだ。1935年に紅房という商号を名乗り、海外へも販路を広げ、生駒弘の東京美術学校の後輩であり親戚の柏崎栄助や小池岩太郎も参加し、活況を呈した。

生駒弘（1892–1991）
由利郡金浦（現、にかほ市）生まれの漆芸家。第二次世界大戦前は沖縄や台湾で漆器指導にあたり、漆芸の近代化に取り組んだ。戦後はその経験と技法を生かした新感覚の漆器「生駒塗」を秋田で展開する。沖縄産の樹木デイゴに似たサワグルミを木地とし、南国特有の鮮やかな朱塗りを基調に黒で縁取りした端正な美を生み出した。伝統に囚われない新たな造形感覚を入れ、材質管理から仕上げまで一貫した作業体制を確立している。

紅房の前身は実は秋田由利郡金浦(現、にかほ市)出身の名工・**生駒弘**(1892－1991)が組織した沖縄漆工芸組合である。生駒は1892年に秋田五城目で小学校教師をしていた父・川瀬波治と母・ミチの次男として生まれたが、まもなく父母を赤痢で失い、羽後本荘六郷藩家老の家系である生駒家の養子になった。1911年に上京し、東京美術学校工芸科漆工部に入学し、後に人間国宝となる高野松山と蒔絵技術を中心に学んでいる。卒業後は高岡の富山県工業試験場に技師として9年間勤務し、漆芸研究に邁進した。

その後の1927年、沖縄県工業指導所開設と共に沖縄に赴任した。生駒は直ちに沖縄漆器の製造状況調査に入り、旧態依然とした漆器生産体制の改善の必要性を説くが、地元の漆器商や職人たちには受け入れられなかった。生駒は日々積み重ねていた研究成果を基に試作品を公開するなど努力したが、民業を圧迫するとの批判を受け続ける。そうした状況下で生駒は1931年、工業指導所を付属させた沖縄漆工芸組合をつくり、指導を続けた。こうすることで伝習生が引き続き組合に入れる仕組みをつくったのである。組織は軌道に乗り、生駒の適切なアドバイスの下、職人第一主義をとり、モダンデザインを積極的に取り入れた現代感覚に満ちた漆器を提供し、日本の漆工芸に新旋風を巻き起こす。この時期に生駒は「作家は高野松山に任せ、自分は産業に生きようと腹を決めた」ともらしている。こうした機運にのり、生駒は1935年に民間企業として「紅房」を立ち上げる。

紅房の活動で特筆したいのは漆生産体制の改革である。生駒たちは最先端の漆研究成果を果敢に取り入れ、試作品の公開と販売に努め、工業指導所を活用して新しい職人を育てあげた。つまり職人育成と制作過程の一貫体制を築き上げたのである。また彼らの組合は一人一人の職人の独立採算制をとり、工業指導所の横に工場をつくって独自経営に乗り出した。

4：『シャルロット・ペリアン自伝』(みすず書房)

初めは13人で出発し、5年後の１９３６年には１００人近くに増え、生産高も10倍になっている。漆の赤と黒のコントラストを生かした配色や装飾など斬新なデザインスタイルを打ち出しながら、顔料で色付けした漆を粘土状に貼り付ける琉球漆器の伝統技法「堆錦《ついきん》」も加え、伝統との結節点も残した。

もう1つ注目したいのは生駒弘の母校東京美術学校の若い学生たちが紅房の活動に積極的に参加し、創造の輪を広げていったことである。秋田羽後本荘出身の**柏崎栄助**は、同郷の先輩で親戚だった生駒を頼り、しばしば沖縄を訪れ、紅房の漆器デザインに関わるようになった。柏崎の東京美術学校の友人たちも夏休みや冬休みを利用し沖縄へやってきて、紅房を手伝うようになる。こうした新しい風が紅房に自由で開放的な雰囲気を生み出し、労働環境を刷新してゆくようになった。

東京美術学校図案科出身の小池岩太郎は日本を代表するインダストリアル・デザイナーとなり、有名なＧＫデザイングループ（ＧＫはGroup of Koikeの略）を設立するが、彼もまた柏崎と共に紅房に参加したメンバーだった。後に東京藝術大学教授になる小池は「紅房」の商号を発案し、沖縄民具のクバオージ（クバの葉でつくった扇）から着想したマークをデザインしている。

マークが完成した１９３５年以降、「紅房」はその商号を全面に打ち出し、数多くの賞を獲得する他、海外進出も果たし、大きく成長を遂げてゆく。戦後もアメリカ統治下の沖縄で、軍関係者を中心としたマーケットを独自に開拓し、１９７２年の沖縄本土復帰以降も愛好者を増やし、沖縄のモダン漆器をつくり続けた。

柏崎栄助（１９１０-１９８６）秋田本荘生まれのデザイナー。琉球漆器のデザイン革新で知られる。東京美術学校図案科在学時からしばしば沖縄の生駒弘を訪れ、パリ、ウィーン留学を挟みつつ、１９３０年代に沖縄漆工芸組合、紅房で新しい感覚を秘めた漆器を数多く発表する。その後、福岡に移り、沖縄の海のイメージを地場産業のガラスで表現した代表作「ゆれる器」など、風土に根差したモダンな逸品をつくると同時に、大学で後進の育成にも力を入れた。

❽……木地師たちの光跡

1940年に生駒弘は理研電化が台湾新竹に新設した漆器生産工場に工場長として派遣される。その後を小池岩太郎が継ぎ、工場長となった。資生堂ギャラリーでの展覧会を取りまとめたのも小池で、デザインは柏崎栄助が担当した。その「沖縄紅房」展を見たシャルロット・ペリアンはこう印象を記している。

「今まで見た漆器よりは遥かに良く多分に将来性がある。此の儘でよいとは思わぬが此の態度で推し進めていったならばきっとよいものになろう」[5]

同じ1940年、民藝運動の提唱者、柳宗悦が沖縄を訪問し、紅房へ立ち寄っている。柳は生駒に「沖縄の特色が無くなり、日本のものと変わらない」と批判した。生駒には、柳の言葉は、現代生活と科学技術に対応しようと悪戦苦闘している自分との立ち位置の違いとしか受けとめられなかった。しかしそこには今なお解決できない風土と産業の本質的問題が潜んでいる。

戦後台湾での南方漆器の量産体制から身を引き秋田に戻った生駒弘は、故郷の由利郡金浦で生駒漆芸工房を始め、1945年には秋田市内へ移った。同じ東京美術学校工芸科出身の息子・生駒親雄《ちかお》がソ連から復員してきたことを契機に、秋田で漆職人を育成しながら、自作を〝生駒塗り〟として県内外で売り出した。

5：「「シャルロット・ペリアンと日本」年譜」佐川夕子編（『シャルロット・ペリアンと日本』同名展覧会カタログ　鹿島出版会）

息子の生駒親雄は復員後、沖縄で紅房に復帰しようとしたが、当時はソ連からの復員者というだけでアメリカ統治下の沖縄への渡航は許可されなかった。生駒親雄は父親と秋田で制作を続け、その漆製品は「秋田の生活の中で映える生駒の赤」として愛された。また生駒弘は海外での産業指導要請に応じ、台湾の桃園で台湾漆産業育成に関与したり、タイのチェンマイでも漆の産業化を手助けしている。

秋田には川連漆器という特別な名産品がある。生駒弘や生駒親雄は川連漆器のアドバイザーもしていた。シャルロット・ペリアンもコレクションとして購入した川連漆器は、秋田県南部湯沢市の川連町を発祥地とし、800年以上の歴史を持つ。元々は鎌倉時代に刀の鞘や弓、鎧などの武具の漆塗りから始まった。匠の里として知られる川連は川連漆器だけでなく、川連こけしや曲木家具、秋田仏壇でも知られ、山間部の豊かな自然素材を生かした、温もりと親しみのある精緻な工芸品として名を馳せている。一品一品丁寧につくられた川連漆器は丈夫で堅牢であり、〝堅地仕上げ〟と称する下地塗りを何回も繰り返し、艶とコクのある漆を駆使した〝花塗り〟という高度な塗り技術で仕上げられる。そのモダンなフォルムと面装飾に施された繊細な沈金や蒔絵は、漆器の光を際立たせ、高く評価されている。こうした川連漆器の特性は、生駒弘の目指した紅房の特性とも通じている。

また川連漆器の塗りや金箔押しの技術が融合して使われる秋田仏壇は、昭和30年代になって生産が始まったが、その塗りのきめ細かさや箔の美しさで好評である。川連こけしも漆器の派生物で、漆器の素地を作り出す木地師《きじし》が仕事の合間につくった素朴な風合いのあるこけしだ。愛らしい前垂れ姿の一筆眼の顔の表情は生活に潤いと癒やしをもたらし、ペリアンも賞賛した。

秋田で最も雪深いとされる湯沢の山奥で、木地師たちは古くからお椀やお盆、重箱を轆轤《ろくろ》で挽く傍ら、子どもの玩具や土産品としてこけしをつくり続けた。江戸時代後期の文政・天保年間に多くの木地師が良質な木材を求め、信州や近畿から、会津や鬼首《おにこうべ》を経て、川原毛地獄に近い秋田の木地山へ入ってきたのが始まりとされる。これが有名な木地山系こけしであり、その始祖の小椋一族の流れを汲むこけし職人が多数輩出された。

明治になり、日本の林業政策の転換で、木材の伐採が制限されるようになり、木地師たちは山を降り、漆器産地の川連へ移住した。彼らは漆器の木地づくりに精を出しながら、こけしもつくり続け、これが木地山系川連こけしとなった。川連漆器や川連こけしには、こうした木地師たちの漂流の軌跡も潜んでいる。その形や色艶の奥に遥かな道筋と木地の特別な輝きを見出すことができるだろう。

❾……原型の夢

フランスから来たシャルロット・ペリアン以前に日本の工芸デザインを指導したのは、秋田と縁が深い、ドイツから来たブルーノ・タウトだった。ペリアンは前任者のタウトがどのような指導や教え方をしていたのかに関心を持ち、事前に調べている。

高崎や仙台の工芸指導所で、タウト指導下に多くの食器や花器がつくられた。どれも豊かな色彩と繊細な形質を持ち、簡潔な形式上に製品が成立している印象が強い。このような試作品は仙台の工芸指導所でのプロジェクトのように、タウトと地元職人が、さまざまな本や資料から、家具や照明具、器や壺といった品種の基本型を系統的に研究することから始まっている。つまり製品の系統樹のような流れをベースに、それぞれの製品の位相を確認することから開始されたのだ。

それぞれの品種の型と機能を、技術や使用目的から解析し、型の変化がどのような意図で成立していったのかを組織的に探究する。その上で初めて地元職人が基礎形を図案化し、具体的製品へ落とし込んでいった。注目したいのはその過程である。職人たちはタウトの指導により、とうの昔に忘れさられていた日本の技術や素材、美学や伝統といった諸々のものを体系として理解し、その「原型」へ辿り着いた。そしてその原型を新しい時代の光の中で吟味することが可能になった。こうした体系学習は、今なお日本のデザインにとって有効であり、かつ未来への重要な示唆を含んでいる。

タウトは日本の工芸に何を見ていたのだろうか。そのことは秋田の冬の美を愛しんだタウトの秋田観とも重なりあう。タウトは日本の工芸の流れに一種の宇宙的な精神を見ようとしていた。それはタウトの生い立ちや不幸な流浪の環境とも関係するが、それ以上に日本という極東の異郷の品々にタウトは、自身の奥深くに秘められていたある種のコスミックなヴィジョンを見出したのだ。

日本の工芸の特徴は「原形式(エレメンタール・ウルフォルム)」を失うまいとする身振りである。日本の工芸には原形式が存在し、物は過酷な環境の中でそれを失うまいと闘っている。その身振りの保持が日本の工芸の実用性と美の融合をもたらしている。原形式というのは、時代が移り変わっても、作る人が代わっても、日本という土壌と環境でものづくりをしようとする時に欠かすことができない要素である。日本のものづくりは常にその原形式へ戻りながら刷新されてゆく。タウトの指摘はそうしたことの大切さに繰り返し触れている。

タウトは1933年から1936年まで3年半あまり日本に滞在した。その間に自身で、椅子、竹籠、傘、バックル、時計といった数百点の工芸デザインを手がけた。パトロンだった高崎の建築業者、井上房一郎の工房で仕事を始め、ボタンづくり一つにも、色、形、素材と克明なデッサンを繰り返し、事細かに指示を出し、制作工程をチェックしていった。そのような執拗さにより生まれた工芸は、日本人にも懐かしく原基に触れるような思いを抱かせる。そのことはタウトが日本の工芸の歴史を完全にリサーチし、原理を抽出し、そのエッセンスを実作に流し込んでいた証拠と言えるだろう。

日本の工芸は、西洋のクラフトのように芸術の下にはなく、芸術より高い位置にあるとタウトは考えていた。歴史的に、日本では工芸は芸術より優位な位置にあり続けた。このことは日本の伝統的な美とは、個人の技や表現ではなく、長い時間にわたり世代から世代へ継承されてゆく技術や精神の集中力の果てに生まれてきたことを物語る。

タウトはまた〝第三日本〟が未来において出現しなければならないと言った。それは縄文などの先史文化の独自の消化を進めた〝第一日本〟、中国や朝鮮といった大陸文化を吸収しようとした〝第二日本〟、そしてさらに西洋文化を吸収・同化した後の〝第三日本〟である。[6]ただタウトは21世紀における〝第四日本〟の方向も見据えていたように思う。これまで日本が生み出してきた美の資源を渾然一体化した新たな美の位相であり、工芸の進化形態にその姿を見ていたのではないだろうか。

タウトには、もともとアジアとヨーロッパは同じ母胎から生まれた2つの子であるという認識があった。ユーラシア（ヨーロッパ＋アジア）という言葉がそれを印しているし、ヨーロッパ（オイローパ）は「アジアの娘」という意味だとする伝承もある。均質化や単一化に向かう皮相

6：ブルーノ・タウト『日本文化私観』（明治書房）

なグローバリズムやインターナショナリズムを超えた、本質的な精神性に立ち戻ってゆくことで、アジアもヨーロッパも有機的な再統合を行うことが可能となる。

タウトの指導した工芸デザインの数々は、日本の風土と経験の力を再認識させる。それらの品々は、ごく小さな物に巨大な宇宙を内包させることが可能であることを伝えてくる。日本の工芸は実用性を完全に無駄なく吸収した美の有り様である。それは作る者や使う者の心の遥かな奥行きを含む器なのである。しかし日本はそのことを忘れ去ろうとしていた。それが見えなくなってしまっている。今から100年近く前、タウトはそうした危機感を強く感じながら、日本に小さな窓を懸命にこじ開けようとしていた。

⑩……宇宙へ降り積もってゆく

ブルーノ・タウトの後任のシャルロット・ペリアンも、日本の工芸にタウトと同様な思いを抱いている。東京駒場の日本民藝館を日本滞在中に何度も訪れ、日本の無名の職人たちが継承してきた美とデザインの位相に注目し、その特性を自らのさまざまなデザインに生かした。

住まいと暮らしの新たな芸術を志向したペリアンは、建築と一体化した内装や設備を考案したパイオニアであり、そのデザインは線の純粋さ(ピュリズム)と形態の有機性(オーガニズム)を生涯失うことはなかった。生駒弘と柳宗悦が論争した、相容れないと思われた手工芸的な要素と工業生産のメカニズムを統合し、機能から生み出されるフォルムを超えようとした。

岩手名産の南部鉄瓶の表面の小さなイボイボは決して無用の装飾ではなく、鉄瓶を熱し、反響させ、歌わせるものである。また大館曲げわっぱや秋田の杉桶樽において重要なのは表面の形ではなく、飯や酒を注ぎ込むことのできるヴォイドスペース（空所）である。

日本の工芸は無言のものに耳を傾け、見えないものを凝視する。それは清らかで、最も単純なものの中に慰安と瞑想を含む。日本家屋でも、最小限に縮められた木材の構造体が障子や襖の骨組みを構成し、敷居や鴨居の溝に一分の隙もなく、驚くべき精度と滑りではまってゆく。こうして日常に仕組まれたデザインは、宇宙に対する人間の比例感覚を決定してゆく。それらはすべて「生命の芸術（アール・ド・ヴィーヴル）」に他ならない。

タウトは日本の工芸の特性に言及して「Reinheit（ラインハイト）」という言葉を使っている。「純正」「清新」「透明」といった意味を含む独語である。タウトは日本の工芸の形や色は流動性を帯び、技巧は即興的軽妙さを持ちながら、そこに様式上の一貫性と厳密性が秘められ、あくまで静寂に浸って超然としていると指摘し、そのような構えを「Reinheit」と呼んだ。

生きることや日々の生活と溶け合いながら自然宇宙とぴったり密着し、どれが自然宇宙で、どれが芸術なのか判然としない。だから富士山が芸術のように見えてきたり、山水画が宇宙のように立ち現れる。自然宇宙と芸術技術が深く浸透し合っている。

川連漆器にも、大館曲げわっぱにも、角館樺細工にも、十文字和紙にも、横手中山人形にも、そうした気配を感じる。秋田の風土が長い歳月をかけて生み出してきた工芸は見る度に、これまで生きてきて、その過程で失ってしまったものを取り戻せるような思いを抱かせる。私たちの記憶にしまいこまれていた空間の原型と再び触れ合っていることを、それらは示している。私たちは工芸を見ているのではなく、私たちの存在の下地をなす宇宙の原形式を記憶の底から呼び覚まそうとしている。

［第六章］秋田原郷

その風土と世界性

❶……故郷と幼年時代の思い出

冬になるとシベリアから冷たい季節風が日本へ向かって吹く。シベリアと日本の間に日本海があり、風はその水蒸気を含み日本を縦走する山脈にあたり、水は雪に変わり大地に降り積もる。雪が降り出すのは奥羽地方では12月からだが、大雪は1月か2月で、ちょうど小正月あたりが最も積雪量が多い。山川村里はたちまち銀世界をなし、飄々翩々《ひょうひょうへんぺん》たる雪のさまは古くから花や玉に喩えられた。

大雪の夜は雪の重みで家がミシミシ鳴る。暗い階段を恐る恐る降り、長靴を履き、筵《むしろ》で雪囲いした玄関の戸を開けると、冷たい香《かぐわ》しい外気が入り込んでくる。空気は澄みきり、雪の重みが木々にのしかかり、ほの光る雪帽子が電柱に被せられている。見上げると街灯に照らされた雪片が舞い降りて、しんしんとした夜の闇へ溶けてゆく。空が降りてくるようなそのさまに心を奪われる。なにもかも白く幽玄に隠してしまう雪が手のひらに落ちると、そこに儚い銀細工のような六角形の結晶が認められた。雪の故郷である天上の大気や重力による生成の違いが六角星状や角柱状といった多彩な雪の形を生む。雪は家々の屋根に、川岸の波に、丘の墓に、沼地の茨に、橋の手摺に降りしきる。川向こうの垂れこめた空を背に山の際が震えていた。雪のヴェールですべてのものが影になってゆく。はらはらと舞う雪を纏う自分の実体も得体の知れぬ世界へ吸い込まれ、次第に知覚を失ってゆくようだ。

私が生まれたのは秋田の土崎《つちざき》という港町である。もともとは雄物川河口に古くからある集落だった。『日本書紀』（720）には「顎田」と記される。海へ注ぐ河口部の顎《あご》のような古地形

『続日本紀』
平安時代初期に編纂された勅撰史書。菅野真道らにより797年に完成。697年から791年までの95年間の歴史を扱い、40巻から成る。編年体で漢文表記された奈良時代の基本文献である。

安東（安藤）氏
鎌倉時代から戦国時代まで陸奥国、出羽国北部に勢力を張った武士の一族。蝦夷出身の豪族とする説もある。本姓は安倍を称している。安藤五郎が鎌倉時代初期に津軽地方の蝦夷対応にあたったのが始まりとされ、鎌倉時代末期に所領は津軽地方を中心に出羽国秋田郡から下北半島まで拡がった。南北朝時代に十三湊で下国、土崎湊で上国を称する二派に分かれる。下国は後に勢力を失い蝦夷に渡るが、その後檜山（現、能代市）に戻る。16世紀に檜山安東愛季が両国を統合し、秋田を名乗った。

佐竹氏
中世の豪族。平安後期に官位を辞して加わった後三年の役で武功を挙げた源義光は、常陸

を指したものなのか。その後の**『続日本紀』**（797）に初めて「秋田村」の名で登場した。この間に秋田は大和朝廷による蝦夷征伐の拠点となり、733年には山形の庄内地方にあった出羽柵が土崎近くの高清水の丘へ移され、天平宝字年間（757-765）には〝秋田城〟と呼ばれるようになる。[1]

当時の秋田城は土崎が中心となり、海浜部から高清水へ広がり、飛鳥時代には北陸の越国守・阿倍比羅夫が180艘の水軍を仕立て蝦夷征伐の牙城とした。比羅夫は日本海側を北へ航海して蝦夷を服属させ、さらには東北以北において「粛慎」と交戦した。粛慎は北海道でオホーツク文化（6世紀～11世紀）を生み、オホーツク海沿岸や樺太、千島に住んでいたニブウの祖先と推定される。オホーツク文化時代にはアイヌと対立して北海道を二分し、東北各地にも交易を求め南下してきていた。

オホーツク文化は大陸起源であり、ニブウだけではなく、ロシアのアムール川下流域のウリチ（ツングース系先住民、山丹交易の山丹人といわれる）、カムチャツカ半島のコリヤーク（北アメリカからシベリアへの逆移住民族、シャーマニズムを中心とする）らと繋がっている。秋田は日本の北の果ての辺境というより、北へ広がる北方モンゴロイド文化の入口だった。

平安時代にかけては、坂上田村麻呂が2度にわたり征夷大将軍となり（797年と804年）、秋田にも及んで「征夷」に功績を残した。私が住んでいた「将軍野」という町名はその名残りであり、子供の頃の遊び場だった「幕洗川」は陣幕を洗った場所とされている。

室町時代にかけては青森の十三湊から能代や男鹿を南下してきた**安東氏**が土崎に湊城を設けた。さらに江戸時代になり、常陸から**佐竹氏**が移封されると、内陸部に久保田城を構えたため、秋田の中心は今の秋田市街へ移った。とはいえ土崎は日本海沿岸屈指の港町であ

の佐竹に土着し勢力を伸ばす。その孫の昌義が佐竹を名乗った。平家に与して一時領土を失うが、奥州合戦や承久の乱の功で領地を回復し、室町時代は足利氏に従い常陸守護に任ぜられる。戦国時代には下野、陸奥までを支配し、伊達、北条、上杉と争い隆盛を誇った。豊臣秀吉に常陸54万を安堵されたが、関ヶ原の戦いで西軍と見なされ、秋田20万石に転封された。

1：『日本書紀』（『日本古典文学大系』67-68　岩波書店）

り、江戸時代後半から明治時代にかけて**北前船**寄港地として知られ、北海道と西日本を結ぶその航路は日本経済の大動脈となった。ユネスコ無形文化遺産の「土崎神明社祭の曳山行事」は北前船の船乗りたちが神輿を寄進したことに始まると言われている。

❷……日本海の文物交流

幼い頃から日本海を見て育ち、四季毎に大きく表情を変えてゆくこの海には特別な愛着を抱いてきた。上京してからも羽越線経由で帰郷する際、新潟から秋田にかけての変化に富んだ精妙な海辺の風景を辿ると、懐かしく心が和んだ。

日本海は地形的にユーラシア大陸の端の大きな湖のような位置にある。遥か昔からこの巨大な湖を渡って大陸から日本列島を目指す時、目印になったのは東北第2の高峰の鳥海山だったろう。土崎の湊からも晴れた日にはその美しい頂を雲間に見ることができる。日本海に、大鷲が羽ばたくように聳えるコニーデ型の独立峰は、日本海を行き来する北前船のランドマークにもなった。

鳥海山山麓の山形県遊佐町からは3700年前、古代中国の青銅製の刀子《とうす》が出土している。3700年前と言えば中国最古の王朝である殷（紀元前17世紀－紀元前1046）の時代である。漢字が発明されてまもない頃であり、首都の殷墟で発掘された遺物や甲骨文字の解読により王位相続、宗教的色彩の濃い社会体制、卜占による国事の決定、氏族制、木器・石器・土器・青銅器を使用した農業や牧畜による生活が判明している。日本では縄文後期にあたり、この頃から船舶技術の発達が大陸から日本への行き来を可能にしている。

北前船
江戸時代中期から明治時代にかけて活躍した商船。出羽の米を江戸に運ぶため、幕府の命を受けた商人・河村瑞賢が開発した西廻り航路を用い、東北・北陸各地の港に立ち寄りながら、日本海、瀬戸内海、大坂と結んだ。航路は後に蝦夷まで延長した。船主である商人が買い付け、寄港地で売りさばき、「一航海千両」という莫大な利益を生むと同時に、各地に富をもたらした。

秋田城　外郭東門

秋田城

鳥海山山麓一帯には多くの縄文遺跡が密集し、知られざる縄文王国となっている。山形が誇る国宝「縄文の女神」(縄文中期／山形県立博物館蔵)が発見されたのは舟形町の西ノ前遺跡である。鳥海山の山頂が噴火で吹き飛ばされて島になったという伝説がある酒田沖の飛島には、6000年前の遺跡があり、防御の砦や石塁の跡が残る。古地図には海獣の名を冠した「トド島」や「トンド島」という記述もあるし、粛慎が海獣を追い、この島にやってきたという伝承も残る。

古代の朝鮮半島南部では紀元前2世紀末から紀元4世紀まで、「馬韓」「辰韓」「弁韓」という3国が割拠していた。6世紀以降、この三韓体制は朝鮮半島全体へ拡大し、「高句麗」「百済」「新羅」という三国体制に変換され、新たな三韓時代が始まる。

大和朝廷はこのうちの百済と強い関係を結んだが、現在の北朝鮮にあたる高句麗は日本海側の東北や北陸との関係が深かった。高句麗は668年に滅亡するが、その後、渤海国(698–926)が興る。この渤海国は高句麗の遺臣がロシア沿海州にいた農耕漁撈民族の「靺鞨《まっかつ》」と共に興した国である。

靺鞨族は現在のハバロフスク周辺の大デルタ地域であるアムール川とウスリー川一帯を中心に居住していた。「靺鞨」という言葉は、中国の隋・唐の時代に、中国東北部の辺境から朝鮮半島北部に住んでいたツングース系諸族に対する中国側からの呼称である。

靺鞨族は7部族に分かれ、そのうちの〝粟末《ぞくまつ》靺鞨〟が高句麗遺臣と共に渤海国を建国し、やがて朝鮮半島北部からロシア沿海州に跨る広大な地域を250年近くにわたり統治し〝海東の盛国〟として栄えた。日本とも727年から919年までの約200年間、34回の公式船団使節を送り、交易交流を深め、秋田の土崎湊へも来航している。

ナナイ
ツングース系民族で、アムール川流域においてサケ・マスの漁撈生活を行った。ツングース・満洲語のグループでは最南端に分布し、中心はロシアのハバロフスク地方ナナイスクで、ナナイ語を話す。華麗な装飾美術が有名で、黒澤明が手がけた映画の主人公・猟師デルス・ウザーラはナナイである。

「靺鞨」という漢字は、革へんだが、これは靺鞨族との交易の中心が、クロテン、トラ、クマなどの毛皮だったためである。地理的に仏教、儒教、道教、巫俗（韓国のシャーマニズム）が混在し、変成を遂げた独特の宗教環境にあった。農耕漁撈民族で文字は持たなかったが、古来海流の関係で彼らの船は東北や北陸に漂着することがあり、定住者も少なからずいた。つまり渤海の民は早くから東北や北陸に渡来し、土着化し、あるいは先住民と混血しながら、各地の古層文化を形成していったと考えられる。

これまでの日本史は、朝鮮半島南部から日本の畿内へというルートが中心となって語られてきたが、そうした流れだけではなく、朝鮮半島北部、中国東北部、ロシア沿海州から日本海を介し、東北や北陸へという重要なルートがあることを踏まえ、複合的視点から今いちど日本文化の混成状況を再検討してゆく必要があるだろう。

❸……黒水靺鞨からナナイへ

秋田と交渉のあった渤海国を興した靺鞨族の中でも、特にアムール川流域に住む人々を〝黒水靺鞨〟と呼んだ。アムール川は中国では「黒龍江」と名付けられていたためである。黒水靺鞨は渤海国の支配下に入らず、後に女真族（満州族）と称され、中国の金王朝（1115−1234）や清王朝（1636−1912）の祖となる。その末裔とされるのが現在の**ナナイ**である。

ナナイはツングース系民族で最も南に広く分布し、中心はハバロフスク地方ナナイスク地区だ。ナナイ語を話し、彼らは今もアムール川を遡り、鮭を捕りながら生活する。

M・G・レーヴィンとH・H・チェボクサロンが『ソヴィエト民族学4号』（1955）に発表し

た「経済・文化類型と歴史・民族誌的領域」によれば、ロシア革命（1917）以前の極東シベリア地帯の民族は、①極北の海獣狩猟民、②ツンドラのトナカイ飼育民、③大河流域漁撈民、④針葉樹林漁撈狩猟民、⑤針葉樹林狩猟・トナカイ飼育民の5つに分類されるが、ナナイはこのうちの③に属する。

古い日本人の顔によく似たナナイの人々は、犬橇を移動手段とし、独特のシャーマニズムを信仰する。金属加工技術に長け、装飾芸術が発達し、シャーマン用の道具や織物は高い独創性を備える。2015年にパリのケ・ブランリー美術館で「アムール川の美学——極東シベリアの装飾アート」展が開かれ、ナナイ族の装飾美術が大きく注目を浴びたことも記憶に新しい。

原日本人の歴史に強い関心を持っていた**黒澤明**（1910-1998）は、1975年にソ連映画「デルス・ウザーラ」をモスフィルムで製作し、アカデミー賞（外国語映画賞）やモスクワ国際映画祭金賞を獲得するが、その主人公の猟師デルスはナナイ族出身だった。1923年に出版されたウラジミール・アルセーニエフの同名の極東探検記（邦訳『デルスウ・ウザーラ　沿海州探検行』平凡社）[2]を原作とするこの映画は、黒澤が助監督時代から30年以上にわたって企画をあたためていたシベリアの広大な凍土を背景に繰り広げられる探検記だった。黒澤は何度もこの映画化に挑戦するが果たせず、一時は北海道に舞台を置き換えた「蝦夷探検記」を実現しようとしたが、これもシナリオ段階で中断している。

黒澤明の父親の黒沢勇は、秋田県仙北郡豊川（現、大仙市）の士族の出身である。当初、主人公デルスを演じる予定だった黒澤映画のスター**三船敏郎**（1920-1997）の父親三船徳造も、秋田県由利郡川内村小川（現、由利本荘市）の出身である。徳造は秋田から満州に渡って写真師

黒澤明（1910-1998）
東京大井町生まれの映画監督。俳優三船敏郎らと共に多数の傑作を生んだ。父・黒澤勇は秋田仙北郡豊川出身で、三船敏郎の父・三船徳造も秋田由利郡の出身である。1936年、PCL（後の東宝）に入社する。1941年、浦野芳雄の随筆『ブルーノ・タウトの回想』を原作とした脚本「達磨寺のドイツ人」を雑誌『映画評論』に発表し、伊丹万作にその視覚的表現とシナリオを賞賛された。その後30作品を発表し世界的に評価を高める。主な作品に、デビュー作「姿三四郎」のほか、「羅生門」、「七人の侍」、「赤ひげ」、「デルス・ウザーラ」、「影武者」、「乱」がある。

三船敏郎（1920-1997）
中国の青島生まれの俳優。父親の徳造は秋田由利郡の出身である。1925年に一家は満州の大連に移住するが、徳造が入退院を繰り返したため、敏郎は経営するスター写真館の仕事を手伝うようになり、写真技術を習得した。1947年、谷口千吉監督、黒澤明脚本の「銀嶺の果て」で映画デビューし

となり、中国山東省青島で三船写真館を開業した。青島生まれの敏郎はこの写真館を手伝い、戦争中の陸軍入隊後も写真部に配属され、写真の腕を磨いた。黒澤はナナイ出身のデルスに亡き父親の面影を見ていたようだ。そして三船敏郎を主役であるナナイの猟師として映画を撮ろうとしていた。

ナナイの聖地シカチ・アリャン村は、北緯48度、ハバロフスクから北東へ70キロのアムール川のほとりにあり、多くの岩刻画（岩画／ペトログリフ）で世界的に知られている。これを日本に初めて紹介したのは極東人類学者の鳥居龍蔵であり、1919年のシベリア調査時のことだった。集落から近い河岸の玄武岩に新石器時代初期の岩画がある。

東北アジアで彫られた岩画は1万4000〜2000年前まで存在し、それらを刻んだ人々は、厳寒の地で農耕を知らず、狩猟採集をしながら、厳しい自然環境と対峙し続けた。その死生観や宇宙観が岩画には込められている。しかも絵画、文様、記号といった区分けが未分化なそうしたイメージからは、今なお北方世界を新たに認識するためのメッセージが発せられている。

シカチ・アリャン村の有名な大角鹿の岩画（1万年前）は、北斗七星である大角鹿座（西洋の大熊座）を描いたものである。レントゲン画像のように体内が透視され、体は側面を表現するが、大角は正面から捉えられるという立体画法で表されている。この勇壮でコスミックな岩画は北方民族芸術の源流をなすイメージであり、その流れは日本海を介し日本列島へも注がれている。

アムール川とウスリー川の2ヶ所で舟が描かれた岩画も発見された。およそ7000年前から4000年前のもので、北海道余市のフゴッペ洞窟遺跡（2000〜1500年前）に描か

た。黒澤映画16本に出演し、「用心棒」と「赤ひげ」で、2度ヴェネツィア国際映画祭の主演男優賞を受賞している。

2：ウラジーミル・アルセーニエフ著『デルスウ・ウザーラ　沿海州探検行』（長谷川四郎訳　東洋文庫　平凡社）

れた岩画の舟とよく似たゴンドラ形である。フゴッペ洞窟遺跡の岩画にはナマハゲを思わせる角を持つ仮装のシャーマンや仮面も描かれている。アムール川とフゴッペ洞窟の間に大きな時代差はあるが、両者のイメージの対比から北方民族文化の連鎖の一端を推し量ることができる。

アムール川は、長い密林を貫いてオホーツク海へ、さらに日本海へ注いでいる。その流れに乗り、北海道や東北、北陸へ辿り着き、その地へ同化していった民がいた。日本海はその文化ネットワークの構築の場だったのである。

❹……ツングース系諸族のゆくえ

ナナイの居住地周辺には、さまざまなツングース系少数民族がいた。「ツングース」とはロシア側から見た先住民の人種分類であり、ロシアがシベリアからカムチャツカ半島までを征服してゆく過程で出会った先住民がこの名で一括りにされていった。

ロシアによるシベリア極東征服が始まるのは16世紀末からであり、軍隊も兼ねた農耕開拓集団であるコサックを中心とするロシア勢が、オホーツク海を取り囲むようにあるハバロフスク地方沿岸へ辿り着くのは17世紀前半だった。

ツングース系先住民のツングース語はモンゴル語と親族関係にあり、朝鮮語や日本語とも遠縁関係にある。17世紀に中国を征服し、清王朝を興した女真族の例外はあるが、ツングース系先住民の多くは農業や遊牧に加わらず、シベリア森林地帯で狩猟を続けたり、ロシア沿海州で漁撈生活をしたりと、家族単位で行動する小集団主体の素朴な民族として時代から取り残されていった。元王朝や清王朝のように遊牧民や農耕民は大集団に発展するが、漁撈狩猟民は少数の方が移動しやすく、季節や場所のライフスタイルの変化にも順応しやすい。

ツングース系少数民族の多くは竪穴を掘り、上を樹皮や毛皮で覆う簡素な家をつくり、川や海に依存し、季節の移行に対応した柔軟な生活をした。こうした民族の代表がナナイだった。ナナイの人々は自らを「ナナイ」と呼んだ。「ナ」は土地、「ナイ」は「アイヌ」と同じように「人」という意味である。

ナナイと隣接する少数民族には、オホーツク海沿岸で漁撈をし、海獣を獲って暮らすエヴェンキ、ロシア沿海州や樺太でトナカイを飼い慣らし、漁撈狩猟を生業にするウィルタ(オロッコ)、アムール川流域や北樺太に住むニブウ(ギリヤーク)がいた。

オホーツク海周辺は食べ物に恵まれている。サケ、マスは定期的な産卵で母川に帰ってゆくし、ニシンも大量に来遊する。海辺近くの人々は舟を操り、オホーツク海を駆け巡って海獣を獲る。カニや貝類も豊富である。そこは宝の海だった。そうしたツングース系民族の一部は北海道のオホーツク海沿岸に辿り着いて定住を始め、やがてオホーツク文化を担うようになり、獲物を追い秋田沖までやってきた。

樺太でトナカイを飼い慣らしながら漁撈狩猟生活をしていたウィルタの人々はトナカイの群れと共に暮らすが、その生活はアイヌの人々からは奇態に見えたため、アイヌはウィルタを「オロッコ」と呼んだ。しかしウィルタの人々は、その言葉に差別的なニュアンスを感じた。それゆえ第二次世界大戦で日本が敗北し、彼らが旧植民地の樺太から北海道へ引き揚げざるを得なくなった時、自ら「ウィルタ」と呼ぶように主張している。

フゴッペ洞窟(北海道余市郡余市町)

トナカイ放牧で生活していたウィルタだが、トナカイは寒冷地で主にツンドラゴケを食べ、大群をなし、春と秋に何百キロも旅をする。人もその旅に従うが、トナカイが1ヶ所に居座ってコケを根絶させないように追って移動させる。トナカイは、ヨーロッパの後期旧石器時代が〝トナカイ時代〟と呼ばれたほど大繁殖し、洞窟画にもトナカイはバイソンと並んで最も頻繁に描かれた。

ウィルタの人々はトナカイの毛皮や革を着て、その肉を食糧とし、乳はミルクやチーズに変え、腱を乾燥させて紐にし、骨は削って縫い針にした。彼らは争い事を好まず、他部族との戦争もしない。身分の上下も階級も存在しない。私有概念も無く、天《ボウ》信仰を核とする共有の思想が貫かれている。

アイヌの先祖はかつて日本列島各地に暮らしていたが、大和朝廷の征伐で東北へ追い詰められる。それでも縄文時代の生活を存続させながら抗戦していたが、風前の灯となり、北海道、樺太、千島へ逃れていった。しかしそこには既に6世紀頃から定着していたツングース系民族がいて、アイヌとの間に紛争も起こった。その後およそ6世紀から11世紀あたりまで、北海道ではアイヌ文化とオホーツク文化が共存する時代になった。そして中世から近世にかけて、人口を増すアイヌ文化へオホーツク文化は吸収されてゆくことになる。

金田一京助は1925年に刊行した『アイヌの研究』（内外書房）で、「エミシ」はアイヌの最古の呼称であり、中世には「エゾ」と呼び、近代には「アイノ」の名が出てきて、やがて「アイヌ」と呼び換えたと指摘し、中世以前にはアイヌをエミシ（蝦夷）と呼んだことを記している。

ロシアが先住民をツングースと呼んだように、「エミシ」は基本的には征服しようとする側が征服される人々を命名した言葉である。それゆえ外部視点からの流動性を帯びた言葉

金田一京助（1882-1971）
岩手盛岡生まれの言語学者、民族学者。東京帝国大学文科大学言語学科卒業。在学時から北海道と樺太での実地調査を行い、アイヌ語、アイヌ叙事詩「ユーカラ」の研究に取り組んだ、アイヌ研究の第一人者。東京大学、國學院大学、早稲田大学などで教鞭をとる。『明解国語辞典』等の辞典の編纂にも携わった。主な著作に『ユーカラの研究 アイヌ叙事詩』がある。

サハリン北部·ノグリキのトナカイ祭り

として使われ、それぞれの文脈で、人種や民族を特定できない曖昧な言葉となって日本を長く漂流してきたと言えるだろう。

❺……謎のオホーツク文化

古代北海道のオホーツク文化は、アイヌの先祖と北海道を二分して独特の展開を遂げたが、年代や場所などについては多くの謎があり、全体像を把握し難い。まず大和朝廷が統一政権として確立されてゆく古墳時代になると、樺太から南下してきた人々が北海道北部から獲物の宝庫であるオホーツク海沿岸へ進出していった。

北海道のオホーツク海沿岸は冬の流氷で有名だが、流氷と共に本州や北海道とも異質な独特の文化が運ばれてきたのである。当時の北海道は「続縄文時代（紀元前3世紀－紀元7世紀）」と呼ばれる時代にあり、縄文時代を継承した狩猟採集中心の生活がまだ続いていた。

諸説あるが、オホーツク文化時代は6世紀に始まり、8世紀から11世紀にかけて最盛期を迎え、やがて北海道の擦文《さつもん》文化（7世紀－13世紀）へ吸収されていったと考えられる。ただオホーツク文化を継承したトビニタイ文化（オホーツク文化が擦文文化と接触し変容した文化／8世紀－13世紀）は、擦文文化と隣接しながら存続した。

擦文文化は本州の土師器《はじき》に近い擦文土器の使用を特徴とする。擦文土器の始まりは7世紀初めであり、前代の続縄文土器は縄目文様だったが、擦文時代になると刷毛目文様が付けられる。これは土器表面を整える木のへらで擦《こす》って付けたもので、「擦った文様」が「擦文」の由来である。擦文土器は北緯40度以北に分布していることにも注意したい。擦文時代以降は次第に土器が衰え、鉄器主体となり、アイヌ文化へ移行していった。

つまり13世紀までの北海道には2つの流れが共存していたことになる。1つは縄文時代→続縄文時代→擦文時代と続く流れ、もう1つはオホーツク文化時代→トビニタイ文化時代→擦文文化時代と続く流れであり、最終的に2つの流れはアイヌ文化へ合流していった。

アムール川流域や樺太に住んでいたニブウ族の祖先集団と思われるオホーツク文化を担った人々は、大陸や樺太から北海道を南下し、道東のオホーツク海沿岸に集落を構え、定住を始めた。彼らの遺跡や墓壙からは刀子、耳飾り、首飾りなどの大陸系の産物が数多く出土し、黒水靺鞨との強い繋がりも見出せる。

オホーツク文化の南下に伴い、北海道にいた続縄文人は道東や道北から撤退し、両者の間には空白地帯が生じることになった。さらにオホーツク人はオホーツク海沿岸を拠点にして、海獣を追いながら日本海沿岸へも姿を見せるようになる。この時、彼らのルートは続縄文人との接触を避けるかのように島嶼や半島沿いに移動している。

オホーツク文化を担った人々は、クロテンやラッコなどの毛皮を大陸へ移出していて、唐代に編纂された『通典《つてん》』には7世紀に「流鬼国」と呼ばれる北方民族集団が唐に朝貢していた記録が残る。同時代に日本とも、道南の奥尻島で夏期に交易したり、東北北部を交易拠点にした痕跡がある。『日本書紀』に、佐渡島の御名部海岸に「粛慎」の人々が来着し、海獣や魚介類を獲りながら長くそこに留まっていたとあるのもオホーツク人のことと思われる。

オホーツク文化遺跡は北海道のあちこちに残っている。北見市のサロマ湖畔の「ところ遺跡の森(常呂遺跡)」では、2000以上の竪穴式住居跡が見つかり、クマの頭骨を積み上げた祭壇やクマの頭蓋骨を祀った骨塚、鉄刀、骨角器、青銅装飾品等の多彩な品々が出土した。紋別市の海沿いの高台にあるオムサロ遺跡公園では、縄文時代早期→続縄文時代→オホーツク文化時代→擦文時代→アイヌ時代と1万年に及ぶ各時代の生活痕跡がパノラミックに見渡せる遺跡が残っている。

オホーツク文化最大の遺跡は網走市のモヨロ貝塚だが、この墓坑には頭部に土器を載せた仰臥屈葬《ぎょうがくっそう》という独特の埋葬方法の人骨が発見され、特徴あるオホーツク土器も発掘された。オホーツク土器は全体的に黒く、沈線文やソーメン文と呼ばれる貼付文を持つ。他にも鯨猟用の線刻文入り針入れ、マッコウクジラの牙でつくられた女神像、海獣狩猟用の銛頭、クマの彫像などの出土品が確認されている。

8世紀から11世紀に最盛期を迎えるオホーツク文化は海岸部や河口部に大きな集落を形成し、海へ出て、海獣や魚介類を獲る高度な航海術を身につけていた。彼らは竪穴式住居に住み、クマや鹿を捕獲し、動物の埋葬儀礼を行い、屋内にその頭蓋骨を祀るという独自の精神文化を持っていた。海獣狩猟を生業としながら、大陸の黒水靺鞨や渤海国とも交易し、日本とも北海道、東北、北陸まで舟で出向き、漁や交易を行っていた。そのネットワークは日本海沿岸部の文化古層として重要な意味を持っている。

❻……菅江真澄とブルーノ・タウト

江戸期の大旅行家・菅江真澄は、長く秋田に住み、終焉地もかつての秋田城近くにある。私が生まれた土崎からも近く、子供時代の遊び場として何度も訪れた場所だ。その菅江真澄が1811年に逗留したのが、土崎に近い追分の金足小泉にある**旧奈良家住宅**(重要文化財)だっ

旧奈良家住宅
宝暦年間(1751-1764)に建てられた奈良にルーツを持つ豪農の住宅。建物両端の入口部分が前面に突き出された両中門造りで、秋田県の中央海岸部や山形の農家に特徴的な建築様式。1965年に重要文化財に指定されている。敷地内には母屋の他に、明治から大正にかけて建てられた蔵や住宅が7棟あり、これらは2006年に登録有形文化財となった。

蜘蛛舞(統人行事)
潟上市天王にある東湖八坂神社の例祭で、国指定重要無形民俗文化財に指定されている。さまざまな行事を分担統括する統人(とうにん)行事の祭礼で行われた。神人が黒牛に乗り街を練り歩く「牛乗り」と対になり、2艘の舟に立てられた柱に綱を張り、その上で赤い衣の神人が蜻蛉返りの舞をする。もともとは細い綱を渡る姿を蜘蛛に見立てた綱渡りの一種であり、室町時代から江戸時代初期に流行したとされる。

願人踊
江戸時代に全国各地で行われ

た。宝暦年間(1751―1764)に建てられた豪農の民家である。奈良の大和盆地に小泉(現、奈良県大和郡山市)という古くから開けた集落があった。追分の広大な水田地帯を仕切った大地主である奈良家当主はそこから遥々秋田へやって来て、潟や湿地の多かった土地を開拓し、故郷と同じ小泉という名を付けた。旧奈良家住宅は寄棟茅葺の大型農家であり、棟梁は土崎の間杉五郎八といった。当時、多くの船大工が住んでいた土崎から大工が呼び寄せられ、3年がかりで作り上げられている。下手中門から室内へ入ると土間があり、板敷の間や囲炉裏を切った畳敷の間が続く。大きな土間の黒く叩かれた三和土《たたき》の硬さと強度がこの家の経てきた長い歳月を物語る。上がり框《かまち》も黒光りし、板敷も鏡のような光沢を放つ。柱も梁も煤を吸って毎日磨き込まれたため、空間全体が黒い漆器のように光り輝く。

追分は羽州街道と男鹿街道の分岐点であり、菅江真澄は奈良家から近い男鹿半島をしばしば訪れた。秋田市から男鹿に至る海岸は大きな弓状の湾を成している。男鹿三山は古くから山岳信仰の霊場であり、海路で交易を求めてくる人々や日本海で難破した人々により多様な文化が持ち込まれ、ナマハゲや**蜘蛛舞**、**願人《がんにん》踊**など先住民や異人の儀礼芸能の宝庫だった。

旧奈良家住宅にはブルーノ・タウトも訪れている。タウトの建築への志向は、彼が20代まで住んだバルト海南岸のケーニヒスベルク(ドイツ帝国東プロイセンの首都、現在はロシア領カリーニングラード)での体験と風土から導かれている。タウトは、雪や氷に清められた北の大地の光の中で芽生えてくるものの風景をこよなく愛した。タウトにとって建築もまた厳寒の大地から生成する結晶体に他ならない。

ナチスに追われるようにシベリア鉄道に乗り、ウラジオストク経由で日本へ亡命したタ

た願人坊主(山伏や修験僧)の門付芸能が始まりとされ、八郎潟町の一日市神社に伝わったのは約300年前とされる。女物の長襦袢を着て、前垂れを腰から下げた男たちが同じ側の手と足を同時に出しながらリズミカルに躍る。江戸時代中頃、八郎潟羽立の豪農村井素太夫が上方を旅した時に伊勢音頭を覚え、願人踊に取り入れたと言われている。

ウトは1935年5月、1936年2月と2度、秋田を訪れている。案内役は木版画家の勝平得之で、日本の古民家に強い関心を寄せるタウトを追分へ導き、奈良家を見学させた。その家へ向かう途中、松並木の街道を横切り、砂浜沿いを歩きながらタウトは松の香りのするオゾンの流れを感じとり、身震いする。慣れない異国の環境で、常に私服刑事に見張られているような不安な生活下で、ひととき故郷に帰ったかのように思えた。松の香りは砂に沁み込み、その土地を這うようにドイツ的な幻影が立ち上ってくる。

「まるでバルト海の近くか、東プロイセンの国境地方にでもいるような気がした。それよりも、もっと故郷を偲ばせるのは、森に囲まれた湖と藁葺屋根の農家のある湖畔の村とである。もし湖の背後に聳える青い山と水田に働く農民、それから湖中で独木舟を操る若者とがなかったらこの幻想は間然するところがないだろう。実際、この砂地はまさに故郷のものである」[3]

葦が生い茂る男潟と女潟の間の道を進むと豪壮な建物が見えてくる。その奈良家に入るとタウトは黒々と滑らかな土間の力に圧倒された。大木のような太い柱が地面から垂直に屹立する。何百年にもわたり人の足で踏み固められてきた艶やかな土の感触を体で確かめながら、暗がりを貫く梁や柱の交錯に心を躍らせた。タウトは大地の結晶力と風土の潜在力を感知させる場のメカニズムに強い感動を覚えた。

大曲の綱引き
大曲（大仙市）に古くから伝わる小正月の行事。大曲上大町の諏訪神社から75尋（136メートル）の綱がおろされ、財振り棒（蛇の頭部に取りつける棒）を先頭に、大蛇に見立てた大綱が街を練り歩く。その後、大町交差点で市内を上丁と下丁に二分し、数百人が綱を引き合い、上丁が勝つと米が値上がり、下丁が勝つと豆が値上がりするとして、その年の作況を占う。享保年間の1727年に始まったとされ、秋田県無形民俗文化財に指定されている。

カマクラ
秋田を中心に日本の降雪地帯に伝えられる小正月の伝統行事。雪でつくった家（雪室）の中に祭壇を設け、水神を祀る。カマクラの語源には形が「竈（かまど）」に似ているからとか、神の御座所「神座（カミクラ）」が転じたとか、諸説ある。横手のカマクラは現在は2月15日、16日に開催され、東北を代表する小正月行事として知られる。

❼……冬を美的に解決する

追分の旧奈良家住宅の黒光りする空間の佇まいと対照的に、ブルーノ・タウトが秋田で驚嘆したのは、翌1936年の再訪時に見た横手の小正月の風物詩カマクラ行事だった。タウトはこの時、六郷の竹打ちや**大曲の綱引き**から太平山三吉神社の梵天や男鹿のナマハゲまで、多くの祝祭儀礼を見る機会に恵まれたが、最も鮮やかな印象を残したのがカマクラだった。県南随一の商業の町である横手で繰り広げられる**カマクラ**は、雪を積み上げ、踏み固めた雪山をくり抜いて雪室《ゆきむろ》をつくり、その中に水神を祀る祭礼である。室内正面に祭壇を設け、御神酒《おみき》や餅菓子を供える。無数の小さな雪山に灯りがともると幻想的な雪国の光景が浮かびあがる。

カマクラは、北限に近いカナダ北端に住むイヌイット（エスキモー）の、イグルーと呼ばれる冬の雪の家（スノーハウス）にそっくりである。イヌイットの人々は寒さが厳しくなると雪を固めたブロックを積み上げ、お椀を伏せたようなドーム型の家をつくり、内側にアザラシの毛皮を張り、そこに住む。カマクラはその雪の家をさらに美のかたちとして昇華させたものと言えるだろう。

カマクラは熊野信仰の「神座（カミクラ）」やアイヌ語の「穴のある場所」を意味する「カマクラ」を起源とするなど諸説あるが、新年にあたって厄を祓い子供の成長を祈る火祭りの左義長《さぎちょう》と水神信仰が習合したものとされる。火と水（雪）の合体により生まれた秋田独特の冬祭りであり、慌ただしい大正月の後に最も重要な行事である小正月が祝われる。夜になりカ

3：ブルーノ・タウト『日本―タウトの日記1935―36年』（篠田英雄訳　岩波書店）

マクラに火が灯るとタウトは町へ繰り出した。祭壇を通りへ向けたカマクラでは、そこが窓のようにくり抜かれ、灯りが溢れ、光の放列が連なる。

「すばらしい美しさだ、これほど美しいものを私はかつて見たこともなければ、また予期もしていなかった。これは今度の旅行の冠冕《かんべん》〔最も優れているという意味〕だ、この見事なカマクラ、子供達のこの雪室は!」[4]

大きな体を屈めながらタウトはカマクラの中を次々と見て回る。中に設《しつら》えられた雪龕《せつがん》には水神が祀られ、蠟燭が灯され、犬や鶴を象った小さな玩具も供えられていた。床に敷いた筵の上で向き合い座る子供たちの間に焜炉が置かれ、ぐらぐら煮える汁や甘酒が掛けられている。外から覗くと童児と童女が夫婦のように控えていたり、子供たちがカルタに興じていたりする。雪中の静かな祝祭である。闇の夜空に冴えかえる満月がかかり、凍てついた雪が靴の下でさくさく音をたてる。秋田は冬を美的に解決したとタウトは言った。

難を逃れて異郷にあり、老境にさしかかり、2年後にイスタンブールで客死するタウトは、22歳まで過ごした故郷ケーニヒスベルクを秋田で新たに発見したのかもしれない。あるいは彼の代表作「ガラスの家」や「アルプス建築」の原型をそこに再び見出したのだろうか。ヨーロッパ大陸とスカンジナビア半島に囲まれた海の港町ケーニヒスベルクの冬は厳しく、港湾は氷や雪で閉ざされてしまう。その風土から生まれる建築は霜柱のように大地から持ち上がり、氷柱のように天井から垂れ下がってくるものだった。タウトには、結晶の中を光が通過してゆく様への特別な嗜好があった。そのような冬から春への観察がタウトの原体験となり、何度も繰り返され、体へ染み込んでいた。

❽……カントの風土

風土は細やかに人の心身に時間をかけて染み渡ってゆく。たとえその人が風土から切り離されたとしても、移動する風や光となって人につきまとう。

ブルーノ・タウトと同じくケーニヒスベルクで生まれ、生涯その地を離れることがなかった哲学者イマニュエル・カント（1724－1804）が最晩年に出版した『人間学講義』という本がある。日常生活の経験の内に生きる豊かなものの働きを理解することで可能性を広げ、世界を生きる人間としてどのように自らを高めてゆくべきかを論じた著作である。[5]

日々を織りなす営みについて書かれ、その背後に人間が生きる価値を見出そうとするこの書は「世界とは当の世界そのものを学ぶための学校に他ならない」ことを表明する。そしてその世界にいかにして自分を位置づけてゆくのか。人間がどのように世界の中に居場所を見出し、その関係へ入り込み、世界と共振可能になるのか。そのことの大切さをカントは問い続けた。

人間を存続させるのは偉大な思想や高尚な芸術ではなく、何よりも私たちが生きている日常であり、日々の営みが人間の文化を練り上げてゆく技である。カントはこの技を「クンスト」と呼んだ。ドイツ語の「美術」のことである。美術とは日々を生き延びるための美しい技に他ならない。北方の雪の街ケーニヒスベルクでカントはその日々の技を磨いた。

私たちが暮らす何気ない日常が私たちを存続させている。戦争や惨劇でこの日々の生活

4：註3と同じ。

5：イマニュエル・カント「人間学講義」（『カント全集15　人間学』渋谷治美・高橋克也訳　岩波書店）

が跡形も無く剝ぎ取られてしまえば、人は根底から崩壊せざるを得ない。だから人間はその生活を必死に守り抜こうとする。人が人であることを見失わないようにする。日常を壊そうとするものに一生懸命に抗う。風土とはそのような抗いから生まれてきた、日常の抗争の証なのである。

北緯55度にある港町ケーニヒスベルクを、カントは生涯出ることはなかった。ケーニヒスベルクは「王の山」の意味を持つが、東ドイツの文化的な中心だったドレスデンやライプツィヒから遠く離れ、1772年のポーランド分割までは周囲を異国ポーランドに囲まれた〝飛び地〟だった。地理的にも、文化的にもヨーロッパの北限であり、〝学問上のシベリア〟と称されたこともある。

しかしケーニヒスベルクは、ロシアとポーランドという急速にヨーロッパ化を目指す新興国家に挟まれ、ヨーロッパの東西を繫ぐ重要な位置にあったため、18世紀から19世紀にかけて多様な商業が興り、多くの産業が集まるようになっていった。フランス人やイギリス人、オランダ人も行き来し、街はコスモポリタン的な雰囲気を帯びる。新聞雑誌、印刷出版、書籍市、書店の数も急増した。カントの知的な創造と飛翔はそうした時代の趨勢と関係している。

❾……人間学と自然地理学

カントは『人間学講義』と共に、その重要著作として『自然地理学』を発表している。カントが1756年から1796年まで41年間にわたり、ケーニヒスベルク大学で講義した科目である。カントは冬には人間の内部へ向かう「人間学講義」を、夏には人間を外部へ開く「自然地理学」をと、2つの講義を交互に行い続けた。人間と地理、この2つは補完関係にあり、密接に呼応しあう。

「自然地理学」は「海流、地形、動物や植物、鉱物、地誌」についての講義であり、その扱う範囲は驚くほど広い。地質、火山、地表、海流、風向き、気候に留まらず、地球上のさまざまな地域の植生、生態、民族、言語、住民、習俗までその内容としている。[6]

人類の住処とはいかなる場所なのかという問いに向かって探究された講義だが、単なる百科全書的な知識の羅列に留まらず、言わば「世界」を「全体」として志向する信念に貫かれる。「世界」を「全体」として受けとめるための経験方法の模索と言ってもいいかもしれない。カントにとって「世界」とは、人が経験という大切な宝物を得るための舞台だった。個々の人々が経験を得ることができないのなら、世界は「世界」ではない。「世界」とは、私たちの新しい認識が獲得される基盤でなくてはならない。だからカントにとり「自然地理学」とは通常の自然地理学ではなく、経験の科学だった。「世界」を対象とする知の体系の身体化だった。「自然地理学」とは世界認識のための学びであり、対象をバラバラに断片的に考察するのではなく、常に全体との関連において考察しなくてはならない。全体が先行して存在していなければ「世界」は経験できない。全体という概念を持つことで、初めて私たちは世界という舞台で経験という芝居を演じられる。

カントはこうした世界についての経験的な知の獲得のプロセスを旅になぞらえている。ケーニヒスベルクを一度も出ることはなかったにもかかわらず、カントは旅そのものに強い関心を持ち続けた。自分は旅に出られなくとも、旅する人の旅行記や紀行を読むだけで

6：イマニュエル・カント「自然地理学」（『カント全集16　自然地理学』坂部恵・宮島光志訳　岩波書店）

も、その経験の一端を共有し、感知できると考えた。世界とは人間に可能な経験が現象する場であり、「私」を中心とした遥かな広がりと深みだった。

⑩……「世界＝故郷」を愛するということ

私はこれまで自分が生まれた秋田のことについてほとんど書いたことがなかった。それがこの歳になり秋田のことを無性に書きたくなった。**石川直樹**の冬の秋田の写真を見たことがきっかけだが、私が生まれた頃に撮影された木村伊兵衛の「秋田」の連作や細江英公が舞踏家土方巽《ひじかたたつみ》をその生地である秋田の農村で撮影した写真集『鎌鼬《かまいたち》』を改めて見直したことも要因になっている。60歳近くになって初めて秋田を訪れた木村伊兵衛は１９５２年以降、１９７１年まで21回にわたり秋田取材を行い、撮影コマ数は1万１０００以上に及んだ。木村の秋田行は秋田写真家集団を組織していた岩田幸助や八木下弘らに刺激を与え、いわゆる〝**秋田派**〟の成立へ繋がり、『男鹿半島』や『秋田県―新風土記』（いずれも岩波写真文庫）、『秋田――昭和三十年（一九五五）前後』（無明舎出版）や『巨樹』（講談社現代新書）といった名作が生まれた。木村は秋田の撮影で自分という人間ができた、秋田には足を向けて寝られないと語っていたという。田植え、結《ゆい》の集団労働、赤ん坊を入れた藁の嬰詰《えづめ》、野良姿の女たち、市の賑わい、牛耕馬耕、さまざまな伝統行事……その頃でさえもう消えかかっていた秋田が写真に残され、近代化や都市化の中で変化と不変が絡み合う農村の内部風景が写しとられた。[7]

82歳の時の聞き書き『故郷七十年』で柳田國男が触れたように、私たちが「故郷」に惹かれるのは、実はそこが異界へ繋がる入口だからである。日常の彼方の他界へ私たちがまだ繋ぎ

石川直樹（1977–）
東京渋谷生まれの写真家。世界をフィールドに活動しながら、民俗学や人類学への関心を深め、異界への独特のアプローチを行っている。『まれびと』は日本の来訪神儀礼を1冊にまとめたもので、異形の神々を迎える祭礼を10年以上の歳月を費やして撮影した。男鹿のナマハゲ、能代のナゴメハギ、石川輪島のアマメハギなど日本海沿いの仮面来訪神が数多く収められている。

秋田派
秋田を愛して21回も訪れ、死後に写真集『秋田』を刊行された木村伊兵衛の来秋の度に随行し、木村の撮影手法を学んだ秋田の写真家グループ。秋田のアマチュア写真家の指導者岩田幸助、その兄で写真館を経営していた岩田友記、秋田営林署勤務の八木下弘、大曲の大野源二郎らを中心に多くの地元写真家が集った。「秋田写真家集団」は、発展的に解消し、新たに「集団秋田」が組織され、１９５０年代から１９６０年代にかけて起きた秋田の郷土写真ブームを牽引した。岩田兄弟や八木下弘が撮影した『男

とめられていることの証だからである。私たちは「故郷」を媒介に未生以前の世界や死後の世界へ通じる時間の深遠さを感知し続けている。「故郷」とは他界という異空間や、現実の生を超えてゆくもう1つの時間との出会いが約束される場所に他ならない。さらに大切なことはそうした異空間との接触が、個人を超えた見えない共同体の繋がりをもたらし、その風土と風光の論理を密かに紡ぎだしていたことである。[8]

ブルーノ・タウトと同郷の、20世紀を代表する哲学者**ハンナ・アーレント**は「世界を愛するということ」で同様のことを記している。ナチスによるユダヤ人迫害のためタウトと同時期にドイツからフランス、さらにアメリカへ亡命したアーレントにとって特別な場所であり続けたのは、彼女が2歳から18歳まで住んだケーニヒスベルクだった。

「世界」とアーレントが語る時、その言葉は独特の緊張感と陰影を帯びる。彼女は風土にはもともと「世界を愛するということ」が孕まれていたのではないかと問う。しかし今日の人々は、恐ろしいまでに世界を愛せなくなってしまっている。世界を愛するということがなぜこのように困難きわまりないものになってしまったのか。子供たちに世界がどのようなものであるかを教える時、この「世界を愛することができるか否か」が最も重要な鍵であるというのに。[9]

アーレントにとって「世界」とは「故郷」に他ならない。それほど「世界＝故郷」はアーレントの思想の核となってきた。「世界＝故郷」は、もうすぐ死んでゆく人間たちの生を超え存在してゆく。「世界＝故郷」は、個々の人間が〈始まり〉として誕生してくる以前からそこにあり、その人間の〈終わり〉である死後もそこにあり続ける。石川直樹の雪の降りしきる秋田の写真を見ながら、私も遅ればせながら「世界＝故郷」を愛していることに気づかされている。

鹿半島』や『秋田県―新風土記』(共に岩波写真文庫)はその代表作である。

7：秋田市立千秋美術館編『木村伊兵衛と秋田展 図録』(秋田市立千秋美術館 1994)

8：柳田國男『故郷七十年』(講談社学術文庫)

9：矢野久美子「アーレントを読む6 世界を愛するということ」(『みすず』2019年11月号 みすず書房)。言及されたアーレントの講演はハンナ・アーレント『過去と未来の間』(引田隆也・齋藤純一訳 みすず書房)所収の「文化の危機――その社会的・政治的意義」に拠る。

［第七章］秋田街道を超えて

雪の果ての銀河

❶……宮沢賢治が歩いた秋田街道

宮沢賢治に「秋田街道」（1921）と名付けられた忘れ去られた詩がある。秋田街道は秋田と盛岡を結ぶ最短の道である。盛岡藩の盛岡城下から国見峠を越え、秋田藩の生保内、田沢湖、角館へ至る。長い奥羽山脈越えの街道であり、雫石街道とも呼ばれ、今は国道46号である。

古代から軍事戦略上の道として往還が盛んで、北奥羽全域に勢力を広げた南部氏が出羽国に進出する道となり、陸奥国や出羽国を支配した戸沢氏（江戸時代は出羽国新庄藩主を世襲）が雫石から角館へ移動する際にも国見峠越えの道として使われた。国見峠は秋田藩と盛岡藩が戦った戊辰戦争時の主戦場にもなった。

この道は、日本海を渡る西廻り航路で秋田土崎湊に陸揚げされた物資の輸送路としても整備された。宝暦年間（1751－1764）に下北半島陸奥湾に野辺《のへ》地《じ》湊《みなと》が開港し、奥州街道に通じるルートが完成した後も、盛岡の近江商人は、土崎からの陸送のほうが早いと秋田街道を利用し続けている。

文化年間（1804－1818）の『秋田藩経済秘録』に、土崎で陸揚げされた西国からの塩、木綿、茶、小豆、薬が盛岡へ運ばれ、代わりに盛岡から大量の塩干魚や海藻が秋田へ運ばれていることが記帳され、享保年間（1716－1736）の『雫石記録』には「1日千駄の物資」が行き来したと記される。

秋田街道はまた幕府や全国諸藩の馬買役人や諸国巡見使が行き交う道であり、秋田の仙

宮沢賢治（1896－1933）
岩手花巻出身の詩人、童話作家。農学校教諭を退いた後、農村の暮らしの向上や、生活に根ざした芸術を志す。仏教への深い信仰に裏打ちされた宇宙へと飛躍する空想力、東北の自然を生きる日常から多数の作品を創作したが、37歳で天逝する。生前は広く知られることはなかった。1982年に花巻市の胡四王山に宮沢賢治記念館が開館している。主な著作に自費出版した『春と修羅』『注文の多い料理店』のほか、「銀河鉄道の夜」「風の又三郎」「グスコーブドリの伝記」「農民芸術概論綱要」など多数。

『春と修羅』
宮沢賢治が生前に刊行した唯一の詩集であり、東北の厳しい自然や生活を素材にしながら壮大な宇宙の展開を詩的世界に結晶化させている。「こんなやみよののはらのなかをゆくときは客車のまどはみんな水族館の窓になる」（青森挽歌）と記すこの詩のイメージは、後に創作する『銀河鉄道の夜』へとつながっている。

北郡から雫石経由で盛岡へ入る重要路だった。秋田は中世から馬産地として知られ、毎年秋になると、幕府や諸藩から軍用馬の買い入れ役人がやってくる。江戸からは出羽国に出て、横手の馬市で駿馬を仕入れた後、六郷や角館、生保内の馬も見て回り、国見峠を越え、盛岡に入るのが通例だった。

秋田街道は、盛岡城の築城以前には篠木坂峠や大沢坂峠、鬼古里坂峠などの七ッ森北側を通るルートだったが、江戸時代になり大釜を経由して七ッ森南側を通る道が整備されている。

宮沢賢治（1896－1933）は、岩手花巻で生まれた。盛岡中学卒業後、盛岡高等農林学校（岩手大学農学部）農芸化学科に入学し、土壌学を専攻している。盛岡周辺の山々を歩き回り、大量の岩石標本を収集し続けた。初の著作『**春と修羅**』は1924年の作品だが、生前は知られることなく、没後に詩人の草野心平らの尽力で作品が広く読まれ、国民的人気作家として神格化されてきた。

盛岡高等農林学校時代の1917年、宮沢賢治は同人誌「アザリア」を刊行する。『銀河鉄道の夜』のカムパネルラのモデルと伝えられる同人メンバー保阪嘉内《かない》は、農林学校を中退後、故郷山梨に戻り農村改革に取り組んだ。岩石や鉱物を読み込んだ多くの短歌を残し、1937年、40歳で早逝した。後に重要資料として注目されるハレー彗星のスケッチも残している。

「アザリア」主幹を務めた小管健吉は、卒業して青森畜産学校の教師の職に就き、その後アメリカに8年間留学し、土壌微生物学を研究しようとした。宮沢も彼を頼りにアメリカ留学を考えたが、父に諌められ断念している。同じく同人メンバーの河本緑石《ろくせき》は俳人歌人となり、鳥取県立農学校に教員として赴任し、1933年、鳥取の八橋海水浴場での水泳訓練中、溺れた同僚を助けようとして事故死している。「星、みんな消えてしまつた頂上に坐る」「螢一つ二つゐる闇へ子を失うてゐる」「私の胸の黒い夜沼の蛇だ」といった悲しさが染み透った歌を残した。[1]

「秋田街道」は、宮沢賢治が同人3人と、1917年「アザリア」の初会合が終わった後、夜12時を過ぎてから、秋田街道を春木場(学校の実習地)まで歩いた時のことを、心象風景のように寂しく描きだした詩である。保阪嘉内は、この散歩を「馬鹿旅行」と名付けたが、月が眩しい深夜のあてどない道行の記憶は同人の心に深く残り、彼らの多くの詩や歌の源泉となった。

❷……銀河と月光

「どれもみんな肥料や薪炭をやりとりするさびしい家だ」

「秋田街道」はそう始まる。

「街道のところどころにちらばって黒い小さいさびしい家だ。それももうみな戸を閉めた。おれはかなしく来た方をふりかえる。盛岡の電燈は微かにゆらいでねむそうにならび只《ただ》公園のアーク燈だけ高い処《ところ》でそらぞらしい気焔の波を上げている」[2]

グルグルまわる床屋のネオンを見ながら、道は小さな橋にかかる。蛍が飛んでゆく。誰かが後ろで大きくため息をついた。雲が薄くなり、月光が透き通り、空が少し明るくなる。向こうに小岩井農場が見えてきて、四ッ角山でみんなは座りこんだ。あたり一面に月見草が浮かぶように咲いている。マッチがパッと擦られ、タバコの青い煙が流れる。再び歩き出し、松並木になると、後ろで何か言い争う声がする。

「そんならお前さんはここらでいきなり頭を撲《なぐ》りつけられて殺されてもいいな」

「それはいい。いいと思う」[3]

誰かが眠そうに答える。道が悪くなり、野原を歩く。暗い野原の黒い水たまりに、みなは何度も踏み込んだ。

「やがて月が頭の上に出て月見草の花がほのかな夢をただよわしフィーマスの土の水たまりにも象牙細工の紫がかった月がうつりどこかで小さな羽虫がふるう。けれども今は崇高な月光のなかに何かよそよそしいものが漂いはじめた。その成分こそはたしかによあけの白光らしい」[4]

七つ森を過ぎると、道は青々と曲がってゆく。その曲がり角に、1人の兵隊が現れ、青い茂みにしゃがみ込んだ。湧水があるらしい。雲が光り、山々に垂れ、冷たい朝になった。犬が吠え出したが、みんな争っているらしい。葛根田《かっこんだ》川の川縁に降りてゆく。葛根田川は八幡平《はちまんたい》の沢水を集め、岩手山南麓を流れる渓流である。

1：河本緑石『河本緑石作品集』（河本緑石研究会）
2：宮沢賢治「秋田街道」（『新修 宮沢賢治全集 14巻』筑摩書房）
3：註2と同じ。
4：註2と同じ。

いつかみんな争いをやめ、睡っていた。河本だけが起きていて、冷たい水を渉り、裸で体操をやっている。睡っていた人の、枕元に大きな石をどしりどしりと投げつける。低い銀の雲の下で音に驚いて、みんな起き出し、よろよろ歩きだす。帰り道で日照り雨が降るが、すぐにやみ、晴れ渡った。

「いつか私は道に置きすてられた荷馬車の上に洋傘《こうもりがさ》を開いて立っているのだ。ひどい怒鳴り声がする。たしかに荷馬車の持ち主だ。怒りたけって走ってくる。そのほっぺたが腐って黒いすもものよう、いまにも穴が明きそうだ癩病《らいびょう》にちがいない。さびしいことだ。虹がたっている。虹の脚にも月見草が咲き又ここらにもそのバタの花。一つぶ二つぶひでりあめがきらめき去年の堅い褐色のすがれに落ちる」[5]

「すがれ」は蜂の巣である。すっかり晴れ、暑くなってきた。葛根田川が合流する雫石川の石垣が激しい草いきれの中で、ぐらりぐらり揺れている。その陽炎の中で、またうとうとする。遠くの柳の中の白雲でカッコウが鳴いた。

「あの鳥はゆふべ一晩なき通しだな」
「うんうん鳴いていた」[6]

誰かの声がして深夜の散歩は終わる。

そんな寂しい道中を綴った詩が「秋田街道」である。宮沢賢治は「秋田街道」を書いた後、家出をして上京した。東大正門前にあった印刷所に勤めるが、すぐに辞め、比叡山を旅し、輪廻転生を思い、帰郷し、花巻農学校教師となった。翌1922年、最愛の妹トシが死亡した。その悲しみを抱いたまま1923年、樺太旅行へ出かけ、樺太鉄道の終点栄浜《さかえはま》の海岸を散歩しながらトシを想う詩「オホーツク挽歌」を残す。

宮沢賢治は、当時日本最北端の樺太（サハリン）を「サガレン」と旧名で呼んだ。花巻から青森へ、そこから北海道稚内を目指し、その年運行開始した樺太と北海道を結ぶ定期航路で大泊へ、さらに北の果ての樺太栄浜へ行き着いた。遥々と汽車と船を乗り継ぎ、やってきたサガレンへの道のりで、賢治は故郷を想い、妹を思い出し続けた。

1923年7月31日から8月12日までの旅だった。この旅の間に宮沢賢治は「樺太鉄道」「オホーツク挽歌」「宗谷挽歌」と、挽歌を書き続けた。表向きは樺太王子製紙に勤務する先輩を訪ね、花巻農学校の教え子の就職依頼をするための旅だった。しかし、その行程は結局、トシの霊魂の行方を探すあてどない北限の旅でしかなかった。

❸……… セールスマンの哀しみ

宮城一男の『宮沢賢治と秋田――石灰肥料セールスの旅』には、宮沢賢治が秋田への旅を繰り返した足跡が綴られている。宮沢賢治は1931年に、縁があり、岩手陸中松川の東山町にあった東北砕石工場の花巻出張所を開設する。技術責任者になり、セールスマンとして何度か秋田へ出かけている。[7]

5：註1と同じ。
6：註1と同じ。

東北砕石工場の創業は「秋田街道」の詩に出てくる小岩井農場への炭酸石灰供給をきっかけとする。岩手山噴火の火山灰に覆われた原野を牧畜用地に開拓した**小岩井農場**は、当時は「耕作の限界外」にあり、そこで農場を切り拓くなど思いもよらぬことだった。あたりは一望千里の荒地であり、住む人も無い入会地だった。宮沢賢治は長編詩「小岩井農場」も書いている。

岩手山（2038メートル）は言うまでもなくイーハトヴ王国の中心であり、宮沢賢治は30回以上も登山している。活火山で賢治が23歳の時に水蒸気爆発があった。25以上の火山が折り重なる山である。『グスコーブドリの伝記』に出てくるように、繰り返される溶岩の噴出と降り積もる火山灰、山を流れ去った火破流が岩手山を作り上げた。この打ち捨てられた火山灰土の積もった土地をなんとか開墾し、農牧地にしようとしたのが、鉄道局長官の井上勝、日本鉄道副社長の小野義眞《ぎしん》、三菱社社長の岩崎彌之助だった。その3人の頭文字を組み合わせ、小岩井農場がスタートするのは1891年のことである。

強い酸性土壌のため、土地改良用の石灰石を細分化した土を毎年4000トン撒布する工事を10年間続けた。その供給を一任されたのが東北砕石工場だった。宮沢賢治と東北砕石工場の関係は1929年に始まっている。〝肥料の神様〟と言われ、花巻農学校教師となった賢治は肥料生産のプロであり、花巻に肥料相談所を設け、無料で農民たちの相談に応じていた。賢治は特に肥料として石灰岩料を勧めていて、それを東北砕石工場に注文していたのだ。やがて宮沢賢治は、東北砕石工場の技師に誘われ、自ら花巻出張所を開設、病み上がりの疲弊した体を酷使し、セールスマンとして営業へ出かけるようになった。

1931年には秋田へ出張し、県の農務課を訪ね、秋田県農会へ出かけ、帰りは角館へ寄

小岩井農場

岩手山の南麓、雫石町と滝沢市にまたがる約26ヘクタールの農場。西洋式の大農法により荒地を改良した。1899年に岩崎久彌が事業を継承し、農畜産物の品種改良や、競走馬の育成に取り組む。宮沢賢治を魅了し、「春と修羅」で詠まれた。「すみやかなすみやかな萬法流転のなかに／小岩井のきれいな野はらや牧場の標本が／いかにも確かに継起するといふことが／どんなに新鮮な奇跡だらう」（「小岩井農場」）

河原田家

関ヶ原の戦い後、芦名氏の重臣として常陸から角館に移り、芦名氏の断絶後は佐竹氏の分流である角館の佐竹北家に仕えた。現存する屋敷は1891年に江戸時代初期の建築様式である書院造りによって建てられたもので、その庭には17代当主の河原田次繁が盛岡高等農林学校の同級生であった宮沢賢治から結婚祝いにもらったユリノキが植えられている。

り、同級生だった**河原田**次繁の家に泊まっている。また大曲へ行き、秋田県農事試験場や農業組合を訪問し、横手へも足を延ばし、山内村村長とも面会をとりつけた。こうした技師とセールスマンを兼ねた激務が続き、創作の時間もとらねばならないハードなスケジュールの中、虚弱な体は悲鳴をあげ、とうとう1933年に亡くなった。

最晩年のセールスマン生活の中で書かれたのが「あらたなるよきみち」である。

「あらたなるよきみちを得しということは　ただあらたなるなやみのみちを得しというのみ　このこともむしろ正しくて　あかるからんと思いしに　はやくもここにあらたなる　なやみぞつもりそめにけり　ああいつの日か　か弱なる　わが身恥なく生くるを得んや　野の雪はいまかがやきて　遠の山藍のいろせり」[8]

野の雪に仮託した悲しい詩だ。宮沢賢治は晩年、仲間と農村共同体をつくろうとする理念に燃え、宙ぶらりんの教師生活を辞め、家を出て自耕生活に挑み、以後2年半を「農民芸術概論綱要」の完成に費やした。

「われらのすべての田園とわれらのすべての生活を一つの巨きな第四次元の芸術に創りあげようでないか」[9]というヴィジョンを賢治は掲げるが、度重なる疲労が病の連鎖を招き、自宅へ戻り、2年間の療養生活を余儀なくされた。なんとか回復へ向かうが、その時自ら選んだ新たな道が、東北砕石工場との連携だった。しかしそれも道半ばで断念せざるを得なくなる。

7：宮城一男『宮沢賢治と秋田――石灰肥料セールスの旅』（緑の笛豆本の会）

8：宮沢賢治「あらたなるよきみち」（宮沢賢治の残した手帳「王冠印手帳」より「打身の床をいできたり」下書稿一）

9：宮沢賢治「農民芸術概論綱要」（『宮沢賢治全集』第一二巻　筑摩書房）

「かすかに汽車のゆれそめて　なにか惑えるこころあり」[10]

真夜中に発光する車体の振動に、いつも心は揺れ騒ぐ。その道はあの時の「秋田街道」に続いていた。

❹……秋田蘭画への道

盛岡から秋田新幹線に乗ると、雫石駅、田沢湖駅を過ぎ、そして角館駅に着く。秋田街道は角館へ続いている。

江戸時代の科学者、本草学者、戯作者として知られる**平賀源内**（1728－1779）が角館を初めて訪れたのは1773年のことだった。秋田藩に招かれ、阿仁銅山の視察を行った。明和年間（1764－1772）以降、銅山経営に行き詰まった秋田藩は、幕府直営の多田銀山や中津川鉄山の調査で実績のあった源内を招聘する。源内は3ヶ月あまり滞在し、技術指導を試みるが、成果は上がらなかった。

この秋田巡見の折、源内は角館で絵心のある若い武士**小田野直武**（1749－1780）と出会う。直武はこの時、25歳で、狩野派風の花鳥画や浮世絵風の美人画を得意としていた。角館の五井家に逗留していた源内は、そこで直武の絵を見て彼を呼び出し、鏡餅を真上から描かせてみた。直武はしばらく考え込み絵を描き上げるが、「盆であるか輪であるか分からない」と源内は一蹴し、持参していた洋書の挿絵を示しながら、西洋の陰影法の原理を親切に教えたという逸話が残っている。[11]

平賀源内（1728－1779）
高松生まれの江戸時代中期の科学者、本草学者、戯作者。1752年に長崎へ遊学し、オランダ語や油絵、医学を学ぶ。その後、江戸に出て、本草学や漢学を学び、2度目の長崎遊学では鉱山の採掘や精錬の技術を習得している。1773年に秋田藩に招かれて、院内銀山、阿仁銅山を訪れ鉱山採掘の指導を行う。その折に角館で秋田藩士小田野直武と知り合い、蘭画技法を教授した。秋田蘭画の仕掛人とも言える。

小田野直武（1750－1780）
角館生まれの江戸時代中期の画家。平賀源内から洋画の技法を習得し、秋田蘭画の始祖となる。初めは狩野派を学び、やがて佐竹北家当主の佐竹義躬や秋田藩主佐竹義敦の知遇を得る。『解体新書』の翻訳を行った前野良沢や杉田玄白とは源内を通して知り合った。日本で初めての銅版画を制作した司馬江漢にも洋画を教えている。

佐竹義躬（1749－1800）
佐竹北家当主。1769年よ

秋田藩士人見寧（蕉雨）の『黒甜瑣語《こくてんさご》』には、この時、源内は「クハトロワンイスタラヒなどの測器の類、升隆図、イリキテルルウフル、遠眼鏡」などを携えていたと書かれているが、こうした器材を見せながら、後に「秋田蘭画」と呼ばれる洋風絵画の種が角館に残されることになる。[12]

小田野直武は、角館の平七直賢の次男であり、父直賢は角館所預・佐竹義躬の槍の師範役だった。直武はしかし武芸を好まず幼い頃から絵筆を握り、藩絵師の武田円碩から狩野派を学んでいて、後に秋田蘭画のメンバーとなる佐竹北家当主の佐竹義躬や、秋田藩主の佐竹義敦の知遇を得た。

源内の秋田巡見は1773年6月から10月までに及び、10月末に江戸へ向け帰途についた。この時、小田野直武も秋田藩の産物他所取次役を命じられ、源内に同行する。役職は名目で、真の目的は角館城代・佐竹義躬や秋田藩主・佐竹義敦の命による洋風画原理の修得にあった。

佐竹義躬《よしみ》（1749―1800）は佐竹一門の佐竹北家13代当主であり、20歳の時に角館城代となった。秋田蘭画を直武と共に探究し「松にこぶし図」「桜図」「岩に牡丹図」「円窓牡丹図」「紅毛玻璃図」といった絵を残した。

ほぼ同年代の**佐竹義敦《よしあつ》（曙山）**（1748―1785）は、1758年に家督を相続し、秋田藩8代当主となった。出羽8郡20万石という広大な地行を領する大名である。もともと狩野派の絵を学んでいたが、直武からも洋風画の教えを受けた秋田蘭画を代表する画家で、「湖山風景図」「燕子花《かきつばた》にナイフ図」「松に唐鳥《からとり》図」などの見事な絵を描いた。

義敦の時代は秋田藩の歴史において困難な暗い時代だった。既に元禄時代から藩政赤字

り角館城代。小田野直武に教えを受け、花鳥図などを洋画風に描き、秋田蘭画の代表的な画家の1人となる。屈曲した岩陰に咲く大輪の白牡丹を描いた「白牡丹図」は写実に対峙した力作である。谷素外に師事し、俳人としても活躍した。

佐竹義敦（1748―1785）
江戸中期の大名。久保田藩主、号は曙山。財政再建に努め、平賀源内を鉱山開発のために招聘する。その際に藩士の小田野直武が平賀に西洋画法の手ほどきを受ける。義敦は初めは狩野派に絵を習っていたが、後に小田野直武の教えを受け、日本画に西洋画法を組み合わせた、秋田蘭画と呼ばれる独自の画法をつくりあげた。「松に唐鳥図」や「湖山風景図」などの代表作がある。

10：宮沢賢治　詩稿「打身の床をいできたり」（下書稿二）
11：平福百穂『日本洋画曙光』（岩波書店）
12：『人見蕉雨集』第一冊（秋田魁新報社）

がかさみ、対策に四苦八苦していた上、農村の疲弊と不作が重なり、家臣の争いも絶えなかった。義敦の懊悩は深まり、源内を招いたのも領内鉱山の再開発に活路を見出そうとしたためだった。

そうした藩主の思いを汲み、小田野直武は源内の下で修業に励み、源内の友人・杉田玄白の『解体新書』(日本初の医学翻訳書/1774)の表紙挿画を担当している。底本とした『ターヘル・アナトミア』等の洋書医学書から大量の銅版画を細筆で写しとり、版下図を制作した。またヨハネス・ヨンストン『動物図譜』(1660)などの図解洋書から多数の模写を重ね、獅子や象、蛇や馬といった動物の形態の探究を進めた。その成果である「唐太宗花鳥図」や「江ノ島図」は、題材、構成、物質感、遠近感など当時としては破格のクオリティを持ち、大きな注目を集めている。

❺……漂泊の絵画

小田野直武は1777年、秋田へ帰るが、翌年、再び佐竹義敦の参勤に従って江戸へ戻った。1779年に源内がスキャンダルを起こす。江戸後期の高松藩家老の木村黙老の『聞くままの記』によれば、屋敷の修理改修をある大工棟梁に依頼したところ、莫大な費用がかかると知った大名は、念のため源内に見積もりをさせた。源内は大幅な削減案を示し、その大工と争いになるが、共同で請け負うことで和解が成立し、源内宅で酒宴が設けられた。酔いつぶれた源内は翌朝、設計書類を盗まれたと勘違いし、大工棟梁を殺傷したのである。源内は投獄され、まもなく破傷風となり獄死する。[13]

直武は同年、突然の謹慎を言い渡され、角館へ蟄居となる。源内の刃傷事件と関係があるとみなされ、秋田藩が関わりを恐れ、処罰したと噂された。1780年には赦免されるが、同年31歳で死亡した。自刃、切腹、病死、暗殺、謀略など諸説ある。

秋田蘭画は、君臣間のきわめてサロン的雰囲気の中で生み出された。小田野直武は1777年に帰郷した際、佐竹北家から佐竹本家の家臣に格上げとなった。異例の出世だった。直武と佐竹義敦は『画法綱領』や『画図理解』といった日本初の西洋画論を共著で著している。彼らは西洋画の手法を取り入れた遠近法的構図と日本画顔料を組み合わせ、和洋折衷スタイルで、日本画と西洋画を融合させた。

具体的には、墨と和顔料という伝統画法を用い、掛幅絹本着色という東洋画形式で、洋風風景画や静物画の静謐な小世界を構築した。それゆえ秋田蘭画は歴史的には安永年間(1772-1781)に秋田藩で成立し、その後、直武の教えを受けた司馬江漢《しばこうかん》(1747-1818)やその弟子亜欧堂田善《あおうどうでんぜん》(1748-1822)へ受け継がれ、日本の洋風絵画が完成する。とはいえ、秋田蘭画が本格的に紹介されるのは角館出身の日本画家・平福百穂《ひゃくすい》の『日本洋画の曙光』(1930)であり、それ以前は秋田で日本洋画が芽吹いた事実は、ほとんど注目されることは無かった。

佐竹義敦(曙山)の「湖山風景図」(1778頃)は秋田蘭画の名作とされる。「Segotter vol Beminnen」というオランダ語印が画面に大きく押されている。直訳すれば「愛に満ちた海の精神」であり、オランダ輸入の版画構図を基に、秋田の風景を描いている。阿部邦子によれば参照したのは小田野直武が所有していたヤン・ブリューゲルの宗教銅版画「良きサマリア人」(1610)とされる。湖面に浮かぶ白帆の舟と山上に飛び交う鳥、何処とも知れない山間

13：木村黙老『読み下し聞くままの記　百七話』(高松市図書館編・発行　市民文庫シリーズ)

の湖で、見晴るかす湖岸の道を進む旅人がいる。広大な湖水風景の下、編笠を被り、供を連れ、馬に乗る旅人が小さく描かれ、消え入りそうだ。
田沢湖なのだろうか、場所は特定不能であり、何処からの眺めかも不明で、視点も中空に彷徨う。西洋でも日本でもない特殊な場所から風景を結実させようとする想像上の、しかし深く現実を生きられた絵画と言える。佐竹義敦の中で、夢想され、憧憬され、理想化された秋田の風景である。

大きく交錯しながら伸びてゆく3本の松の幹と枝は、全体に力動感を与え、湖の対岸に連なる山々と樹林が響き合う。西洋画を、自らの経験によって秋田化し、西洋への内面の憧れに固有の価値を付け加える。そこには、義敦が宝物のように大事にしていた直武の遺品である18世紀オランダ銅版画の強い影響が見られ、同時に伝統的日本画の平面性や空気感も重ね合わされている。秋田蘭画は、そうした確かな観察眼と想像力によって新次元へと導かれていった。

❻……角館の悲劇

秋田蘭画発祥地の角館は、室町時代の1424年に戸沢氏が小松山と呼ばれていた古城山に城を築き、そこを足場に仙北一帯に支配を伸ばしたことが繁栄のきっかけとなった。角館は三方を山に囲まれ、桧《ひの》木《き》内《ない》川が流れる仙北平野に開ける城下町である。

1602年、関ヶ原の戦いにより戸沢氏が常陸へ国替えとなると、角館城には秋田に転封になった秋田藩初代藩主・佐竹義宣の弟・芦名義勝が城主として入城した。

高井有一（1932-2016）東京豊島生まれの〝内向の世代〟に属する小説家。祖父は角館出身の小説家田口掬汀、1943年に祖父と父が相次いで死去、1945年に角館に疎開するも同年に母が自死する。共同通信社に勤めながら『北の河』を刊行。以後も角館や秋田を舞台に多くの作品を書いた。

現在の角館は駅前の通りから武家屋敷のある内町まで昔ながらの黒板塀が続くが、この町割りを実現したのが芦名義勝だった。それまでの城下は河川の氾濫や火災に悩まされていた。そこで火除けのため武家地と町人地を分けた新たな町割りを考案し、古城山の北側から南側へ城下を移転させた。見通しに配慮しながら道幅を広げ、下水道も整備した。

しかし義勝の嫡子だった盛俊は21歳で病死し、3代目の千鶴丸も4歳の時、菩提寺の天寧寺の廊下から落ちて死んだ。後継がおらず、芦名氏は3代で1656年に断絶する。千鶴丸の死を佐竹本家の陰謀とする説もある。その後、中仙町（現、大仙市）の紫島城にいた佐竹北家の佐竹義隣《よしちか》が角館城に入城した。

佐竹義隣は、京都の高倉大納言家から佐竹北家へ養子に入った人物で、その嫡子・義明の夫人も京都の三条家出身である。そのため角館には京文化が色濃く伝わり、みちのくで洗練された独自の文化が育まれることになる。有名な角館の枝垂れ桜は、1657年に京都八坂神社から移されてきたものである。

芥川賞作家の**高井有一**は、この独特な雰囲気を持つ悲劇的な角館をさまざまな小説の背景としてきた。1966年の芥川賞受賞作『北の河』は、角館での自らの少年時代の体験を基に、母親の自裁を書いた自伝的小説である。自らの命を絶ち、突如と消えた母を、どのように自己に刻み込んだらいいのかを小説で問い、そうした自省が作品の源泉となった。[14]

戦争で疎開した角館で中学生となった高井は、母が河に身を投げて果てたことを繰り返し回想する。実は同じ1966年に高井は、小学生だった時に病死した画家の父を題材に「夏の日の影」を書いている。両親の死だけではない。高井は少年時代に多くの肉親の死を体験し、その連続する死の傷は、彼の記憶に深く刻み込まれた。

14：高井有一『北の河』（文春文庫）

父の死の5日前に、父方の祖父が死んだ。母の死の年には、母方の祖父母が相次いで亡くなった。高井家は崩壊へ突き進んでいた。その止めを刺したのが、疎開先での母の自殺だった。高井が小説を書き始めたのは、そうした死の連鎖があったからだった。

高井有一の作品の多くは秋田を舞台にしている。八郎潟の干拓村に入植した男女の苦しい愛の日々を描く『夜明けの土地』（1968）、角館に住んだ民俗学者・考古学者の武藤鉄城の蹉跌《さてつ》と悔恨を見つめた『雪の涯《はて》の風葬』（1970）、角館出身で明治期に小説家・美術評論家として活躍した自らの祖父・**田口掬汀《きくてい》**の生涯を追った『夢の碑《いしぶみ》』（1976）など、秋田や角館の風土と共に生き、死んだ人々の軌跡に材をとり、この土地に刻印された悲劇の物語を綴った。

『夢の碑』は、自分の祖父だけでなく、明治30年代に志を立て角館から上京した3人の青年に焦点があてられている。田口掬汀、佐藤義亮（新潮社の創業者）、秋田蘭画の紹介者で日本画家・平福百穂（東京美術学校教授）の3人である。そこには角館祭りの様子もの悲しく描かれる。

「祭りのあとに秋が続いて来ると言う。三日間の祭の最後の日、夜通しの賑いがようやく果て、明るみが射して来る頃には、必ず、肌寒い風が町を吹き抜ける」[15]

祭りは角館総鎮守神明社と勝楽山成就院薬師堂神社の合同祭である。〝みちのくの小京都〟角館は、祭りの間はむせかえるような熱気に包まれ、18台の引き山車（やま）が夜を徹し町を練り歩く。引き山車と引き山車が出会うと激しくぶつけ合う〝山車ぶつけ〟が名物だが、高井の眼はそんな喧騒ではなく、祭りの終わった後へ向けられる。

秋田にこだわり、秋田出身者や秋田在住者、秋田で起こった事件や疎開中の出来事を中心

田口掬汀（1875-1943）
角館生まれの作家、美術評論家。高井有一の祖父。1900年に上京し、同郷の佐藤義亮が創業した新聲社（新潮社の前身）の雑誌『新聲』の記者となる。その後、初の単著『人の罪』を発表し、以降『伯爵夫人』など多数の著作を発表する人気作家となる。1915年に美術雑誌『中央美術』を創刊。1926年に開館した東京府美術館（現在の東京都美術館）の運営にも携わった。

に高井は小説を書いた。登場人物の多くは未来への希望を失い、深い悔恨を抱きながら生き、最後に一条の光明を見出す。今にも霞んで消えてしまいそうな冬の光に似た生の軌跡を、母が自死した秋田の風土と人間を描くことで高井は精密に心に刻みつけようとした。忘れてしまいそうな大事なことを、秋田を描ききることで思い出す。高井はエッセイ「霙《みぞれ》と桜」（1975）でこう書く。

「私は、母が死のうと決めたのは、あの霙のせいではないかと思う時がある。それは母が何よりも怖れていた東北の冬がすぐそこまで来ているのを告げていたからだ」[16]

戦争中の、雪国の盆地に確実に迫る暗く厳しい冬の到来の予感に、東京育ちで神経症気味の母の感性は耐えることが出来なかった。

「ただ寒いだけじゃない。私たちだけで、何も無い所で、寒さに閉じ込められてしまうのよ。それも今年の冬ばかりじゃない。ずっと続いて行くのよ。そんな事、想像もつきはしないわ」[17]

高井の耳に張り詰めた母の声が波のように繰り返し聞こえてくる。その母の叫びを胸に、母が自死した秋田の厳しい風土を背景に高井は小さな死の悲劇を書き続けた。

15：高井有一『夢の碑』（新潮社）
16：高井有一『観察者の力』（筑摩書房）
17：註14と同じ。

❼……雪の涯の風葬

高井有一の「雪の涯の風葬」（1969）のモデルは、秋田の民俗学・考古学の草分けとして知られる**武藤鉄城**（1896－1956）である。鉄城は宮沢賢治と同じ年に、秋田の河辺郡豊岩村に生まれた。生家は明治から昭和にかけて豊岩村村長を輩出した名家であり、鉄城の長兄である一郎も豊岩村村長を務めた秋田考古会の設立者で、『史前学雑誌』などに投稿していた。鉄城は秋田中学卒業後、慶應義塾大学に入学するが校風が合わず退学し、帰郷した。

1926年には角館小学校代用教員となり、その傍ら新聞雑誌に投稿を始め、生涯で700あまりの記事や論考を書いた。最初の研究報告は「原始宗教と芸術」というタイトルだった。語学力に長け、海外の研究成果も積極的に取り入れ、1927年に著した『石器打法研究』は、海外論文から得た知識と自分の研究を組み合わせ、自らの学説にまとめたものだった。

角館に腰を据えた武藤鉄城は地域の暮らしやその変化に関心を持ち始め、1927年には「角館史考会」を結成した。その理念は「まわりの景色をただ景色として見ないで私たちと交渉深い名所、史跡、遺物として観察する」ということだった。

1928年には中央の学界と交流する大きな機会があった。長兄の一郎や秋田魁新報社長・安藤和風《はるかぜ》、角館史考会も参画し、「菅江真澄没後100年祭」を開催したのだ。秋田では柳田國男、角館では喜田貞吉を講師に招き、特別講演会も行われた。この100年祭は秋田において真澄研究や民俗学研究が盛んになるきっかけとなった。

1929年には考古学上の師で、東北大学教授だった**喜田貞吉**の招きで東北大学奥羽史

武藤鉄城（1896－1956）
秋田河辺郡豊岩村生まれの民俗学者。秋田の民俗学の草分け的な存在であり、学問の枠に囚われることなく独自の活動を展開した。秋田中学卒業後、慶應義塾大学予科に進むが本科2年目に退学し、帰郷する。1927年には角館史考会を結成し、柳田國男の紹介で渋沢敬三の知遇を得て、アチック・ミューゼアム同人と角館、田沢湖、雫石の民俗資料採集旅行を行う。また高橋文太郎とは阿仁でマタギ調査を行った。戦後は大湯環状列石調査や矢石館遺跡発掘調査などに参加している。1956年、直腸癌で逝去する。

喜田貞吉（1871－1939）
徳島生まれの歴史学者。東京帝国大学文科大学史学科卒業後、文部省で国史教科書の編集に携わるが、南北朝時代の記述が問題となり退職する。京都帝国大学教授を経て、東北帝国大学講師となり、奥羽資料調査部を設立するなど、東北の古代史研究に尽力する。秋田の古文書を活字化して収録する、深澤多市の『秋田叢

料調査部の嘱託となり、研究の礎を築いていった。翌1930年、柳田國男と懇意の、『**遠野物語**』の生みの親で岩手遠野の民俗学者**佐々木喜善**（1886－1933）と出会い、彼が編纂していた『聴耳草紙《ききみみぞうし》』の手伝いを買ってでる。これがきっかけで鉄城は民話や禁忌などの民俗研究に励むようになり、『旅と伝統』等の雑誌に積極的に寄稿するようになった。

学会誌に投稿を繰り返しながら交流を広げた武藤鉄城は、1932年には柳田國男の紹介で渋沢敬三の知遇を得て、翌年に渋沢らアチック・ミューゼアム同人と共に角館、田沢湖、雫石と民俗資料採集の旅を引率している。アチック・ミューゼアム依頼の調査は、1933年3月3日から3月10日までの8日間、仙北郡と北秋田郡のマタギ部落を中心に、まだ雪深い峠道を馬橇スキーで踏破しながら行われた。鉄城はこの旅行にマタギ2人を同行させるなどの細かな手配をし、綿密な調査スケジュールを立てている。また鉄城は当時高価で入手の難しかったドイツ製のライカ・カメラをアチック・ミューゼアムの高橋文太郎から譲り受け、高性能カメラを駆使し、クマ猟など迫力ある写真を撮影した。この時の調査記録は1934年にアチック・ノートの1冊として出版されている。

また1934年にも、渋沢敬三、石黒忠篤、**早川孝太郎**、高橋文太郎と男鹿から八戸までの民俗探訪旅行を行った。こうした調査記録は、1935年に武藤による『羽後角館地方に於ける鳥虫草木の民俗学的資料』、同じく1940年に秋田各地の魚の名前、漁具、迷信などを網羅した『秋田郡邑魚譚』となってアチック・ミューゼアムから刊行されている。

アチック・ミューゼアムの手法は土地の人々のインタビューだけでなく、民具、民話、古文書、出土品を駆使し、地域全体を総体的に捉えようとするアプローチであり、その土地にいる人々自身が調査することを重視していて、鉄城による2冊の著作はその典型となるもの

書』シリーズの監修を務め、仙北の払田柵跡を調査し『続日本紀』で記される雄勝城だと見解を示すなど、歴史、考古学、民俗学の資料を調査・収集し、「日本（やまと）民族とは何か」について多くの独自仮説を提示した。

『遠野物語』
岩手県遠野出身の佐々木喜善から生地の民間伝承を聞いた柳田國男が、それらを文学的に編纂した作品。年中行事、民間信仰から、ザシキワラシ、河童、山人、神隠しなどの異聞譚が記された。「願はくはこれを語りて平地人を戦慄せしめよ」と序章で述べた柳田が、急速に失われゆく日本の習俗を都会人に記した日本民俗学の出発点。

だった。

秋田県には唯一の国宝「線刻千手観音等鏡像」がある。大仙市豊川の水神社に祀られている鏡である。この国宝指定にあたっても鉄城が深く関与した。1936年、友人の見舞いに角館白岩を訪れた鉄城は、その地の水神社の宮司太田省司と出会い、昵懇の仲になり、神鏡の模写と拓本の許可を得る。鉄城は考古学研究で培った観察力と作図能力を発揮し、外面を摩滅させ見えなくなっていた鏡面画像の精巧な模写を作成する。この模写が契機となって国宝指定が実現するのである。同時に鉄城は神鏡に関する研究を進め、論文を次々と発表していった。以後、1942年に鉄城は角館新報記者となり、1945年には県立角館中学校教師の職に就き、北方文化連盟を結成し、自身の研究の幅を広げていった。

❽……組石からマタギへ

戦後も武藤鉄城の民俗学と考古学への意欲は衰えることなく、学会発表や発掘調査が続いた。1946年には角館時報社社長に就任した上、記者としても多くの記事を執筆している。1950年に東京大学で開催された日本人類学会と日本民俗学会の連合大会という晴れの舞台では「有刃石器の刃の構造と機能」を学会発表した。

この頃から鉄城の関心は組石遺跡へ向かい、1951年には、当時まだ知られていなかった約4000年前の大湯環状列石を秋田県文化財専門委員として発掘調査している。組石遺構とは、表面が滑らかな河原石等の自然石を地表に配置したり、組み合わせた石の構築物のことを言う。組石遺構のうち、石を列状に配置したものは列石と呼ばれ、円形に配置した

佐々木喜善（1886−1933）遠野生まれの民俗学者、作家。東京遊学に出て、井上円了の哲学館（現、東洋大学）、早稲田大学文科で学び、文学を志す。1908年に柳田國男を紹介され、遠野の伝承について話す。これらを、その後遠野を訪ねた時の印象と共に「一字一句をも加減せず感じたるまま」柳田が記したものが『遠野物語』である。その他442編の昔話を収集し『江刺郡昔話』『聴耳草紙』などを発表。ザシキワラシの話の採集や、ネフスキーと共同でオシラサマの研究なども行った。晩年は不遇だったが、宮沢賢治と親交を深めた。

早川孝太郎（1889−1956）愛知南設楽生まれの民俗学者、画家。画家を志して上京し、黒田清輝、川端龍子に学んだ後、日本画家松岡映丘に師事する。雑誌『郷土研究』への寄稿により松岡の兄である柳田國男に知られ、民俗学の道へ入る。郷里の奥三河に伝わる霜月神楽を調査し、渋沢敬三の支援のもと、1930年に日本民俗学の古典的名著『花祭』を刊行した。そのほか『羽後飛島図

ものを環状列石と言う。

これらは埋葬、祭祀、信仰対象、土地区分、生活標識などさまざまな意味を持つが、日本では縄文前期に東日本を中心に配石遺構が見られるようになり、中期に急増し、後期以降は土壙墓《どこうぼ》を内包するケースが多い。代表的遺構には、鉄城が発掘調査した大湯環状列石、秋田の伊勢堂岱遺跡の環状列石、青森の小牧野遺跡がある。

武藤鉄城が注目した仙北市西木町の袖野環状列石は大湯環状列石より古い4500年前の組石群と推定されている。動物の死屍や焼いた骨を穴に埋め、黒土をかけた上に、立石が置かれている。鉄城はこの袖野環状列石を、その正面性を鍵にして「大湯の原型」と捉え、縄文時代の日本人の死生観が明確に現れている重要遺跡と考えた。

鉄城は膨大な量のノート、スクラップブック、拓本、写真アルバムを残している。拓本は同じものを2枚取り、1枚は論考資料用に、もう1枚は保存用に手元に置いた。スクラップブックは和綴じを施したり、綺麗な布地で表装したり、写真をコラージュしたものもある。ノートは余白にまでびっしり書き込まれ、図や絵が加えられている。

鉄城は、その後も仙北市西木町の八津環状石籠墳墓群や羽後町の長戸呂《ながとろ》組石遺跡など、組石遺跡の発掘調査に関係し、大湯環状列石の前身や原型が秋田にあることを明確化しようとした。その成果は『袖野石器時代組石群発掘報告』(1952)として角館時報社から刊行されている。

亡くなる直前の1955年、慶應義塾大学で開催された日本考古学協会総会では「秋田県下に於ける魚形線刻石」と題した報告も行った。この報告は組石棺の墓域を持つ大館の矢石館遺跡や杉沢遺跡を発掘調査したものであり、「鮭石」と呼ばれる秋田独特の魚形文様が刻

誌』や柳田國男との共著『おとら狐の話』など多数がある。

まれた石の存在を広く知らしめることになった。

❾……旅マタギと漂流民

〝マタギの里〟と呼ばれたマタギ発祥地の北秋田市阿仁地域は、秋田県中央部に位置し、その96％が森林に覆われている。森吉山《もりよしざん》（1454メートル）の麓、村の家々の直後に山々が迫る深い地形を持つ。かつては交通の便が悪かったが、現在は角館から秋田内陸縦貫鉄道に乗り、阿仁地域へ辿り着ける。秋田内陸縦貫鉄道は単線一両列車で、角館駅を出るとすぐ右手に秋田駒ヶ岳が姿を見せる。トンネルが続き、山奥へどんどん列車が分け入ってゆく。鉄橋下から川底が透ける阿仁川の渓流を越えると、阿仁ゴンドラが行き交う森吉山が現れ、阿仁マタギ駅へ着く。

阿仁マタギ駅を降り河辺阿仁線沿いに30分ほど歩いてゆくとマタギ小屋が見え、そこを曲がると、「打当温泉マタギの湯」に併設される形で「マタギ資料館」があった。アブケグルミ（皮の履物）やマタギナガサ（山刀）など、阿仁マタギの狩猟道具を収蔵する資料館で、国の重要有形民俗文化財に指定されたものもある。

この山深い地域で暮らす人々は、かつて狩猟に従事し、熊の肝、血、骨を薬品に加工し、生計を立てた。また熊、狐、兎、鹿などの毛皮を全国に広める行商人となった人々もいた。

マタギは単なる狩人ではない。彼らは狩猟技術の伝承を重視し、自己を律する戒律、〝山の神〟への信仰、狩猟儀礼や風習を厳守してきた。マタギには厳しい掟やマタギ独特の言葉があるし、狩猟に出る際に必ず神事を行い、身を浄め、危険防止の約束事や狩猟法を細かく決め、神仏と自然の理法に従って身を慎みながら日々の生活を営んできた。

阿仁地域には根子マタギ、比立内マタギ、打当マタギの阿仁マタギ集落があった。中には〝旅マタギ〟と呼ばれるマタギがいて、秋田、東北はもちろん、北は樺太、北海道から南は上信越、立山黒部、奈良大峰まで狩猟へ出かけた。〝渡りマタギ〟と呼ばれる出稼ぎ狩猟である。その移動とネットワークには驚くべきものがあり、狩猟だけでなく「熊の胆」などの貴重な薬の販売経路も構築し、行った先々に定着した人たちもいて、阿仁マタギ文化は広く知られるようになった。

マタギの存在は江戸時代の文化文政期の古文書、信州国境の秋山郷を描いた鈴木牧之(1770－1842)の『秋山紀行』(1831)や『北越雪譜』(1837)、菅江真澄の著作で確認できる。昭和30年代初頭に姿を消すまでの160年以上にわたって継続されてきたと推定されている。

田口洋美『マタギを追う旅』(慶友社)によれば、阿仁マタギの松橋富松は、大正時代に山形県東田川郡朝日村の月山山麓や新潟県岩船郡山北町の朝日連峰麓の集落に狩猟技術を伝えている。また同じ阿仁マタギの松橋和三郎・勝治親子は、岩手県花巻の豊沢ダムにより水没した幕館集落に定着し、1000頭近い熊を撃ったという。松橋富松は熊谷達也の直木賞受賞作『邂逅の森』の主人公のモデルである。豊沢ダムから豊沢川上流へ上ると、雫石と沢内の境をなす山々になるが、そこは宮沢賢治の童話「なめとこ山の熊」の舞台であり、その主人公の淵沢小十郎のモデルは松橋和三郎と言われている。

マタギの狩猟は、秋から春にかけての厳冬の季節に行われた。野兎、狐、狸、カモシカなどの獲物が彼らの重要な収入源となったが、最重要の獲物は熊であり、晴れ舞台は「熊の巻狩り」だった。熊の巻狩りは通常、5人から30人の集団狩猟であり、シカリ（頭領）の指示に従い、マッパ（獲物を仕留める役）とセコ（獲物を追い込む役）に分かれ、川上から川下へ降りながら、熊を取り巻くように狩りを進める。

厳しい自然環境を生き延びるため、マタギは古くから積み重ねられてきた知恵や記憶をもとに狩りを行う。その多様な狩猟道具は、動きまわる獲物を鋭く観察する眼差しや、山あり谷ありの雪山移動で鍛えられた経験から生まれてきたものである。見た目は武骨だが細部まで繊細な工夫が凝らされ、その形態、素材、色彩にマタギ魂が込められている。そうした価値と意義が認められ、2013年に阿仁マタギ狩猟用具293点が国の重要有形民俗文化財に指定された。

狩猟は、あらゆる職業の中で最も間近に自然界の生命循環プロセスと対峙する職業である。山や森を疾走する動物を捕獲し、殺戮する。そのため動物の生態や行動が示す痕跡や印象を深く考察する知識が必要になる。自然の生命の運動と寄り添いながら、その運動に止めを刺さなくてはならない。

森吉山は山伏修験場としても知られる。阿仁マタギの根子集落には根子番楽と呼ばれる勇壮な山伏神楽も伝えられる。民俗学者の折口信夫は「根子の番楽・金砂の田楽」の中で「曽我や鈴木三郎の様な現在物式は頗る乱暴で、改良剣舞の様なところもある」と述べながら、それを1935年の日本民俗芸能大会に推薦している。[18] 根子集落ではマタギを「又鬼」とも書いた。

山岳修験道は山に籠って修行するだけでなく、現地をくまなくフィールドワークし、動物学、植物学、鉱物学、薬学といった幅広い知識の広がりを得ることを前提に成立した。そのため修験者の歩く道は土地の豊かな水脈や鉱脈と重なるケースが多いし、その経路は動植物のネットワークと連なっている。また修験道の聖地は、地理的、地質的な境界線上に位置し、断層、滝、渓谷、巨石があり、水源や鉱物資源が豊富で、温泉や鉱泉が湧き出ているところが多い。修験者同様、マタギはこのような地球的な叡智を体得した人々だった。

武藤鉄城が最晩年にこだわったのも、こうした阿仁マタギの実践と知識の確かさについてだった。鉄城の主たるフィールドワークは、阿仁マタギの活動領域と重なる、角館及びその北に点在する奥羽山脈沿いの小集落だった。その場所をベースに、民俗学、考古学、歴史学、動植物学、芸術学に至るまで、幅広く調査を手掛け、発掘や聞き取り、研究や執筆に明け暮れた。

鉄城は快活な性格や親身な人柄ゆえ、出会った人々と分け隔てなく接し、隠された話を引き出す話術に優れていた。死後に刊行された鉄城の『秋田マタギ聞書』(1969)にも、マタギが狩猟の際に崇める〝山の神〟についての詳述な聞き取りが記され、秋田マタギの生き方に欠かせない深い信仰心を具体的に浮かびあがらせている。[19]

武藤鉄城は1956年に60歳で亡くなった。自分の病気は、発病前にマタギたちと一緒に食べた熊肉の食あたりと言っていたが、実際は直腸癌だった。入院した病院の病室の枕元に本人が食あたりと信じていたその熊の頭蓋骨が置かれ、見舞客に「これにやられた」と、熊の頭を叩いて戯《たわ》けていたという。

鉄城が亡くなった昭和30年代初めは秋田マタギが消え去ってゆく時期と重なる。『秋田マタギ聞書』は、最後のマタギたちの貴重なドキュメントとなった。

宮沢賢治は鉄城と同い年であり、賢治が死んだ翌年の1934年、『なめとこ山の熊』が刊

18：『折口信夫全集　第十七巻』(中央公論社)
19：武藤鉄城『秋田マタギ聞書』(慶友社)

行されている。小岩井農場の南にある秋田マタギの山を舞台とする熊撃ち名人の淵沢小十郎の物語である。小十郎は熊を撃つ時、いつも罪悪感に苛まれ、熊に申し訳ないと思う気持ちでいっぱいだった。熊の肝と皮を担いで山を降りる途中は、げんなりして足元も覚束ない。本当は熊撃ちを辞め、草の実でも食べて死ぬのなら、それでもいいような気がした。そして、とうとう猟の時に必ずする儀式が嫌になり、撃ち損じた熊に襲われてしまう。「おまえを殺すつもりはなかった」という声を小十郎は微かに聞いたような気がした。青い火を見て死を悟り、熊よ許してくれと心で呟いた。その3日後に小十郎のために多くの熊が集まって盛大な弔いが行われ、物語は終わる。[20]

熊送りではなく、人送りの葬礼であり、そこには霊を送り迎える山の特別な力の流れが精妙に描かれている。秋田マタギの歴史と消滅の軌跡は、あらためて私たちにその青い火の尊さを思いおこさせてくれる。

20：宮沢賢治「なめとこ山の熊」(『風の又三郎』角川文庫)

まれびと

上下：ヤマハゲ（秋田市雄和平沢）

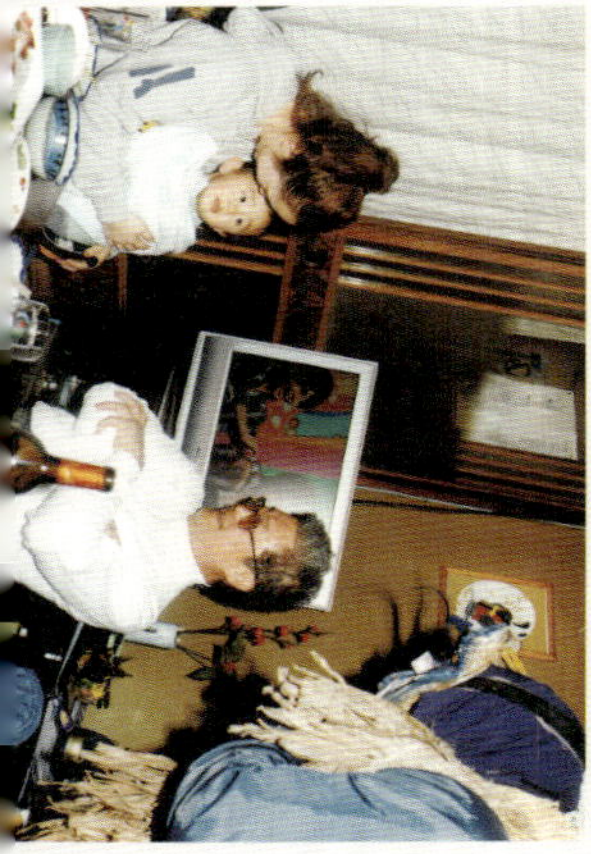

上下：アマノハギ（にかほ市象潟町小滝石名坂）

上下：ナマハゲ（男鹿半島・真山地区）

上下：ナマハゲ（男鹿半島・真山地区）

ナマハゲ（男鹿半島・真山地区）

ナゴメハギ（能代市浅内）

上下：ナゴメハギ（能代市浅内）

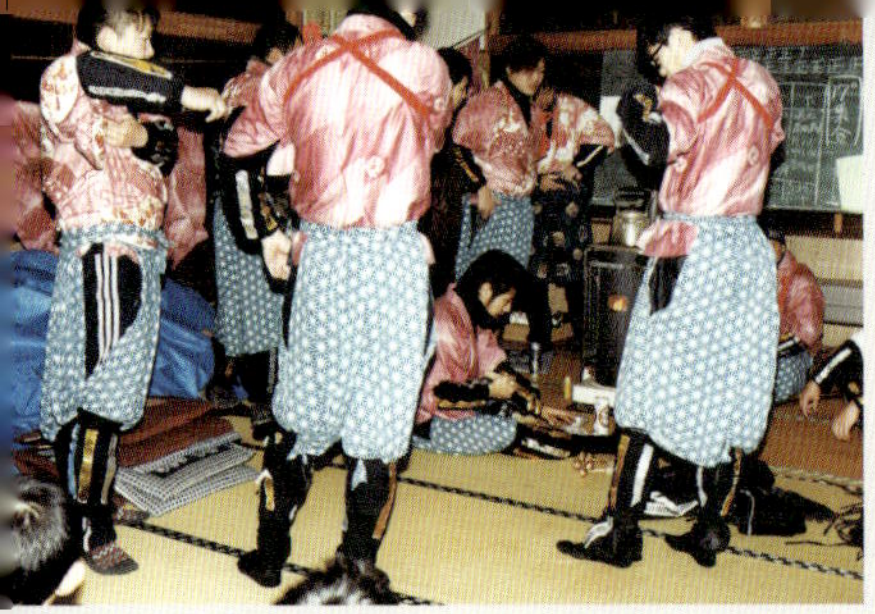

ナゴメハギ（能代市）

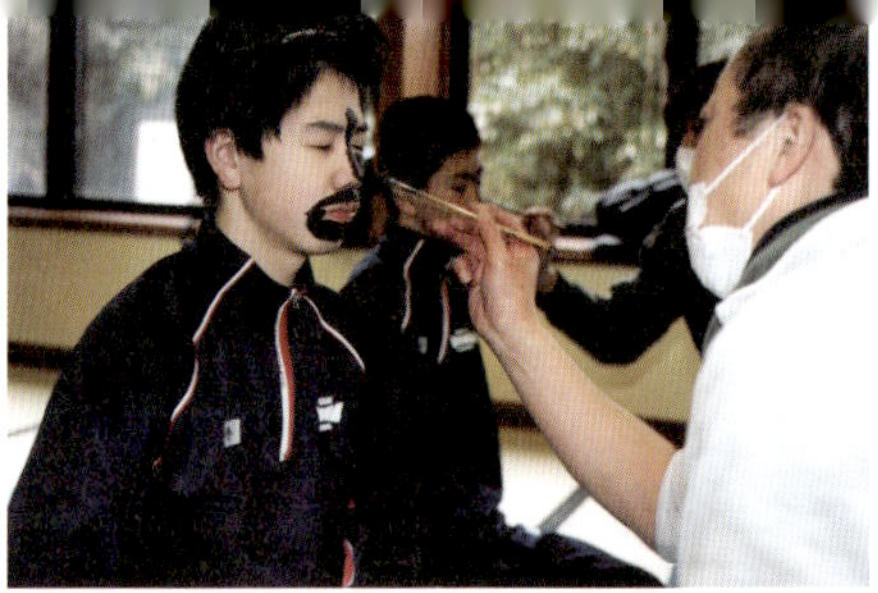

アマハゲ（にかほ市金浦赤石）

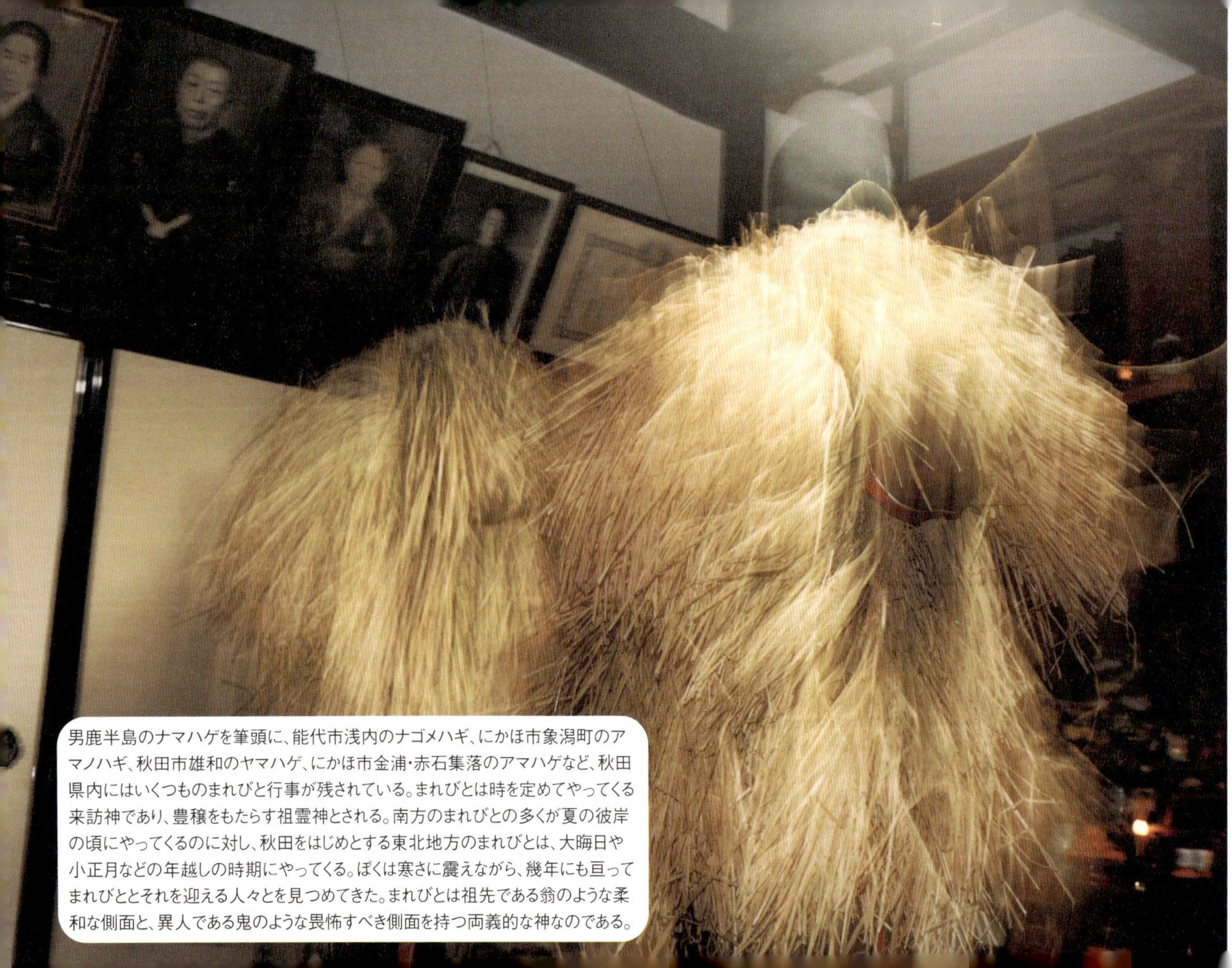

男鹿半島のナマハゲを筆頭に、能代市浅内のナゴメハギ、にかほ市象潟町のアマノハギ、秋田市雄和のヤマハゲ、にかほ市金浦・赤石集落のアマハゲなど、秋田県内にはいくつものまれびと行事が残されている。まれびととは時を定めてやってくる来訪神であり、豊穣をもたらす祖霊神とされる。南方のまれびとの多くが夏の彼岸の頃にやってくるのに対し、秋田をはじめとする東北地方のまれびとは、大晦日や小正月などの年越しの時期にやってくる。ぼくは寒さに震えながら、幾年にも亘ってまれびととそれを迎える人々とを見つめてきた。まれびとは祖先である翁のような柔和な側面と、異人である鬼のような畏怖すべき側面を持つ両義的な神なのである。

アマハゲ（にかほ市金浦赤石

［第八章］白い神々の憑依
オシラサマとシャーマニズム

❶……「秋田風俗問状答」とネフスキー

江戸時代に秋田藩藩校・明徳館の儒学者だった那珂通博《なかみちひろ》が取りまとめた『秋田風俗問状《といじょう》答《こたえ》』（1814）という古書がある。

1813年に**屋代弘賢**《やしろひろかた》を中心とする江戸の学者たちが「諸国風俗問状」という小冊子を刷り、これを各藩の知人たちに頒《わか》ち、それに対する回答を求めた日本初の民俗採集として知られる。秋田を筆頭に白川、吉田、長岡、高取、小浜、峯山、浦崎、淡路、阿波、和歌山、白子、信夫、天草、莉荻などの地域から、各藩の風俗調査報告が届き、『諸国風俗問状答』としてまとめられた。

この本は戦争中の1942年、柳田國男が推薦者となり、民俗学者の中山太郎が校注を手掛け、『校註　諸国風俗問状答』（東洋堂）として上梓されている。口絵には『秋田風俗問状答』から挿画10枚が掲載され、「道祖神祭」「歳の神祭」「歳の神祭の船」「七夕竿燈」の他、座頭や万歳の姿を描いた図も収められた。この秋田の調査報告は単独でも編集され、金森正也による翻刻・現代語訳として『秋田風俗問状答』（2018）が出版されている。[1]

中山太郎は『校註　諸国風俗問状答』の序文に「本書を先ず異郷の学友ニコライ・ネフスキー氏に御目にかけ候」という一文を記している。というのも「風俗問状答」の存在を中山が知ったのは、ネフスキーが『秋田風俗問状答』を見せてくれたからだった。[2]

中山太郎（1876–1947）と**ニコライ・ネフスキー**（1892–1937）の出会いは、ネフスキーが日本にやってきた1915年に始まっている。東京本郷にあった吉川古書籍店で、中山は

屋代弘賢（1758–1841）
江戸時代中期から後期にかけての国学者。塙保己一に国学を学び、『群書類従』の編纂に携わる。蔵書家として知られ、上野不忍池近くに蔵書5万冊を納めた不忍文庫を設立した。「諸国風俗問状」を配布し、答信を求めた。『秋田風俗問状答』は秋田藩がまとめた答書である。

中山太郎（1876–1947）
栃木足利生まれの民俗学者。秋田出身の国学者平田篤胤を崇拝する雑貨・材木商の父の影響を受け、歴史への関心を深めた。柳田國男の『郷土研究』に触れて民俗学を志すが、〝中山民俗学〟と呼ばれた、文献資料を駆使した独特の方法論を確立する。主な著書に『日本巫女史』や『日本盲人史』がある。『校註 諸国風俗問状答』には「秋田風俗問状答」の押絵10枚が転載されている。

ニコライ・ネフスキー
（1892–1947）
ロソビエト連邦の東洋言語学者、民俗学者。アイヌ語、宮古島方言、台湾原住民ツォウ語、西夏語

偶然、2人のロシア留学生と知り合い、彼らの下宿を訪ね意気投合した。ネフスキーとニコライ・コンラッドである。**ニコライ・コンラッド**（1891－1970）は、ネフスキーのペテルブルク大学の先輩で、後に東洋学者としてモスクワ大学教授となり、ソ連の〝日本学の父〟と呼ばれた。またネフスキーの師レフ・シュテルンベルク（1861－1927）は、1889年に樺太に流刑となり、樺太アイヌやギリヤーク、ウィルタなど樺太先住民調査に従事し、後にペテルブルク学士院の人類学民族学博物館の設立者となったロシア民族学の先駆者である。

1917年にロシア革命が起こり、ロシアの政情は一気に悪化した。ネフスキーはそれでも小樽高等商業学校（小樽商科大学）や大阪外国語学校で教鞭をとりながら日本語、アイヌ語、琉球語、台湾原住民ツォウ語、西夏語を研究し、語学の天才と言われた。中山は、ネフスキーを貴族院書記官長だった柳田國男、アイヌ研究で知られた金田一京助、歌人で民俗学者の折口信夫に紹介する。中山は次のように書く。

「斯くして大正六年春と記憶しているが、ネ氏は一冊のノートブックを私に示し、これは柳田先生から借覧した「秋田風俗問状答」を自分で克明に謄写したものであると語られた。これが私が初めて問状答なるものの存在を知り、かつこの書の民俗学的価値の多大なることをあわせ知ったのである」[3]

中山が知らなかった秋田の本をネフスキーは見せ、それがやがて『校註　諸国風俗問状答』の完成へ繋がっていった。

日本民俗学は、1910年に柳田國男（1875－1962）が岩手遠野の古老の伝承を書き記

の第一人者として幅広い研究を行った。中山太郎を介して柳田國男や折口信夫、金田一京助と知り合う。小樽高等商業学校（現、小樽商科大学）のロシア語教師などを務めた後、1929年に帰国するも、1937年、日本人妻イソがスパイ容疑を受け、妻と共に銃殺された。1957年、名誉回復し「西夏文献学」などの研究によりレーニン賞受賞。代表作に『月と不死』、『アイヌ・フォークロア』、『宮古のフォークロア』がある。

1：中山太郎編著『校註　諸国風俗問状答』（東洋堂）、及び『秋田風俗問状答』（金森正也現代語訳　無明舎）

2：註1と同じ。

3：註1と同じ。

した『遠野物語』を世に出したことを始まりとする。「民俗学」という言葉が市民権を得るのは、柳田が慶應義塾大学史学科で「民俗学」の講義を始めた1920年とされる。帝政ロシアの首都にあるペテルブルク大学から1915年に官費留学してきたネフスキーは、日本民俗学が誕生しつつあったこの磁場の中で、特別な働きをしたキーパーソンとなった。

　ネフスキーの代表作『月と不死』を編集した**岡正雄**は、ウィーン大学で学んだ人類学者であり、異人論で知られるが、ネフスキーは日本民俗学の流れにまさに〝異人〟として参入し、言語や方言、伝承や風習の隠された意味の重要性を知らしめることになった。そのネフスキーが『秋田風俗問状答』に注目し、重要性を伝えようとしていたことは見逃せない。『秋田風俗問状答』は「異人」により再発見された日本民俗学の賜物となった。[4]

❷……巫女のオシラ遊び

柳田國男と折口信夫という日本民俗学の2大巨頭に教えを受け、後に東洋学者として不朽の名声を残すニコライ・ネフスキーは、1892年にモスクワ北東、ヴォルガ川とコトロスリ川の分岐する古都ヤロスラブリに生まれた。1910年にペテルブルク大学東洋語学部中国・日本語学科へ入学し、1915年に念願の日本留学を果たした。

　初めは日本の古代文化研究をするつもりで風土記の類を調べ、祝詞《のりと》や神道に関連する資料本を片っ端から読み込んでいたが、中山太郎を通じ、柳田、折口、金田一といった日本民俗学を代表する人々と知遇を得た。そして彼らと交流するうちに文献資料だけでは不十分であり、古代文化の古層の残る辺境を実際に歩き、古老に話を聞き、生活風土を感じ、新たな民

ニコライ・コンラッド（1891–1970）ソビエト連邦の東洋学者。「ソ連における日本学の父」と呼ばれ、『源氏物語』などの古典文学、日本時代に交流のあった谷崎潤一郎の著作も翻訳した。ペテルブルク大学東洋語学部中国・日本語学科卒業後、日本に派遣され、ニコライ・ネフスキーと駒込の一軒家で共同生活を送る。1917年のロシア革命により帰国し、1922年から母校ペテルブルク大学に日本語講座を開設した。1934年以降、粛清されたネフスキーの遺児エレナを引き取り、養育した。主な著作に『東洋と西洋』や『奈良時代の土地制度』がある。

岡正雄（1898–1982）長野松本生まれの民族学者。東京帝国大学社会学科卒業。柳田國男と雑誌『民族』の編集に携わるが、後に決別して廃刊となる。1929年、渋沢敬三の支援を受け、ヴィルヘルム・シュミットのもとで民族学を学ぶため、ウィーン大学に留学する。主著となる博士論文「古日本の文化層」を執筆し、日本文化が5つの異なる文化の複合体である

俗学の手法を実践したいと思うようになる。以降、本州、北海道、宮古島、北京、台湾と調査地を広げながら、1929年にソ連へ帰国するまで15年にわたって研究を続けている。

柳田國男に師事するようになったネフスキーは、1919年に遠野の佐々木喜善と共同で「オシラ神」の研究をしてはどうかと柳田から勧められた。ネフスキーとオシラ神との運命的な出会いの年である。オシラ神は岩手、秋田、青森の北東北を中心とした民間信仰であり、地方や時代により名称も異なり、関連する伝承や伝説も多種多様である。

柳田が実際に見聞した羽前《うぜん》庄内(荘内)地方では「オシラ神」のことを「オクナイ様」と呼んでいた。菅江真澄の「月の出羽路」には、オシラ神を「オコナヒガミ(行神)」と記している。オコナヒガミは、竹でつくられ、端を布で包んで帽子のように被せ、男女2体で並べる。この頭巾のような帽子は、年ごとに着物と共に重ねられ、次第に巨大化する。数年ごとに巫女がやってきて着せることもある。

形態や信仰も同一ではない。奥羽地方では養蚕の神として信仰する土地が多く、御神体も竹ではなく桑の木でつくった。桑の木2本に顔を刻み、彩色し、布を着せ、人形のようにした。とはいえ、必ずしも養蚕の神としてだけあるわけではなく、宅神としてカマド神や保《うけ》食《もちの》神と同様に扱われたり、三宝荒神や道祖神と混淆し崇められたりしている。宅神はその家の守護神であり、本来は食物神だったが、奥羽で養蚕が盛んになり農桑神として信仰されるようになったと思われる。柳田國男は「巫女考」で菅江真澄の「月の出羽路」を引いて次のように述べる。

「オシラには男女の顔を刻んだ剥出の物もあれば、姫頭、鶏頭、馬頭などもあるが、

と論じた。その他の著書に『異人その他』、『日本民族の起源』がある。

4：ニコライ・ネフスキー『月と不死』（岡正雄編　平凡社東洋文庫）

巫女が村里を持ち廻るものは多くは布に包まれて姿が秘密であった。羽後仙北地方においては『谷を隔てて生立る桑の樹の枝を採り、東の朶《えだ》を雄神、西の方を雌神とし、八付余の束の末に人の頭を作り、陰陽二柱の御神に準う。絹綿をもって包み秘め隠し、巫女それを左右の手に取りて、祭文、祝詞を唱え、祈り、加持して祀る』（「月の出羽路」巻21）という」[5]

この記述には、オシラ神が巫女と密接に結びつき、その御神体を巫女が操り、現前化させることが示される。かつて秋田各地では、このオシラ神信仰が盛んだった。角館白石のオシラサマ行事は、厨子に納められた一対のオシラサマを年に1度、養蚕が終わると取り出し、新しい真綿を着せ、赤飯を炊き祝った。十和田湖に近い鹿角小坂には巫女の家があり、巫女は白装束に朱袴を付け、乞われるままオシラサマを両手に持ち、呪文を唱え、死者の霊と対話した。角館で活躍した民俗学者の武藤鉄城は「警察聴取書に見たる一巫女の陳述」という文章で、昭和初期における秋田の巫女状況を次のように書く。

「秋田県には未だ巫女が多い。殊に奥羽山脈寄りの仙北郡には三ヶ村に一人と云ってもよい程で、一村に二人の巫女のいる所さへある。昔のように弓弦を弾いたりしないが、偉大な念珠をもんだり、太鼓を叩いたりして神降ろしをやっている」[6]

オシラサマには毎年、新しい着物を着せ、年に1度は遊んであげないと祟りがあると信じられ、多くは祭りの日に「オシラ遊び」をした。

伊能嘉矩（1867-1925）
遠野生まれの人類学者。岩手師範学校（現、岩手大学）を退学になった後、坪井正五郎に師事する。日清戦争で日本領となった台湾に総督府雇員として赴き、人類誌、言語、民俗・風習を網羅的に実施調査し、特に原住民の実態について多大な研究成果を残した。また在学時から、遠野の歴史、民俗、方言の研究に取り組み、台湾からの帰国後は柳田國男ら民俗学者とも交流し、『遠野物語』の成立に影響を与えた。著作に大著『台湾文化志』ほか多数がある。

東北発祥の人形のコケシは、白木に顔を描く。コケシに着物を着せると「オヒナサマ」になり、この人形を動かすと人形遊びの起源になる。アイヌ語では木を「シランパカムイ」と言うが、その言葉は木の神が棲みついていることを意味する。アイヌの祭具「イナウ」も木を削り、顔を描くことがある。オシラサマは、そのため「シランパカムイ」を表しているとも言われた。さらに北のウィルタ（オロッコ）やニブウ（ギリヤーク）には「セワ」と呼ばれる2体1組の御神体もある。オシラ様の出自の複雑さを物語るさまざまな痕跡がそこにあった。

❸……イタコの口寄せ

ニコライ・ネフスキーは1920年からオシラサマの集中研究を始めるが、その手助けとなったのが、台湾原住民研究の第一人者で、岩手遠野在住の**伊能嘉矩**《かのり》だった。ネフスキーは同年夏に東北縦断旅行を行い、「東北の小地域の非常に奇異な文化現象」の詳細な調査を遂行した。

　宮城の佐沼町ではオシラサマの御神体を初めて拝んだが、竹棒にたくさんの絹片を着せた2体で、頭しか見えなかった。このオシラサマはオカミサン（巫女）が神降ろしをする時だけ用いられる。オカミサンの前に供えたオハナエに棒を刺し、弓を叩き、数珠を擦り、神を降ろしてゆく。このオシラ（オヒナ）は巫女の御幣《みてぐら》となり、御神体には幣束の跡が認められた。さらに遠野へ出向いて伊能嘉矩の家を訪れ、イタコを招き「オシラ遊び」を見せてもらったり、「オシラ」の語源を調べたりしている。

　こうした調査を重ねたネフスキーは、オシラ神に似た信仰がシャーマニズム発祥地のシ

5：柳田國男「巫女考」（『民衆史の遺産6巻　巫女』谷川健一・大和岩雄責任編集　大和書房）

6：武藤鉄城「警察聴取書に見たる一巫女の陳述」（『旅と伝統』13巻11号　1940）

ベリア地方にいくつもあることから、「オシラサマ」は北方民族の古俗から伝わってきたものなのではないかという仮説を立てる。ネフスキーの中で、東北の片隅の古い奇習が、シベリア先住民族のシャーマニズムの実践へ重なっていった。

東北のオシラサマは、通常は「イタコ」と呼ばれる盲目の巫女が奉仕する。イタコは毎年正月、3月、9月の16日に土地の旧家に招かれ、その家のオシラサマを手に持ち、歌ったり、舞わせたりして「オシラ遊び」をする。

柳田國男は戦後に発表した『大白神考』(1951)で、「オシラ」はもともと蚕の異名であり、忌詞《いみことば》(禁句)のことだったと指摘する。白い蚕の豊産を念じ、オシラサマを祀る例は北東北の岩手、青森、秋田では一種の祭祀として受け継がれたが、「オシラサマ」に「大白神」や「白神山」の漢字をあてることもあり、それが北陸の白山(ハクサン/シラヤマ)信仰へ繋がっていったのではないかと柳田は問うた。[7]

ネフスキーはまたオシラサマの「シラ」は「知る」という語から来ているのではないかと指摘している。この神に仕える巫女も「シラ」と呼ばれた。これは「白拍子」「白比丘尼《しらびくに》」「白神《しらかみ》筋《すじ》」といった巫女の名称に通じている。

「さまざまな民族や人種の巫女の俗名は、シャーマンという言葉どおり、『知る』という語に根差している。日本でもヒジリ(聖)などの言葉にあらわれている。巫女からいうとオシラサマは自分にものを知らせる神でした」[8]

巫女の神降ろしでは、さまざまな神を呼び寄せた。しかし巫女に憑くのは、各家が代々親密な関係を結んできた特別な神だけである。その神を〝知せ神〟、つまりオシラサマと呼んだ。さまざまな神を呼び寄せることができたのも、このオシラサマのお陰である。そのため神降ろしの際に、御神体で弦を打ち、神の名前を唱え、神々を次々と呼び出していった。

渡辺郁子「鹿角郡におけるミコの組織と機能」には、秋田県鹿角郡に6人の盲目の巫女がいて、1人の座頭(ボサマ)により統括された組織をつくっていたと書かれている。座頭は年に1度、鹿角の巫女を集め、向こう1年の相談をしたり、神つけの儀式に立ち会ったりした。[9]

このような巫女が数年がかりの修業で習得するのは神降ろし、仏降ろし、占いであり、それが終了すると、二足四足断ち(断食)に入り、最終的に2俵の米俵の上で習得してきたことのテストを受ける。この時、師から伝授の印として守り神の入った筒、珠数、八卦の道具を譲り受ける。他の地方では口寄せの際にこの珠数を用いるが、鹿角の巫女は自製の弓を使い、珠数は占いに用いたという。

「ここのミコにとって最も大切な機能は、神口、生口、死口の三種の口寄せである」[10]

鹿角の巫女は、隣の生保内や角館の巫女のようにオシラ遊びはしない。仏降ろしは死者の供養や仏の加護を受けて幸福を招き寄せるためになされるが、家族や自分の慰めも大きな要因となる。また仏が古いほど守護霊的な性格を帯び、新しいほど聞き手自身の慰めのために降ろされるものでもあった。

こうしてみるとオシラ神信仰の養蚕の要素は、近世以降に付け加えられたもので、その原

7：柳田國男『柳田國男先生著作集　第十一冊　大白神考』(実業之日本社)
8：中山太郎「ネフスキーのオシラ神様」(『日本巫女史』国書刊行会)
9：渡辺郁子「鹿角郡におけるミコの組織と機能」(『宗教研究』36巻3輯)
10：註9と同じ。

型の1つは狩猟の指導者である巫覡《ふげき》(シャーマニズム)の守神だったと想定される。岩手遠野ではオシラサマは、養蚕の神であると同時に山猟に欠かせない守護神であり、出猟時に必ずオシラを出し、どちらの方向に進めば獲物が得られ、安全が確保できるかが占われた。秋田マタギの出猟儀礼もこの占いに関係している。猟師の一団が狩に出かける折には村の巫女を連れてきて、その守神たるオシラサマに意見を伺おうとする。

巫女が定住から流民となり、オシラサマだけが旧家に残されることもあったし、村で巫女を何人も養えなくなり、村から村へ回り歩く場合もある。狩猟が廃れ、農業に転換し、巫女が白太夫と化し、国から国へ流浪していったこともあった。

こうしてイタコが流民化してゆくと、各家ではなく、イタコ自身がオシラサマを持つようになる。霊力の強いものを納める外法箱《げほうばこ》に動物頭(馬、鶏、狐、人の頭蓋骨)の御神体を忍ばせ、口寄せ時に弓の前に箱を置き、神降ろしの文句を唱える。動物頭は憑き物系動物で、巫女に何度も取り憑き、彼女の守護神となっていた動物である。弓は梓弓《あずさゆみ》と呼ばれ、神を招き寄せる振動を起こす呪具であり、その弦を振るわせ、神を憑りつかせた。

❹……馬産と養蚕

オシラサマと馬の因縁話が広まったのは、ニコライ・ネフスキーが初めて取り上げた馬産地である東津軽郡奥内村の伝承がきっかけだった。

ある百姓家に1人の娘と栗毛の馬がいて、娘が16歳の時に馬と性的交渉を持った。父親がそれを知って激怒し、夜密かに馬を山中に連れて行き、焼き殺した。娘は馬がいなくなった

アレクセイ・オクラドニコフ
(1908-1981)
ロシアのイルクーツク生まれの考古学者。イルクーツク郷土誌博物館の民族学部主任として、アムール川流域の調査を行い、流域諸民族の文化が太古からの伝統に根差していることを明らかにした。下流域の半地下式住居に定住する漁労民の文化、ウズベキスタンのネアンデルタール人の小児の発見、モンゴルにおける旧石器時代の遺跡の調査など、研究エリアを広げていった。北アジア岩壁画という新分野を切り開き、考古学と民族学の融合を目指した。民族学者の岡正雄と親しく交流した。『シベリア史』ほか多数の著書がある。

ので方々を探し歩くが、焼き殺された場所を通ると、急に強い風が娘を取り巻き、そのまま天空へ連れ去り、娘と馬は天上で夫婦となった。その後、娘は親への恩返しに数匹の虫を天から下した。今まで見たこともない虫だと村中で大騒ぎになるが、虫に食わせる餌を知らず、ある日老人が杖をついて立っていると、虫がその杖にすがりついた。その杖は桑の木だった。虫は桑の葉を喜んで食べた。天から授かったため、この虫は天の虫と書く「蚕《かいこ》」と呼ばれた。以来、このことを忘れないように桑の木から2体の神体をつくり、咋神《くいのかみ》様として祀るようになった。

この馬と娘の性的関係の記述は、シベリア狩猟民族に古来分布する動物と人間の結婚説話と同根のものである。

イルクーック教育大学考古学教授だった**アレクセイ・オクラドニコフ**（1908－1981）は、シベリアやモンゴルでネアンデルタール人遺骨調査や岩刻画の調査を行っているが、その代表作『黄金のトナカイ』（1968）で以下のような見解を提示している。

「狩猟と性的交渉、死と生、愛と殺傷は旧石器時代芸術において不可欠にからみ合っている」[11]

オクラドニコフはこうした人と動物の性的交渉の伝承には、女と雄動物、男と雌動物の2パターンがあるという。タイトルの「黄金のトナカイ」は北アジアの岩壁や巨石に刻まれた動物の名称である。女は性的魅力を感じて相手の動物を掌握し、その動物は愛情の代償として狩猟時の豊かな成果を約束する。

11：アレクセイ・オクラドニコフ『黄金のトナカイ――北アジアの岩壁画』（加藤九祚訳　美術出版社）

東津軽郡奥内村の伝説では、愛情の代償として動物の代わりに蚕が与えられている。この書き換えは、養蚕が日本に広く移入されてからの説話であることを示し、古来の狩猟民伝承に農耕養蚕民の物語が上書きされたことを暗示している。

シベリアを中心とする北方ユーラシア大陸には、太鼓を叩き、鐘を鳴らす神降ろしや、神懸りをして神と交信する儀礼が古くから多く分布している。このシャーマニズムの発祥は、人類の過酷な寒冷地適応期間における、生き延びるための肉体の鍛錬や精神の超越法と関連しているように思われる。

奥東北のイタコもこの北方シャーマニズムの流れの中にあり、中山太郎は「外人の見た巫女の作法とオシラサマ」で、オシラ様は太古の北方民族の儀礼が輸入されたものか、その北方民族が日本に移住し伝えられたものであるという見解を述べている。[12]

ネフスキーは、またモンゴルのシベリア先住民ブリヤートが「モリニ・ホルボ(馬の棒の意味)」という馬棒神を持ち、その棒は頭が馬、下が蹄であり、これに5色の布や小さな鈴をつける信仰も伝えている。日本のオシラ神にも馬頭があり、陸前気仙郡には足が蹄形のオシラ神も存在する。5色の布はオシラサマの「センタク」と呼ばれる着衣と同じであり、センタクの着せ方は北方民族の古い貫頭衣(布中央に穴を開け、そこから頭を出す寒冷地で工夫された衣類)の形式である。オシラサマの出自は不明だが、日本海沿岸に多くの類例を有する、北方からの渡り神の流れを汲んでいると推定できるだろう。

❺……………『遠野物語』から『捜神記』へ

日本民俗学の先駆的研究となった柳田國男『遠野物語』には、次のようなオシラサマのヴァリアントが記されている。

妻を亡くし、美しい娘と1頭の馬と養蚕をして暮らしていた男は、娘が馬を愛し、夫婦となっていることを知り、愕然とし、馬を殺す。娘は馬の首にすがり泣くことを止めず、男は仕方なく馬の首を切断すると、娘は馬の首に乗り、天へ昇っていった。オシラサマとはこの日に「成った神」であり、馬を吊り下げた桑の枝で神像を象ったものが由来という。

『遠野物語拾遺』には似た内容の娘と馬の話がある。同様に娘が馬に嫁いだことを怒った父は、馬を桑の木に繋ぎ殺すが、娘は愛しんで馬の皮で舟をつくり、海へ出て死ぬ。その舟となった馬の皮と娘の亡骸から湧き出た虫が蚕になった。あるいは馬を殺された娘が家を出ようとする時、庭を見るよう言い残し、父が庭を見ると白い虫（蚕）が馬の形となり湧き出ていた。

こうした東北各地に多くの変種を有するオシラサマの出典を、中国の古い物語集『捜神《そうじん》記《き》』（4世紀頃）に求める説もある。『捜神記』中の「馬の恋」に代表される「馬娘婚姻譚」が中国の伝承に多数存在するためである。

この「馬の恋」では、娘との結婚を望んだ馬が殺されると、その馬の皮が娘を包み込み、飛び去ってしまう。その後、庭の木の上に娘と馬の皮が見つかるが、どちらも繭状になり、糸を吐いていた。その繭は他の繭より何倍も糸が取れるものだったという。[14]

東北各地に伝承されたオシラ様は、いわゆる異類婚姻譚であり、娘は異類と知りながら馬を愛し、結ばれる。異類婚は禁じられ、それが判明すれば直ちに追放される。しかしオシラサマでは馬は殺され、神となり、馬と娘の死体は化生して蚕になった。

12：中山太郎「外人の見た巫女の作法とオシラ様」（『日本巫女史』図書刊行会）

14：干宝『捜神記』（平凡社）

オシラ様は死体化生の作物起源神話とも重なっている。例えば『古事記』（712）には、オオゲツヒメ神話が記される。アマテラスに高天原を追放されたスサノオは空腹を我慢できず、オオゲツヒメに食べ物をくれるよう頼み、オオゲツヒメはさまざまな食べ物を用意してくれる。その素早さに不審を抱いたスサノオが食事の用意をする様子を覗くと、オオゲツヒメは、鼻や口や尻から食材を取り出し、調理していた。それを見て汚らわしいと激怒したスサノオはオオゲツヒメを殺してしまう。その死体の頭から蚕、目から稲、耳から粟、鼻から小豆、陰部から麦、尻から大豆が実った。[15]

この神話を受け継ぐ『日本書紀』のウケモチ神話では、ウケモチはツクヨミがやってきた時、陸の方を向いて口から飯を出し、海の方を向いて口から魚を出し、山の方を向いて口から獣を出し、それらを供しツクヨミをもてなしたところ、ツクヨミは「吐き出したものを食べさせるとは無礼である」と怒り、ウケモチを斬ってしまった。その死体の頭からは牛馬、額から粟、眉から蚕、目から稗、腹から稲、陰部から麦・大豆・小豆が生じた。アマテラスはそれを喜び、民が生きていく大切な食物になるとして、これらを田畑の種にした。その種は秋に実り、「秋」は『日本書紀』に記された最初の季節となった。またアマテラスは、蚕を口中に入れ、糸を引き出し、養蚕はそこから始まったという。[16]

『古事記』や『日本書紀』のこうした神話は、世界中に分布する死体化生の作物起源神話である「ハイヌウェレ型神話」と同様の内容を持つ。ハイヌウェレ型神話とは、ドイツの民族学者アドルフ・イェンゼンの命名によるもので、殺された神の死体から作物が生まれる物語である。イェンゼンの『殺された女神』（1977）によれば、その典型は、インドネシアのモルッカ諸島セラム島のウェマーレ族神話であり、ハイヌウェレとはその殺された女神の名で、「ココヤシの枝」という意味である。オシラサマの物語はこの普遍的な世界神話へ接続され、その起源はさらに縄文時代にまで遡ってゆく。[17]

6……アイヌ文化との関わり

武藤鉄城を東北大学奥羽文化調査所の研究員に招聘した喜田貞吉は、1928年に「オシラ様に関する二三の臆説」という論考を書いている。オシラサマとアイヌ文化の関係や、「オシラサマ」と「オヒナサマ」の言語的な結びつきに注目した論文である。[18]

喜田貞吉(1871-1939)は鳥居龍蔵と同じ徳島生まれで、東京大学卒業後、京都大学教授や東北大学教授を歴任し、歴史学、考古学、民俗学、文学を横断する学問の探究に励み、晩年は特に東北地方史に精力を注ぎ、奥羽文化調査所を中心に広くフィールドワークを行っている。

喜田は1936年に、東北では縄文土器をつくる人々が鎌倉時代まで生活していたという仮説を立て、考古学者・山内清男《やまのうちすがお》と論争を繰り広げた。これをミネルヴァ論争という。「ミネルヴァ」とは喜田が「日本石器時代の終末期について」等の論文を発表し、論争の舞台となった雑誌名である。

東京大学理学部考古学科で鳥居龍蔵に学んだ山内清男(1902-1970)は、現在の考古学の基礎となった、地層と土器の型式による縄文土器の編年研究を進め、縄文時代終末期とみなした亀ヶ岡式土器を細別し、縄文時代の終末に大きな地域差は見られないと論じた。〝縄文の父〟と呼ばれた山内は、土器器面の縄文文様が、植物繊維を紐状に縒《よ》った「縄文原体」を

15…『古事記』(倉野憲司校注　岩波文庫)
16…『日本書紀』日本古典文学大系67・68(坂本太郎他校注　岩波書店)
17…アードルフ・イェンゼン『殺された女神』(大林太良他訳　弘文堂)
18…喜田貞吉「オシラ様に関する二、三の憶測」(『先住民と差別』河出書房新社)

回転させ施されていたことを実験で明らかにし、土器の編年に基づく相対年代を決定していた。

その編年体論に対して、喜田は東北の石器時代遺跡から宋代（960－1279）の宋銭が出土していることを盾にして、北上川河畔の平泉で絢爛たる京文化が移入されていた一方で、それから80キロ隔たる山間の岩手の僻地では引き続き亀ヶ岡式土器を使用する石器時代人が生活していたとする説を提示したのだ。

この時、喜田は自らが研究していた山人や山窩といった日本の被差別民の存在も射程に入れていたと思われる。彼が言う宋銭は宋代に鋳造された銅銭であり、日本には平安時代末期から鎌倉時代にかけ日宋貿易で大量流入し、室町時代以降も元銭や明銭と共に使用されていた。

その喜田がオシラサマに注目したのは、まずアイヌ文化との関係においてだった。アイヌの宅神（家神）に「チセイコロカムイ」がある。各家の最重要の神であり、チセイコロカムイとは「家を持つ神」の意味である。1本の木に彫刻を施して人体とし、それに「イナウ」を供した。イナウは「ヌサ」とも呼ばれる御幣であり、細く切った紙を何条か束ねて木枝に掛ける。紙に交互に切れ目を入れて折りかけ、竹や木の柄に挟むこともある。本来は衣服材料の「布《ふ》帛《はく》」を、幣物として神に供したものだ。チセイコロカムイには頭部があり、毎年新しくイナウを着物のように着せ、オシラサマのように重ねていった。

アイヌでは、衣服の原材料として木の皮が使われた。皮を裂き繊維状にし、縒《よ》りあわせる風習が古くからあったし、木の皮の繊維をイナウと組み合わせ神に供えることも行われていた。こうしたことからオシラサマとチセイコロカムイの成り立ちに、深い繋がりがあることが想像できる。

アイヌの祖先はかつて日本列島全域に存在していた。飛鳥時代や古墳時代に東北に追いやられ、蝦夷と呼ばれ、さらに北海道へ逃れた。その頃からチセイコロカムイに似た風習はあり、アイヌ民族が追放されたり、拡散したり、馴化されてゆくプロセスで、地域的に、時代的に多様に分化していった。ある流れでは養蚕の神に転化したり、木皮のイナウの代わりに布帛や紙幣が用いられたり、馬頭や鶏頭を被せられたり、烏帽子や絹織物を載せられたりした。とはいえ本源はアイヌ文化であり、蝦夷の国だった東北にその遺習が保存されたのではないかというのが喜田の考えだった。[19]

❼……オヒナサマを透視する

喜田貞吉は折口信夫の指摘に基づいて、オシラサマは「オヒナサマ」ではなかったかという問いを投げかけている。もともとオシラ神は地域により多様な呼び方がなされ、いったいどれが本源なのか見定め難い。遠野のオシラサマ、庄内のオクナイサマ、八戸のオヒラサマ、黒石ではオヒナサマと呼ばれることもある。日本語の発音では「ヒ」と「シ」は区別しにくいし、「ラ」と「ナ」も同様である。方言の問題もあり「ラ行」は「ナ行」になってしまうし、同じように「ナ行」も「ラ行」に転じやすい。

また「ヒナガミ」という言葉が古くからあるが、これは蝦夷(夷人)の神を指してきた。オシラ神とは「お夷神」のことであり、中央から東北に移住してきた人々が先住民である蝦夷の神を土地の宅神として祀ったものと考えられる。在来の神々を自分たちの神々と一緒に祀

19：註18と同じ。

ることは、しばしば行われた。日本神話の国津神《くにつかみ》と天津神《あまつかみ》の同居はその典型例と言える。いくら武力による支配とはいえ、先住民の神々を蔑ろにはできない。日本列島に以前からいた先住民族と、大陸系の大和朝廷との戦闘が激しかった古代日本では、侵略者がその土地の土着の神々を祀ることは広く行われていた。侵略者が先住民の神を、氏神や護法神として祀り、共存共栄の印として印象づけたのである。

喜田貞吉の「オシラサマ＝オヒナサマ」説は、それ以前にニコライ・ネフスキーも指摘していた。ネフスキーはオシラサマはもともとは一種の形代《かたしろ》であり、それはオヒナサマと同物だったと言う。

現在まで続く3月の雛祭りに雛壇に飾られる「ヒナ人形」の起源もよくわかっていない。寺島良安編纂による江戸中期の絵入り百科事典『和漢三才図絵』（1712）には「およそ物の大なる者を馬と云ひ、小なる者を雛という」とあり、ヒナ人形遊びは世界を縮約した人形や調度を使った遊びだったことが記されている。

ヒナ人形の原型は、単純な立像の紙ヒナであり、男雛と女雛の2体を中心とする人形に、雛あられや菱餅を供した簡素な形式だった。しかし江戸後半から、平安時代の装束を正確に再現した「内裏雛」が流行するようになると、三人官女や五人囃子等の登場人物も増え、白酒やちらし寿司も備えられ、紙ヒナはしだいに消えていった。

紙ヒナは首人形の顔に紙の衣を着せて遊んだのが起源とされる。平安中期の日本最古の長編小説である紫式部『源氏物語』や、平安を代表する随筆集の清少納言『枕草子』（1001）にも少女の遊戯になっていたことが描かれている。

オシラサマでも「オシラ遊び」という巫女たちによる人形遊びの慣例がある。首人形のように木や竹の偶像に新たな紙の着物を着せて操り、舞わせ、歌わせ、オシラ様の好物の団子や漬物のご馳走を供する。巫女が掌の中でクルクルと神の分身と遊び興じる様には、奥東北を舞台に錯綜する、多層な民族と文化が透けて見えてくる。

⑧……白山信仰の源流

オシラ様と白山信仰との関連については、既に柳田國男が「稲の産屋《うぶや》」(『海上の道』)で指摘していた。南島語の「シラ」が、「稲霊《いなたま》」や「産霊《むすひ》」を意味し、それが日本3大名山で山岳信仰の拠点である北陸の白山(2703メートル)と深層で関係していると示唆したのだ。[20]

沖縄では「シラ」は産屋を言い、妊婦は「シラピトゥ」と呼ばれる。またイタコがオシラサマを遊ばせる行事が、3月と9月の16日、田の神の降りと昇りの時期に行われることに柳田は着目し、「シラヤマサマ」と言われた「オシラサマ」の作神行為にも言及する。傀儡《くぐつ》(人形師)が祀る白神や白太夫も白山神と同類とされている。[21]

「越《こし》のしらやま」として数々の詩歌に詠われてきた白山は、大陸から日本海を渡ってくる人々にとって最大のランドマークとなった。日本海側では鳥海山と並ぶ秀麗な霊峰であり、その清冽な水の豊かさで水神や農業神として、また修験道の大霊場として崇められてきた。さらに白山神社は、かつては東日本の被差別部落地域に多く祀られ、その周辺に漂泊民集団が生活していた。

石川、福井、岐阜の3県に跨る白山に鎮座する白山比咩《しらやま・ひめ》神は日本各地に2700社を超す白山神社の総本宮であり、開基は716年とされる。もちろん秋田にも、下浜の白山神社、由

20：柳田國男『海上への道』(岩波文庫)

21：柳田國男「大白神考」(『柳田國男先生著作集』第十一冊 実業之日本社)

利本荘の白山神社、三種町の白山神社、湯沢の白山山頂の白山神社など日本海側沿いに多くの白山神社がある。世界遺産となった白神山地もオシラサマと関連している。

白山信仰と古代朝鮮半島の謎に迫った**前田速夫**『海を渡った白山信仰』では、日本の被差別民に崇拝された白山神の前身である「原シラヤマ神」は、中国と朝鮮の国境に聳える白頭《はくとう》山《さん》(白山)山麓のツングース系種族「濊」と朝鮮からの渡来人集団「秦氏《はたし》」の連携によって日本列島へ渡ってきたと推測されている。[22]

白頭山の高さは、日本の白山とほぼ同じ2744メートルである。「ハクサン」は江戸期以降の呼び方で、それ以前は「シラヤマ」と言っていた。大和朝廷が日本先住民を蝦夷《えみし》と名付けたように、「濊」は古代中国王朝が辺境異族を差別的に呼んだ蔑称である。

シベリア発祥の巫覡(シャーマニズム)が日本列島に流れてくるルートはいくつもあった。大陸から樺太を経由したり、満州や朝鮮を経て伝えられたり、日本海を直接渡るルートもあった。

朝鮮民族の成立は、北方から朝鮮半島へ2度に分けて大量移入してきたツングース系民族の混淆により形成されたと考えられている。第1波で移動してきた大人数の人々は朝鮮半島南部に辿り着き、そこに定着し、「馬韓」「弁韓」「辰韓」の三韓を建国した。2度目に移動してきた人々は朝鮮半島北部に広がり、「扶余《ふよ》」「沃沮《よくそ》」を建て、後に「高句麗」へ吸収された。

668年に高句麗が滅亡すると、白頭山山麓の濊は渤海国を興した。日本海を渡り、秋田へ何度もやってきたあの渤海国である。その渤海国の末裔が靺鞨に、さらに女真となり、非漢民族中国王朝である「金」や「清」を打ち立てた。つまり白頭山信仰を核とする濊とは、差別されてきた漢民族支配をひっくり返した民族集団の元祖と言える。

前田速夫(1944-)
評論家、編集者。『新潮』編集長を長く務める。『余多歩き 菊池山哉の人と学問』で読売文学賞受賞。そのほかに『白の民俗学へ——白山信仰の謎を追って』や『海人族の古代史』がある。

⑨……ツングース民族大移動

シベリアのツングース系民族の大移動は朝鮮半島へのルートばかりではなく、大陸から樺太、千島、北海道、日本列島へも及んだ。日本海を挟んだ人種や民族の古代の流動について、歴史学者の西村眞次（1879-1943）は『国民の日本史・第一篇　大和時代』で、次のような概略と仮説を示している。

およそ3800年前から3000年前、日本の縄文後期、人口が膨れ上がった大陸のツングース系民族は東西南北へ新しい土地を求め移動し始めた。現在のアムール川（黒龍江）付近を占拠していたツングースは、風浪が穏やかな夏期に、船を間宮海峡や日本海沿岸に浮かべて南下し、樺太や北海道へ辿り着く。

まず門番（オトリ／小樽）を置き、下って海獺（モト／陸奥）を発見し、海岸沿いをさらに航海し、入海や河川の地である秋田へ出た人々はそこに仮住し、あたりを鮭（ダワ／出羽）と呼び習わした。

「陸奥、出羽は、しかしながら、ツングース族の最後の住地ではなかった。彼らは日本海側に沿うて南下し、或は直接に母国から日本海を横切って、佐渡を経て、越後の海岸に来り、そこに上陸し、或は更に南西方に航行して、出雲付近までも進んで行ったであろう。こうした移動を私はツングース族の第一移住と呼んでいる」[23]

中国と朝鮮の国境地帯にある白頭山の山麓周辺には濊、貊《ばく》、粛慎が居住していた。その後、

22：前田速夫『海を渡った白山信仰』（現代書館）

23：西村眞次『国民の日本史　第一篇　大和時代』（早稲田大学出版会）

濊や貊は衰え、粛慎が勢いを増し、さらに粛慎の末裔の女真（満州）が台頭し、白頭山を霊山として信仰の対象とした。このように最初期の朝鮮国が白頭山山麓で起こったため、白頭山は「朝鮮民族の揺籃」の地とみなされるようになった。

近代になると、白頭山は朝鮮の人々のナショナリズムの根拠となり、第二次世界大戦前後には反満抗日ゲリラの拠点と化してゆく。北朝鮮建国の指導者・金日成は自らを白頭山を根城とする抗日パルチザンであり、白頭山の女将軍・金正淑との間に生まれたのが息子の金正日だと公表した。

韓国には現在も驚くほど多数の巫女がいて、彼女たちによる巫祭（クッ）が各地で頻繁に行われている。韓国の祝祭は儒教的祝祭と巫女の巫祭に大別される。前者には司祭役を選び共同体で行う男性主体の洞祭（トンジェ）と、家主中心で執り行う家祭の祖霊祭がある。また後者の巫祭は、巫女を招き、村全体で行う女性中心の豊漁祭と、個人単位により病気治癒を行う憂患巫祭や死者慰霊の死霊祭がある。韓国の巫女は一般的に「万神（マンシン）」と呼ばれるが、地方によっては「ムーダン」「タンゴル」「シンバン」と名称は多様である。

朝鮮半島に定住した白頭山信仰を持つツングース系民族は、戦乱や植民のため、さらに海を渡って日本を目指し、日本列島各地へ拡散していった。『今昔物語』には流れ着いた「能渡（能登）」の光浦（輪島）から越後へ逃げてゆく漂流民の話が記され、以降、本格的に日本海を北上する人々が多数現れたことが示されている。中世の能登半島には漂泊民がいて、そうした民族が越後以北へ移動していった。

また戦国時代には浄土真宗の弾圧が強まり、京都から福井、越前、能登、越後へ多くの宗徒が逃れた。その中には宮大工や漆職人などの職人集団もいた。朝鮮半島から、京都から、出雲から、さまざまな出自を持つ人々が日本海沿いを北上し、独特の文化やネットワークを各地に伝え、稲作技術や発酵法、漁法や製鉄技術などを根付かせていった。

⑩……稲と白山信仰

東北のオシラサマは地域による差異が大きく、1つの源を特定することが困難であり、移行の順序も判別し難い。さらに白山比咩神社の祭神菊理媛《くくりひめ》と名馬の恋物語（名馬に導かれて天に昇り絹を吐く虫となる）、養蚕との関係、豊産の祈念行事等、明らかに後世に付加されたものが混入してくる。

柳田國男は「稲の産屋」で、岩手の南部地方で行われている巫女による「オシラ遊び」が正月に加え、3月と9月にも行われ、日程がこの地方の「農神降り」と「農神昇り」の日に重なっていることに言及している。

農神の降り昇りの日、春秋の往き返りに、歳神《としがみ》である農神は雪神とすれ違う。9月の昇りに農神は田に立ち疲れて、やつれ果て、帰ってゆくと、その姿を笑われた。3月の降りには今頃行っても食うものなどないと冷やかされ、いえいえ、わたしには餅だの飯だの拵えて待っていてくれますと、降りてくる。この農神はオシラサマやシラヤマサマと称され、所々の山の入口や峠に小さな祠がある。

春の農始めに穀物の種を持って空から降りてくると信じられている点は、南端の宮古島の「ムナフカ」という神に似ていることにも柳田は注目した。琉球列島の一部では稲の蔵と人間の産屋を「シラ」と呼ぶ。沖縄の言葉は、すべての行為主体をAという母音1つで表示する習わしがあり「生むもの／育つ」を「シダ」、つまり「シラ」と言って通じた（ダ行とラ行はかつては非常に近かった）。

「育つ・育つるという日本語の方は、はやく展開を停止したようであるが、西南諸島のスダテイン（育つる）等は、別に原形のシデイン・シデイルンがあって、人の生まれることから卵のかえることまでを意味し、スデミヅは産井の水、スデガフーは大いなる喜悦の辞、更にこの世の衆生をスヂャという語ももとはあった」[24]

稲作を生活の糧とする日本各地の人々の間には多くの信仰行事の一致があり、それが現在まで引き継がれてきたのは驚くべきことである。八重山諸島にも稲をシラと呼ぶ習わしが残るし、シラはまた人間の産屋の生活を表し、シラに関連する多数の季節儀礼があった。稲は女に見立てられ、「シラピドゥ」は妊婦のことであり、「ワカジラァ」は産婦をいい、「シラフジョウ」とは産屋の穢れのことだった。

柳田國男は愛知北設楽の山村で見た霜月神楽に「シラ山」と称する奇妙な行事があったことを記憶していた。樹の枝で大きな山をつくり、前後に出入口を設け、人々をその中へ潜らせた。この行を成し遂げた者を、「生まれ済まれり」と呼んでいたという。産道を抜ける出産や再生のメタファーだったのだろう。

⑪……渡り神としてのオシラ様

日本独特の巫女やシャーマニズムの歴史について書いた中山太郎『日本巫女史』に、中山に宛てたニコライ・ネフスキーの書状が掲載されている。

「加賀の白山《しらやま》の主神である菊理姫命と、オシラ様との関係については、深く考慮したことがないので、有無ともに判断することはできぬけれどもこの神の出自が、日本の神典ではやや明白を欠いているが、若し日本海方面に多くの例を示している『渡り神』の一つであるということが証明されるようになったら、両者の関意すべきであろう」[25]

「巫女孝」で、柳田國男は羽後仙北郡北楢岡に「白神女《しらかみめ》」という高名な県神子《あがたみこ》がいたことを記している。菅江真澄の「月の出羽路」からの引用だが、その名前に柳田は注目した。

「これはその巫の名前であったようにも考えられるが、『裏見寒話《うらみかんわ》』巻四によれば、甲州には口寄せ巫の筋に白神筋という家が所々にあって多少世間から嫌われたとある」[26]

確かに菅江真澄「月の出羽路」には、秋田の羽後仙北郡横沢村の白神社は俗にオシラサマと言われ、養蚕の神であり、オシラサマの正しい本名は「白神」であると書かれている。柳田はこれを踏まえ「これらの白神はあるいは白山権現ではなかったかと思う」と私見を述べる。

24：註20と同じ。
25：中山太郎『日本巫女史』(国書刊行会)
26：柳田國男「巫女考」(谷川健一・大和岩雄責任編集『民衆史の遺産6巻　巫女』大和書房)

「白山の神を白神と呼ぶのはあり得べきことで、ことにこの社の下級の神人が、ほとんど漂泊とも言うべき旅行をもって、権現の信仰を全国に伝播した事実に考えて、オシラ神という物の少なくとも起原のみは白山神明の神招《かみおき》に用立てた移動的霊位すなわち手草であったと見るのがよいかと思う」[26]

大陸からやってきた白山神社の神人が日本各地を漂泊しながら信仰を広め、その時の「移動的霊位」がオシラサマの御神体となり、基本形式が伝えられたと柳田は考えていた。

実際、「アルキミコ」と呼ばれた漂泊の巫女は、御神体を宿した秘密の箱(外道箱)を持ち歩き、中には白紙《シラカミ》や獣の骨、人の頭蓋骨などが入っていた。口寄せの霊験は、その力の源である御神体から発せられる。彼女たちは本尊と共に旅する〝歩く巫女〟だった。

「ミコ」は「神の子」の意味である。古代中国では「巫覡」という言葉を使い、殷や周、秦や漢の時代に盛んに行われた。「巫」は女のシャーマン、「覡」は男のシャーマンを指し、神を祀り、神に仕え、神の言葉を人々に伝える役割を表した。「巫」も「覡」も半神人である。「巫」という漢字は、天を示す上の1本線と、地を示す下の1本線を繋ぐ中央の1本線が天から地へ降ろすことを表し、左右に踊り歌う半神人である巫覡が描かれている。

シャーマニズムは神と人の間を繋ぐ儀礼であり、人が神憑りとなり、託宣を告げる。その呪儀の習俗が表現されたものが甲骨文や卜占には多数あり、漢字の起源と密接に関わる。

日本で「ミコ」というと「イタコ」が連想されるが、「イタコ」もアイヌ語「イタッコ」に由来すると言われる。「神がこう言った」という意味で、神託のことである。

ミルチャ・エリアーデ

(1907-1986)

ルーマニアのブカレスト生まれの宗教学者、民俗学者、幻想小説家、歴史哲学者。ブカレスト大学哲学部時代に東洋思想と宗教学への関心を深め、1929年から4年間インドのカルカッタ大学に留学する。その間に半年ほどヒマラヤ山中に籠りヨーガを学ぶ。第二次大戦後はパリで活躍したが、1957年にシカゴ大学教授として招かれる。主な著作に『シャーマニズム――古代的エクスタシー技術』、『イメージとシンボル』、『生と再生』がある。

柳田民俗学の本流の外に位置し、〝非常民の民俗学〟を確立し、巫女、山窩、売笑、人柱、葬礼、犯罪、盲人、差別といった特異な分野研究に邁進し、独自の業績を残した中山太郎は、イタコのみならず広く日本の巫女の形式や内実を歴史的に考察し、『日本巫女史』を書き上げた。そこにはニコライ・ネフスキーの取り組みに感化された、遥かシベリアで展開されたシャーマニズムへの洞察も含まれている。

⑫……シャーマニズムの本源

シャーマニズムは、もともとシベリア諸民族やウラル・アルタイ語系諸族に特徴的な原始宗教形態だった。シャーマンと呼ばれる巫者が神憑りし、神や死者と交信し、神意を示したり、悪霊を祓ったり、予言をしたり、病を治したりする。「シャマン」は、ツングース語で「巫者、呪医、預言者」を意味する「saman」を語源とする。シャーマンは踊り、歌い、呪文を唱え、太鼓や鈴を鳴らし、薬物や香料の仕掛けを借りて忘我状態となり、神を天から降ろしたり、自ら天に上昇したりする。

ミルチャ・エリアーデは『シャーマニズム』（1951）で、シャーマンが神と交換する形式として、憑依型（possession）と脱魂型（ecstasy）の2種類を挙げた。憑依は神がシャーマンの体に入り込み、その口を借りて神のメッセージを伝える。脱魂はシャーマンの霊魂が体から抜け出て、霊的宇宙で神と交信する。ただ社会や文化により、その解釈や理解は異なり、それぞれの儀礼や呪術の文脈の中で判断するしかない。[27]

シャーマニズムは人類の最も古い宗教形態であり、人が霊的存在を認識し、関係を持つよ

26：註25と同じ。

27：ミルチャ・エリアーデ『シャーマニズム』（堀一郎訳 ちくま学芸文庫）

うになった時から存在していた。

西ヨーロッパのクロマニヨン人は3万5000年前から洞窟壁画を描いたり(フランス、ショーヴュ洞窟)、角製道具を使い彫り込んだ彫像をつくったりしてきた。解読不能な記号や文字、印や図もあちこちに残る。これらの多くはシャーマンの手になるものという説もある。シャーマンはトランス状態に入り、霊的世界へ入り込み、超自然的なものと人を繋ぎ、その痕跡を絵や像として残した。

ロシアのウラジーミル市郊外で発見された2万5000年前のスンギール遺跡は、世界最古の贅沢で豪華な墓所である。2人の狩猟採集民の遺骨と共に出土した膨大な装飾品の多様さは、彼らが死後の世界を固く信じ、そこへ装飾品を伴って赴くことを無上の幸福としていたことを物語る。1万点近い腕輪、ブローチ、象牙のビーズは、死者が第2の人生の旅に出るために欠かせないものだった。死後世界の存在の確信は原始宗教の源泉となった。

シャーマニズムは、ロシアの民族学者たちにより最初に「発見」されたシベリア先住民の宗教的慣習であり、特殊地域に限定された信仰の実践だった。それが情報の広がりと共に普遍的概念として通用するようになり、各地に類似した形式が見出されてきたため、宗教基盤として一般化される。それまで異様で不可解な習俗とみなされていたものが、シベリア原住民の行動規範を基に再検証すると、その意味が理解できるようになっていった。日本独特の巫女文化もそのような文脈で理解されるようになった。そうした意味でニコライ・ネフスキーの果たした役割は大きい。彼の研究により日本の巫女文化が世界的なシャーマニズムの世界に開かれたと言えるだろう。

人間は自らの存在の儚さや死すべき定めを意識するようになってから、生きることの謎や秘密の手がかりを得ようとつとめてきた。この世に生きる意味や、死後にどのような世界が待ち構えているのか知ろうとしてきた。

オシラサマをはじめとする日本の巫女文化は、霊的世界に関する観念を巫女の体を借りて体現し、身体の運動や発話として顕在化させる。このような文化が奥東北という特殊な土地に根深く残り、未だ消え去ることなく深層に密かに息づいている。巫女と風土と風習が積み重なり、練り上げられてきたこうした精神の潮流のネットワークへ今一度思いを馳せてみたい。

〔第九章〕春くる鬼

異人たちの饗宴

❶……折口信夫と蝟集する霊

民俗学者の**折口信夫**（1887–1953）は1934年1月6日の「秋田魁新報」に「春来る鬼」と題した文章を寄せている。「秋田にのこる奇習」として掲載され、当時、ナマハゲは今のような全国的知名度が無かったことがわかる。冒頭にナマハゲを描いた菅江真澄の紀行文が引用され、その文を秋田の人々にもう一度繰り返し読んでもらいたいと記した。

「十五日……夕くれふから灯火とりて炉のもとに円居してけるをりしも角高く丹塗りの仮面に、海菅と言ふものを黒く染めなして、髪ふり乱し、肩蓑《ケラ》と言ふものを着て、何の入りたらんかから〳〵と鳴る箱ひとつをおひ、手に小刀を持てあといひて、ゆくりなう入り来るをすはや生身剝《ナマハゲ》よとて、童は声もたてず人にすがり、ものゝ陰ににげかくろふ。これに餅とらせてあなおかな泣くななとおとしぬ」[1]……（『菅江真澄遊覧記』）

秋田県の男鹿半島は「春来る鬼」の地だった。折口はこの男鹿を訪れ、時を定め他界からやって来る霊的存在を定義しようとした。その成果が1929年に提示された「まれびとの意義」となり、折口思想の重要概念となる。折口は「客人」を「マレビト」と訓じ、その言葉が本来は神と同義語であり、常世《とこよ》の国から来訪することを推定した。[1]

「マレビト」の契機となったのは1921年と1923年の2度の沖縄旅行だった。外部か

折口信夫（1887–1953）
大阪西成生まれの民俗学者、国文学者、歌人。釈迢空と号した。12歳年上の柳田國男の高弟として、〝折口学〟と称される民俗学の基礎を築いた。國學院大学国文科卒業、1922年に國學院大学教授、1928年に慶應義塾大学教授を兼任。1948年に『古代感愛集』により日本芸術院賞受賞。主な著書に『古代研究』、『日本文学の発生序説』、『死者の書』がある。1953年、胃癌により永眠。

氣多大社
能登半島の付け根の石川県羽咋市にある神社、能登国一宮。日本海に面して鎮座し、古代から北陸の大社として知られ、中近世は歴代領主から手厚い保護を受けた。本殿など5棟が重要文化財に指定されている。国の天然記念物の社叢「入らずの森」も有名である。

らの来訪者へ食や宿を提供し、歓待する風習は日本列島各地に存在する。こうした風習の根底に異人を異界からの神とみなす「まれびと信仰」が流れていると折口は考えた。

折口信夫は、石川県能登半島の羽咋《はくい》の、能登の国一ノ宮である**氣多大社**《けた》が鎮座する砂山の墓地に、養子の折口春洋《はるみ》と共に眠っている。日本海に面した千里《ちり》浜という砂浜が南北に連なる浜辺であり、大陸からの異物を受けとめる受け皿のような地形である。

氣多大社に祀られる氣多大菩薩は、孝元天皇時代に大陸から従者を引き連れ渡来した王子であり、能登半島を巡行し、鬼神を追放したとされる。羽咋は折口春洋の生地であり、来訪神の里としても知られ、２０１５年には羽咋市歴史民俗資料館で折口の没後60年を記念した「羽咋に眠るまれびと折口信夫」という展覧会も開かれた。

折口は能登半島と男鹿半島は日本海に沿った兄弟であると指摘し、両半島の強い繋がりについて述べている。またナマハゲを取り上げて「なまはげのくらい残しや雪の春」という歌を残し、男鹿半島の春に海からやって来る鬼が、太平山の三吉神社に登って行くという古代信仰と、能登半島中能登町の石動山《せきどうさん》との関連性に触れた。

三吉神社は梵天《ぼんてん》で知られ、修験道をベースに、太陽、月、星を神秘的な力の源泉として崇める道教の星辰信仰の影響も強い。能登の石動山は天から石が降ってきて生まれたという石伝説を持つ。「いするぎやま」や「ゆするぎやま」という古名もあり、いずれも「石が動く」の意味であり、修験道や星辰信仰の地でもある。最盛期の中世には北陸7ヶ国に勧進地を持ち、院坊は３６０を超えた。

氣多大社の名前の「氣多(けた)」は、「海に流した棒(けた)」を表し、日本海を越えて常世神《とこよのかみ》が渡ってきた地である。男鹿半島の「男鹿(おが)」という字も、雄の鹿ではなく古語の「おがたま

1：菅江真澄『菅江真澄遊覧記』全五巻（内田武志・宮本常一編訳　東洋文庫　平凡社）

2：「国文学の発生」第三稿（『折口信夫全集第1巻』中央公論社）

（招くたま）」であり、神を招き寄せる地の意味だった。

「船川の町に宿ったのは、あれは盆の幾日であったか知らぬ月の円かに白い晩であった。この町が畏友故沢木梢（四方吉）さんの生家のある処とも知らずに逍遥していた私は、夜の更くるまで町の広場で踊り興じている人の様々の姿の上に、ふと小正月の夜の男鹿の生身剥の面影を見た。東京に帰って秋田人であるということも、沢木さんにその話をして初めて船川の人であることを知った程、この県に対する知識は迂遠なものであった。竿燈《カントウ》其他の誘惑を感じさせる物語りをしてくれた其沢木さんも亡くなって、もう年を経た。この縁の少い秋田について憶い出されるのは、続々として故人の姿である。実は生身剥其ものが昔の村々にとって故人だったのである。言ひ換えればその農村漁村の測り知れない過去の祖先の霊鬼が、時あって帰って来たことを見せている」[3]

ナマハゲは死者の蘇りである。春来る鬼は常に姿を現さず、時あって霊が集中するとその巨大な姿を垣間見せる。多くの鬼の中でも最も原始的なものに近く、しかも懐かしい心で眺められたのは祖先の霊だった。その祖霊がナマハゲにより一気に覚醒する。

大陸から海を渡って渡来の人々が辿り着いたのは日本の海辺だった。それゆえ集落の発達は日本列島海岸部を最初とみなさなくてはならない。村人たちは祖先の霊の蝟集《いしゅう》する場として、海の彼方に空想上の常世の島を考えていた。鬼は人に顔を見せず、体も見せないという考えから蓑で全身を覆って忍び寄る。男鹿半島は、このような霊が集中してやって来る

3：折口信夫「春来る鬼」（『折口信夫全集17』中央公論社）

折口信夫と春洋の墓(石川県羽咋市一ノ宮町)

特別な場所だったのである。

❷……… マレビトの変容

1929年の折口信夫の「まれびとの意義」は、それまでの「客神」という記述に基づく流動的現象を分析する一視点として提示された。海の彼方から時を定め神霊が来臨し、村人を祝福し、訓戒をたれ、共同体の安寧が保たれる。その神話上の観念を現実へ移し替えるために儀礼や祝祭が行われる。[4]

神話から現実へ移し替えるにはさまざまな見立てや手続きが必要となった。例えば古来、放浪の神人である「ホカヒビト」が神を背負い村々を歩き回る言い伝えがあった。この時、祝福を与える神人を演じたのは人間であり、芸能者の「マレビト」だった。「マレビト」は人に言う言葉ではなかったが、人々が神から疎遠になるにつれ、訪れ来たる神を乞い願うようになったため、外部から来る人に転化され使われるようになった。神と考えられたものが人に成り替わってきたため、神を指した「マレビト」は人に移し替えられる。

神話と現実に大きな溝はあったが、既に日本海沿岸部には帯状に来訪神信仰が浸透していたため、選ばれた村人が来訪神に扮することに問題はなかった。また現実にはそうした村人の扮装の他に、日本各地を旅していた遊行芸人や聖《ひじり》、乞食や漂泊民、病者や巫女などが「マレビト」として共同体から弾かれたり、歓待されたりといった複雑な対応をされるようになっていた。

折口信夫はこの「神」と「ホカヒビト」を両義的に結びつけ、さらに「神」から「ホカヒビト」

への移行を歴史的プロセスとして捉えようとした。

歴史的に「マレビト」が訪れるのは、村の原型のような小さな共同体であり、大和朝廷以前の社会と推定される。年に1度、季節の節目である春を待つ冬の最中に、「マレビト」は村々を回り、春の訪れを告げる。「マレビト」が訪れないと地元の荒神(荒ぶる精霊)が暴れ回り、場が荒涼としてすさんでしまう。季節は死に絶え、草花は枯れ尽くし、人心も荒廃する。そのまま放置すれば土地は根枯らし状態になってしまうだろう。そうした状況を刷新するために外部からの異質なものの侵入が不可欠だった。土地の精霊の荒ぶる魂を鎮める方法を編み出さなくてはならない。外部から訪れるものがあるということは、外部が存在することの確認作業であり、その外を感知することが場に活力をもたらす源となった。

「おとづる」は「音をたてる」という意味だった。「音をたてる」が「訪れる」の意味になったのは、神が戸を叩いて音を出し、「マレビト」の訪れを知らせたことに拠ると折口は言う。「とんとん」「ほとほと」と繰り返し戸を叩く。音を聞いた村人は、「マレビト」と言えば、夜中に「おとなう」神の存在を連想するようになった。年の押し迫った大晦日の晩に扉を叩く者がいる。その時、神である「マレビト」は実体化し、その手は現実化され戸を叩く。となり戸を叩いている。その訪れを実装するために、神の代役を務めるのに最適な男が選ばれた。蓑笠は神となって神に身をやつす神聖な道具となる。

蓑笠を被ることは神に成ることだった。そのことによって、曖昧な神話が現実の歴史と一瞬交錯する。「マレビト」は時を定め、来たり臨む神である。海から富と齢《よわい》と幸福をもたらすと村人が強く信じていた神のことだった。

4：折口信夫「まれびとの意義」(『国文学の発生』第三稿『折口信夫全集1』中央公論社)

❸……鬼神と鬼門

折口信夫は1926年に発表した「鬼の話」で、「マレビト」と「鬼」を結びつけようとした。ただ折口は「鬼」が一般的になってゆく平安時代には、人々はまだ漢字を読み書きできなかったと注意を促す。それゆえ「おに」という音《おん》が「鬼」という漢字となり意味が固定されると、中国で使われていた「死者」の意味が強くなり伝わっていった。現代の人々は中国伝来の漢字の字面に囚われ、そこから意味を汲みとるようになったが、「おに」には漢字以前の多義的な意味が含まれる。つまり漢字伝来以前の日本では「おに」という音には「かみ」「たま」「もの」といった畏れ多いものや聖なるものの意味も残存していた。そのことを踏まえ折口は「マレビト」と「鬼」を再結合しようとした。[5]

岩手県北上に鬼のミュージアム「**北上市立鬼の館**」がある。ここへ行くと日本列島全域に鬼の祭りが存在していることがわかる。古来、鬼は日本の至る所に出没し、人智を超えた力を持って、人間の陰と闇の領域で暗躍してきた。

北上は勇壮な鬼剣舞で有名で、北上盆地では1200年前に日本を大きく揺るがした最強蝦夷連合軍と京（平城京と平安京）の大軍勢の戦いがあった。蝦夷らは北上だけでなく秋田に隣接する和賀川周辺の集団が集結して組織されていた。和賀川流域からは真っ赤に塗られた**赤彩球胴甕**《せきさいきゅうどうがめ》という地域独特の土器が多数出土している。この用途不明の土器は北上市立博物館の展覧会「蝦夷の赤い甕―最強の蝦夷は和賀川にいた―」（2020－2021）で公開され、8世紀後半から9世紀初めの蝦夷集団の結束の象徴として注目を集めた。[6]

北上市立鬼の館
北上市市民憲章に「あの高嶺 鬼すむ誇り」と謳われる鬼をテーマとした博物館。地元の和賀町は鬼剣舞（ユネスコ無形文化遺産）が古来伝わる地であり、鬼剣舞独特の歩行は修験道の鎮魂の呪術である「へんばい」から来ている。念仏剣舞が正称とされ、念仏により御霊や怨霊を往生させて災厄を防ぐ浄土教由来の信仰と言われる。2024年に30周年を迎え、巨大な鬼のモニュメントがリニューアルされた。

赤彩球胴甕
主に8世紀後半から9世紀初め頃、北上盆地から秋田県境へと向かう和賀川流域にあった蝦夷の村でつくられていた赤彩土器。口部分には不思議な赤い文様が描かれ、胴体部分は真っ赤に塗りつぶされていた。蝦夷と坂上田村麻呂ら大和朝廷側との戦いが最も激しかったこの時代に、和賀川は蝦夷の最後の防衛線であった。

鬼は日本では蝦夷の人々に対して付けられた蔑称でもあった。中国では「鬼」という字と「気」という字は同じ読み方をする。つまり「き」であり、「鬼」も「気」も見えない力を表している。そうした中国古来の見えない力の存在を日本独自の鬼の姿として表象するようになったのは平安時代以降のことである。

「鬼は外」の節分の由来も、平安時代の年中行事の「追儺《ついな》」の儀礼である。当時、大流行していた疫病は目に見えない怨霊や邪気が原因とされ、それらを祓う儀礼や呪術がさまざまに行われていた。ただ中国から伝わった追儺は外からやってくる鬼というより、人間の心の内部に巣食う鬼を追い払う行事だった。外部ではなく内部にいる鬼を追い出さなくてはならない。だから鬼は内から外へ、福は外から内へと言ったのである。自らの内部の穢れを浄化しなくてはならないというのが追儺の主たる目的だった。鬼は自分の中に棲みつく邪悪な存在の印でもあった。

北上市立鬼の館の展示室へ入るには大きな鬼門を潜らなくてはならない。古代中国では世界は四角い大地から出来ていると思われていた。その四角には世界の果ての門が建っている。そのうちのうしとら（北東）の方角にある門は鬼門と呼ばれ、鬼が出入りする門とされた。北は死や冬を表し、東は誕生や春を表す。つまり春に誕生した命は成長し、老い、冬に死を迎えるが、次の春に再び復活してくる。こうした循環の中で北東の方角は、冬から春への節目にあたるため死と誕生の接点となっていった。そしてこの死から生への移行期に異界の扉が大きく開く。旧暦の正月はこの時期にあたっていた。

鬼は秩序や体制からはみ出る混沌の世界に潜む超越的な力を持っていた。それは人間が制御できない力である。北東の彼方から、この世とあの世の境目の鬼門を潜り抜け、鬼たち

5：折口信夫「鬼の話」（『古代研究Ⅲ　民俗学篇3』角川ソフィア文庫）

6：「蝦夷の赤い甕—最強の蝦夷は和賀川にいた—」展（北上市立博物館　2020）

がやってくる。北東は中央勢力にとって鬼が棲みつき、鬼がやってくる方角であり、最も警戒を要する土地だった。

❹……漂流する仮面

折口信夫が「マレビト」の着想を得たのは沖縄である。神の原初的形姿は、人に幸福や安寧をもたらすものではなく、人を戦慄させ、畏怖の念を起こさせるものだった。神の姿は人間を侵犯してくる荒ぶる霊性を持つ。石垣島宮良《みやら》の海岸洞窟の底からやってくるニイルビト(アカマタとクロマタ)のように、沖縄の神々は神と人は異質であるという視点を持ち、神々は荒々しく訪れ、凶々しく狂い、人々を恐れさせる。神は決して人間化できない存在として出現してくるのだ。

ただ石垣島川平《かびら》のマユンガナシ(マヤの神)のように人間の姿を借り、1年の折目の節《しつ》の日にやってくる神もいる。マユンガナシには伝承がある。昔々、マヤの神が一晩の宿を頼んだが、どこの家も正月の節だからと断り、ただ南風野《はえのや》家だけがその異人を泊めた。以来、南風野家の作物がよくできるようになり、それを期に村の若者がクバの葉の蓑笠を着て、家々を回り、祝詞を述べるようになったと言う。

石川直樹の写真集『まれびと』で印象的なのが、このマユンガナシが門前で家を訪《おとな》う瞬間の写真である。蓑笠を着て、棒で地面を支え、顔や姿を隠したマユンガナシは、人の形だけを借り、異界の気配を纏い、この世に立ち現れてくる。石川は、その異人を対象物として撮影しているというより、異人が携えてきた異界の空気が現実世界と混じり合う時にどんな変化

マユンガナシ（沖縄県石垣市石垣島川平）

が生じるのかを見極めようとしている。[7]

折口信夫は「民族史観における他界観念」で次のように述べている。

> 「ある方向から吹いてくる風、それとともに照らしてくる光線、あるいはその風や光のためにそこにあり、そこにたたずんでいる樹木や岩石、それらもまたマレビトの一種なのである」[8]

このような〝原マレビト〟とでも言うべき現れを石川直樹の写真は捉えようとしている。光や風を孕んだ〝原マレビト〟は言わば霊性を含んだ新たな風土論を射程に入れていた。「マレビト」は沖縄旅行を契機に着火したが、来訪神儀礼は東北や北陸のみならず、南方諸島にも長く連なって存在し、石川直樹の『まれびと』にはそれらが網羅されている。

鹿児島県甑島《こしきしま》のトシドンは大晦日の夜に行われる仮面儀礼である。山上の巨石トシドンに降臨し、蓑笠を着け、鼻の尖った鬼のような面を被り、首を切断された馬に乗ってやってくるという神は、子供らを脅かしたり説教したりした後に、大きな年餅を配って歩く。

トカラ列島悪石島で旧暦盆の最終日に行われるボゼは、仮面を着けた3体のボゼがビロウの葉で体を包み、手足をシュロの皮で隠し、赤土を塗った棒（ボゼマラ）を振りかざし、子供や女たちの中に突入してゆく。

宮古島のパーントゥは村の若者がパーントゥという怪物に変身する。古井戸に淀む臭い泥を体に塗り、黒い仮面を被った異形のパーントゥは、ススキの魔除け呪具を頭に付け、手に杖を握り、蔓草を纏ってガニ股でやって来て、異界の印である泥を人々に塗りたくろうと

7：石川直樹『まれびと』（小学館）

8：折口信夫「民族史観における他界観念」（『折口信夫全集20』中央公論社）

パーントゥ（沖縄県宮古島市平良島尻）

トシドン（鹿児島県薩摩川内市下甑島）

ボゼ（鹿児島県十島村悪石島）

する。この儀礼は島の海岸にクバの葉で包まれた赤と黒の２つの仮面が流れついたことから始まったとされる。何処か遠い南の島から流れついた異形の仮面が日常の生活空間を一瞬のうちに異界へ変えてしまう。

来訪神儀礼では仮面は最も重要な要素である。人は仮面によって自分を失い、匿名の存在と化し、異界へ入ってゆく。あるいは仮面を通して神の存在に接近することが可能になる。仮面は人を自己を超えた超越的なものへ駆り立てる〝憑依〟の構造を内包している。人が異界に介入したり、神に近づいたりできるこの憑依のメカニズムが来訪神儀礼に特別な光輝をもたらしてきた。

東北の日本海側を中心に、仮面の来訪神は日本列島各地に出現する。海の向こうからやって来る得体の知れない怪物を家に招き入れ、酒肴や歌舞で歓待し、再び送り出す。荒ぶる自然そのものと言える来訪神を迎えるこの態度には、他者を受容し、共同体の境界を破り、再び引き直すという日本の自然観の一端が表れている。

こうした日本人の身振りは渡来文化を受容する際の基本となり、日本文化の独自性の形成に関与してきた。日本文化は外来文化や渡来神を導き、学び直し、噛み砕き、再調整することで推移してきた。外部の異質なものに接した時、内部に大きな変容が起こり、価値観や慣習の変更と刷新が迫られてゆく。日本は、鎖国時代があったことで、自ら閉じ、孤立し、純粋培養されてきた島国のように思われやすいが、実は連続してやってくる外からの影響に対し常にネットワークをつくって積極的に身を開き、異質な体験を繰り返し経ることで変容を続けてきた島嶼国なのである。マレビトの連携と共振が日本文化の深層を形づくってきたと言ってもいい。

橘公業（生没不祥）
平安時代末期から鎌倉時代前期にかけて活躍した武士。１１８０年に平家を身限り、源頼朝に従う。奥州合戦の論功で小鹿島（男鹿）から秋田にかけての地頭に任じられる。１２２１年には長門守護となる。かつての所領だった小鹿島の名前をとった小鹿島氏として知られ、肥前を中心に繁栄した。

真山神社
男鹿市北浦真山にある神社。景行天皇時代に武内宿禰が北陸地方視察のため男鹿半島に下向し、国土安泰を願って創建したという伝承がある。本社の特別行事として柴灯祭があり、正月３日夕刻に境内に柴灯を焚き、この火により炙られた餅を山に鎮座する神に献じ、五穀豊穣を祈る。ナマハゲはこの山の神の使者「神鬼」の化身と言われてきた。

❺……島から半島へ

日本海へ突き出した男鹿半島は、もともとは島だった。隆起陸塊の島が、秋田側の雄物川と能代側の米代川から運ばれた流砂により両側から結ばれた陸繋島であり、八郎潟を抱き込むように男鹿半島が出来上がる。古くは火山活動が頻繁に起こり、男鹿温泉郷をはじめ、金ヶ崎付近の海岸沿いには多くの温泉が湧出する。

男鹿半島は秋田で最も早くから開けた地域の1つであり、平安時代に開発が進み、奥州平泉の藤原氏の勢力下で栄えた。藤原氏滅亡後は**橘公業**《たちばなのきみなり》の支配下へ入り、室町時代に津軽十三湊を中心に大きな勢力を誇った安東氏の領地と化していく。

男鹿半島西部にある男鹿三山（本山《ほんざん》、真山《しんざん》、毛無山《けなしやま》または寒風山）は古くから山岳信仰の霊場であり、各地からさまざまな人々の出入りがあった。男鹿半島南部の船川《ふながわ》は、天然の良港として発展し、北前船寄港地となって日本海沿岸の各港とも強く結ばれていた。海路を交易を求めやってくる人々や難破して漂着する人々も少なくなく、遠方から多様な文物がこの半島へ持ち込まれた。

薄暗い巨木や杉林の鬱蒼と茂る中に鎮座する北浦の**真山神社**は、北緯39度線上にある。景行天皇時代（4世紀前半）に武内宿禰《すくね》が北陸や東北の視察の際、男鹿半島へ下向し、湧出山《わきいでやま》（真山の旧名）に登り、国土安泰を祈願し、ニニギノミコトとタケミカヅチを祀ったのが始まりとされる。この真山地区の大晦日の夜に行われた行事がナマハゲだった。漢の全盛期の皇帝で、匈奴を討伐し、漢の最大版図を築いた武帝（紀元前156–紀元前87）が5匹の鬼を率いて大陸から男鹿にやってきて、本山を棲家に毎日、鬼たちをこき使った。休みは正月15日の年に1度、その日だけ鬼たちは朝から里へ降り、家々を暴れ回ったという由来譚がある。伝承にすぎないが、本山には赤廰《せきちょう》と呼ばれる社があり、寒風山にも「蘇武が沢」や「蘇武が峯」といった縁《ゆかり》の名が付けられている。

景行天皇は九州で熊襲《くまそ》や土蜘蛛《つちぐも》と呼ばれた先住民族を征伐し、その後、武内宿禰に調査させた東国の蝦夷平定をヤマトタケルノミコトに命じた。武内宿禰も「記紀」に伝わる古代日本の人物であり、実在は定かではないが、葛城や蘇我といった中央有力豪族の祖とされる。北陸や東北に派遣され、その地の状況を視察し帰国した後、蝦夷を討つべきと景行天皇に進言した。その視察地跡が真山神社にあたるとされた。

貞観時代（859－877）、慈覚大師により湧出山は二分され、北は真山、南は本山となった。本山は、慈覚大師の本拠地だった山形の山寺や出羽三山と結びつき、平安時代から鎌倉時代にかけて栄えた。真山神社は南北朝時代に真言宗へ転じ、安倍、清原、藤原と支配者を移しながら、その庇護の下に修験霊場として発展している。本山の赤神神社には5つの社殿が並ぶ五社堂がある。海岸からすぐが山となり、入口の門前は静かな漁港である。五社堂には5匹の鬼が祀られている。男鹿三山は山岳信仰の地であり、1400年から1850年の間に次々と寺が建ち、常塔伽藍は48あったという。

現在のナマハゲは2月第2金曜から日曜までの連夜、真山神社で「なまはげ柴灯《せど》祭り」として実施されている。古くから男鹿に伝わるこの奇習は、赤鬼青鬼の仮面を被り、藁蓑を着て、大きな包丁と手桶を持った男たちが、大きな声を出しながら「泣ぐ子はエネーガー」「ヒシャミコギ（怠け者）の嫁っこはエネーガー」と家々を回る。

ナマハゲは「ナモミハギ」の名残りであり、「生身を剝ぐ」意味を持つという説がある。冬の厳寒期に囲炉裏の近くに長時間居ると、手や脛《すね》に赤い斑《まだら》の火痕がついてしまう。その火形がついても囲炉裏端を離れない怠け者の生身を剝ぐぞと脅したのがナマハゲの始まりというのだが、後世の後付けだろう。

「なまはげ柴灯祭り」は6世紀から行われているというが、これも定かではない。松明《たいまつ》をかざしたナマハゲが山を降りて、神社に設けられた紫燈の周りを乱舞する。ナマハゲ太鼓の豪快なリズムが雪中に響き渡る。髪を振り乱しながらの凄まじい怒号は降りしきる雪片を舞わせ、春の訪れを予感させる。

❻……兄弟の半島

男鹿半島と能登半島を兄弟のように折口信夫は考えていた。実際、2つの半島は大きな海流で繫がり、古くから能登の血と男鹿の血は混じりあっている。男鹿の町の店々には輪島塗の什器が何気なく売られ、男鹿には能登山もあった。能登からやってきた人々が多い船川の椿地区の裏山のことであり、折口もその山に登っている。能登半島の旧門前町では、毎年1月2日に奇怪な仮面をつけた3人の男がナマハゲ同様に「怠け者はいないか」と家々を巡り歩く、アマメハギという来訪神儀礼が残る。

折口信夫の墓は羽咋市の一ノ宮町にある。藤井春洋との出会いから、折口はたびたび羽咋を訪れ、1944年、公私共に信頼を置いていた春洋を養子に迎えた。春洋は折口主宰の短歌結社「鳥船社」に参加して認められ、1936年には國學院大学教授に就任するが、太平洋戦争で召集され、終戦直前の1945年、激戦地の硫黄島で玉砕した。養子になった翌年のことである。

折口も1953年に胃癌のため没し、遺骨は本人の遺志で春洋の眠る父子墓に埋葬された。この墓は折口が春洋の戦死を深く嘆き、彼の生家の墓地に1949年に建てたものである。硫黄島での非業の死を悼み、次のような遺書が墓に刻まれている。

「もっとも苦しき　たたかひに　最くるしみ　死にたる　むかしの陸軍中尉　折口春洋　ならびにその父信夫の墓」

折口の歌碑は近くの氣多大社境内にある。

「氣多のむら　若葉くろずむ　時に来て　遠海原の音を聴きをり」

1927年に折口が春洋ら学生と共に初めて羽咋を探訪した時に詠まれた歌である。墓のある辺りは砂浜がなだらかに続き、小さな松林があり、砂浜の向こうから波の音が聞こえてくる。

能登のこの辺りには澤木姓が多く、男鹿にも多い。折口が「春来る鬼」で言及した船川出身の**澤木四方吉**《よもきち》（1886－1930）は、慶應大学文学科の美術・美術史科の初代教授だった。永井荷風の後を継ぎ『三田文学』の2代目主幹も務め、「ミロのヴィーナス」を日本で初めて紹介し、学問としての日本の西洋美術史研究の土台を築いた人物である。

澤木四方吉（1886－1930）
男鹿船川生まれの美術史家。筆名は澤木梢。慶應義塾大学に学び、派遣留学生としてドイツに渡った。ミュンヘン大学でルネッサンス美術の権威ハインリヒ・ヴェルフリンに師事し、西洋美術史を深める。欧州大戦を避けて1917年に帰国し、慶應義塾大学の美術史学初代教授となる。日本に初めて「ミロのヴィーナス」を学術的に紹介し、東京帝国大学でもギリシャ美術史を講義する。永井荷風の後を継ぎ「三田文学」の2代目主幹を務めたが、1930年に肺結核で43歳で死亡した。

小牧近江（1894－1978）
土崎生まれのフランス文学者。1910年16歳でフランスに渡る。その後仕送りが途絶え、下働きや日本大使館で働きながら夜間学校に通い、1914年パリ大学に入学する。第一次世界大戦が始まると反戦思想を強め、小説家ロマン・ロランやバルビュスに共鳴し、クラルテ運動に加わる。1918年パリ講和会議に関わり、翌年に帰国した後、1921年に小学校時代の旧友・金子洋文や今野賢三と日本

澤木四方吉は父晨吉《しんきち》の意向もあり、12歳で男鹿を出て、明治学院へ入学し、14歳で慶應義塾普通部に転校、1909年に慶應義塾大学部文学科を卒業した。その後、1912年から1916年まで慶應義塾海外留学生として渡欧し、ベルリンやミュンヘンで同時代の新しい芸術運動に接しながら古典的な美術史研究に邁進した。

ミュンヘンでは、ルネサンス研究の権威ハインリヒ・ヴェルフリンの講義を聴講し、その著作『古典美術』をいつも持ち歩き、愛読していたという。またカンディンスキーとの親交もあった。しかし第一次世界大戦が勃発し、後に慶應義塾長となる小泉信三や小説家の水上《みなかみ》瀧太郎《たきたろう》と共にドイツを去り、ロンドンへ移った。その後、パリを経てフィレンツェとローマを拠点にイタリア美術史を学んでいる。パリ時代には島崎藤村や与謝野鉄幹・晶子夫妻と交流し、留学中は作曲家の山田耕筰、秋田出身で雑誌『種蒔く人』創刊で知られる**小牧近江**《おうみ》、劇作家の小山内薫や秋田雨雀《うじゃく》らと親交を結んだ。

澤木四方吉は1916年に帰国し、日本初のイタリア美術案内となる『美術の都』(日本美術学院　1917)を出版し、口絵には森鷗外からの手紙が挿入された。また研究対象をルネサンス美術研究からギリシャ美術研究へ移し、「アフロディーテ(ミロのヴィーナス)の脱衣」などの論文を執筆する。澤木の4つ下の美術史家・矢代幸雄は澤木の死後に「優れた感覚と新鮮な取扱に大いなる刺激を受けた」と記している。[9]

1919年からは、日本美術史の瀧精一の招きで東京帝国大学講師としてギリシャ美術史を講じるようになるが、私学の学者が東大へ招聘されることは当時はきわめて異例のことだった。澤木は多くの美術家を育て、『レオナルド・ダヴィンチ——その前半生』(東光閣書店　1925)や『ギリシャ美術概観』(春秋社　1929)などの著作も発表したが、1930年に43歳

のプロレタリア文学の先駆けとなる雑誌『種蒔く人』を創刊した。第二次世界大戦中は仏領インドシナで民族解放運動を支援し、戦後も反戦平和運動を繰り広げた。

9：矢代幸雄「澤木梢君の思い出」(『図書』1964年2月号　岩波書店)

の若さで早逝し、郷里船川の旧澤木別邸に造営された大龍寺の墓所に葬られた。

❼……日本海の龍神

男鹿線の男鹿駅を降り、船川の町の平坦な坂をしばらく上ってゆくと大龍寺の山門が見えてくる。振り返ると船川港と日本海が遥かに見渡せる。かつては鯨漁で知られ、鯨塚も近くにある。

澤木四方吉の父晨吉は、秋田有数の資産家であり、歌人としても知られていた。広大な山林の経営や日本海沿岸の物流を手がけ、林業と呉服商を営みながら、船川町長も務めた。後には澤木銀行(秋田銀行の前身の1つ)を創業する秋田を代表する経済人だった。四方吉が亡くなった1930年には澤木家別邸だった1万2000坪の土地家屋を大龍寺に寄進し、「楽水亭」と名付けた。

海蔵山大龍寺は12世紀に開山したと伝えられる。貞和時代(1345-1350)には男鹿半島の女川にいた安部寂蔵《せきぞう》が菩提寺としていた。その後の弘治年間(1555-1558)に、尾名川安部基季が仙台藩黒石から禅僧の台巌俊鏡を請じて、禅宗寺院として再興、尾名川氏の菩提寺とした。しかし天正5年(1577)に男鹿の脇本《わきもと》城主だった**安東愛季**《ちかすえ》が尾名川氏を滅ぼし、大龍寺を脇本城下に移動させ、龍神信仰の強い安東家の祈願寺としている。

以後、350年あまり、大龍寺は脇本にあったが時代と共に荒廃していった。その凋落ぶりを見かねて檀家の澤木晨吉が広大な庭園付き別邸を大龍寺に寄進し、本堂も新たに建立し、四方吉の死後の1932年に船川の現在地へ移動させた。女川、脇本、船川と男鹿半島を

海蔵山大龍寺
曹洞宗特有の七堂伽藍を持つ寺院。多宝塔様式で鐘楼を兼ねた龍王殿がある。澤木晨吉が別荘としていた、日本海と奥羽山脈を借景にした日本庭園・楽水亭を寄贈したため、船川に移転された。

安東愛季
(1539-1587)
戦国時代から安土桃山時代にかけての武将。出羽国繪山城主下国安東舜季と秋田城主湊堯季の娘との間に生まれた。繪山城主を継ぎ、1570年に繪山城と秋田湊城を併合した。晩年には、名字を安東氏から秋田氏へ改めている。

3度転地したことになる。

大龍寺は本堂から祠堂殿《しどうでん》へ入る。その2階に十六羅漢と三十三観音像がある。これらは龍神信仰の厚い漁民農民たちが明治初期に奉納したものだ。日本海に棲む龍神が絶世の美女に化身し、台巌俊鏡のもとに通い、得度してもらい、髪の毛を残していった伝説が残る。この龍髪の払子《ほっす》(獣毛を束ねて柄をつけた法具)は俊鏡和尚の袈裟や俊鏡が描いた「龍影図」と共に今も伝えられている。

祠堂殿から龍王殿へ進む。この龍王殿は多宝塔様式であり、全国でも五指に入る大きさを誇る。上階に大梵鐘があり、鐘楼堂を備えた多宝塔は日本ではここにしかない。廊下に沿って蝦夷錦や仏像彫像が展示されていて見飽きない。大長庵に抜けると、その奥が楽水亭となり、そこから前庭の向こうに海がちらちらと光っているのが見えた。男鹿らしい風光である。

楽水亭の名は、哲学者で妖怪学でも知られた井上円了(東洋大学創立者)が1916年に船川に来遊した折、日本海と奥羽山脈を借景とする眺めの素晴らしさに感銘し命名したという。紅葉の時期は特に美しい。庭に出るとツツジや百日紅《さるすべり》に紛れて折口信夫が訪れた時に詠んだ歌碑と澤木四方吉の記念碑が寄り添うように立っていた。

❽……ホカヒビトとマレビト

「船川のちまたの桜　かがやかに　さくときとほく　とつぎゆかむとす」

大龍寺楽水亭庭園の片隅にある折口信夫の歌碑の歌である。

歌は折口信夫の唯一の女弟子だった歌人穂積生萩《ほづみなまはぎ》が結婚する時に詠まれたという。この歌には複数のヴァリアントがある。折口は半折短冊に歌を書く時も、大きな白紙を拡げ、筆を持って歌をつくっていったが、そのプロセスでいくつものしくじりができた。

「ふな川のちまたのさくら八重桜さくまち出でてとおくとつがむ」
「船川のやまの桜のつややかにさくときとほくとつぎゆかむ」
「船川のやまに八重さくはな桜このさといでてとつぎゆかむとす」

しくじりの跡には折口の思考の広がりと迷い、放射と収束の過程が透けて見える。

穂積生萩（旧姓澤木数枝）は澤木四方吉の姪にあたる。自身の『私の折口信夫』（中公文庫）によれば彼女は1926年に男鹿の船川に生まれ、3歳から東京世田谷に移り、17歳で鈴木亨《とおる》に師事し、折口学や『古事記』を学んだ。戦争が激しくなったため1944年に秋田へ帰り、そこで初めて折口と出会っている。生萩は第一歌集『貧しい町』（白玉書房　1956）をはじめとした多くの歌集を出す他、『龍女の首』（秋田魁新報社　1986）、『折口信夫・咒術の世界』（花曜社　1986）、『折口信夫——虚像と実像』（勉誠社　1996）、『執念深くあれ——折口信夫』（山折哲雄との共著／小学館　1997）といった折口関連の書を刊行している。

戦後の1948年に歌人の穂積忠の長男忠彦と折口の媒酌で結婚した。男鹿の山林の大地主で資産家の澤木再吉《さいきち》（末弟は四方吉）の娘として船川に生まれた生萩は、四方吉の旧友折口信夫に傾倒し「清《きよ》らの精神でつらぬかれた男女のうみつな愛の世界」（『私の折口信夫』）を経験したと自ら記す。

折口信夫は生萩を「春来る鬼」に育てあげようとしたようで、『私の折口信夫』には次の記述がある。

「もしも私が鬼ならば鉄棒を調達してでも持たせようというのが折口信夫の愛であった。鉄棒をふりまわす鬼の子を、その広い胸の中で育てるのをたのしみにするのが折口信夫なのである。『この鬼を〝春来る鬼〟に育てまひょ』」[10]

生萩は、東京では小石川林町にあった亡くなった四方吉の妻みね子の家に一時預けられていた。2階の床の間には「にぎはしき港なりけり」という船川を詠んだ折口自筆の掛軸が掛けられていた。折口の文字は太く、肉感的で、官能美に満ちた筆跡だったことが彼女の印象に残った。

慶應義塾長を務めた小泉信三は、澤木四方吉を「単に美術史の講義をしたというよりは、慶應義塾に美術史の学問を起こした人、あるいはその学問を植えつけたといってよい人」と評している。[11] 折口信夫にとっても四方吉は尊敬と愛情をもって接し続けた存在だった。ほぼ同世代であり、深い教養と知性を持ち、気の合うかけがえのない友人だった。その四方吉の姪であることが生萩に特別な存在感をもたらした。

折口信夫は戦争中の1944年に秋田を再訪している。秋田市の県会議事堂で行われた「文学報国会」の古典講座のためで、この時は『万葉集』を講じた。生萩はその講座に駆けつけ、折口と初めて出会った。「なまめかしく、切なく、なつかしい」出会いだったと彼女は思い

10：穂積生萩『私の折口信夫』（中公文庫）

11：小泉信三「澤木四方吉と慶応義塾」澤木四方吉『美術の都』岩波書店）

出す。折口はその翌年に息子であり「夫婦」だった養子の春洋を失っている。後年、生萩は羽咋の折口親子の墓参りをするが、墓はただの石っころだと思い続けていたのに、その墓石に触れ、温かみを感じ、とうとう墓石の傍の小石を持ち帰ってしまう。その石が折口の顔にそっくりだったからだという。墓がいつのまにか故郷に見えてくる。

「墓がただの石であるとしても、特別なふるさとを感じるのである。それは、誰の墓であろうと、単純な墓石には見えない。墓地と卒塔婆は私の仲間であり、私の安住地ふるさとなのである」〔12〕

「生萩《なまはぎ》」という名前は、折口がナマハゲの伝統を重視し、ナマハゲが死者の蘇りであることを想いながら彼女に付けた名前だった。

❾……流浪する神

折口信夫は1947年にも秋田を訪れている。その折、随行者を外し、1人で船川の澤木家へ寄った。生萩の父であり、四方吉の兄である再吉に挨拶することや四方吉の生家を訪問すること、そして生萩と再会することが目的だった。折口は同性愛者で当時はコカインを嗜み、生萩へ娘とも恋人ともつかない曖昧な態度で対応し続けていた。

その日、生萩は折口を山へ行こうと誘う。能登山と言われた椿町の裏山であり、ハイキングのように2人連れ添い、毒のある菊や飛び交う蝶の話をしながら、杉林が延々と続く山路を歩いた。谷を越え、台地に出て、七曲の坂を下り、数時間山を巡り、やがて海の見える平沢の町へ下っていった。その海原を見ながら、あらためてこの地がマレビトの里だったことに気づく。

「小正月或は元日に、妖怪の出て来るのは、主として奥羽地方である。なもみはげたか・なまはげ・がんぼう・もうこなど言う名で、通有点は蓑を著《き》て、恐ろしい面を被って、名称に負うた通りの唱へ言、或は唸り聲を発して家々に踊りこんで農村生活に於ける不徳を懲す形をして行くのである。私は地方々々の民間語原説はどうあろうとも、なま・なもみは、玄猪の『海鼠《なまこ》』と語原を一つにしたもので、おとづれ人の名でなくば、其目的として懲らさうとする者の名ではないかと思う。さうでなくば尠《すくな》くとも、我が古代の村々の来向う春の祝言の必須文言であったとだけは言われよう」（傍線は省略）[13]

折口信夫は生涯にわたって、祝言を述べながら「旅する神」に注目し続けた。神は移動する。移動する神が日本文化の根底にいる。神楽の神は旅する神である。旅の途中で種々の国々、村々に立ち寄り、呪術《じゅじゅつ》を行う。それがマレビトの核心である。初めは神に扮し呪言《じゅごん》を述べながら旅していた人が、自分が神に扮していたことをすっかり忘れてつぶやいている。神に扮した人は家々を祝福して歩く時、「寿《ことほ》ぎ」を言う。「ほぐ」「ほき」「ほきびと」「ほかふ」「ほいと」……「ほいと」は船川でも、私の郷里の土崎でも乞食のことだった。しかも移動する乞食なのだ。

12：註8と同じ。
13：註3と同じ。

「ほいと」は、大阪西成出身の折口にとっても家々を回り物乞いする人々のことを意味した。古代日本語の名残りの言葉である。村々を歩き、祝言を述べる神職をした人の成れの果てを「ほいと」と呼んだ。

「ほいと」や「ほきびと」は、旅をしながら村々で怨み嫉《そね》みを祓い、呪術をもって良い知らせを与えることを使命とした神の使い人だった。惨めで、汚くて、寂しく、寒々としている。しかし限りなく怖く、限りなく懐かしい。物もらいだが単なる乞食ではない。彼らは、一面で極めて畏怖すべきものを秘め、その実相を折に触れて垣間見せる。

神なのか、乞食なのか。一瞬神に成れる乞食なのか。乞食から神までの無限の階調を閃かせることのできる特別な人なのか。聖俗は限りなく交わり分別できない。

「いにしへの祝言者《ホカヒ》の如く　国々を　流離《ウカ》れも行かず、近き世の乞食《コジキ》さびして　漂泊《サスラヒ》の門には立たず、こと足らぬ日々を　悲観びつつ　まづしきに飽きつつ住めど、からくして　わたらひ来れば、とぼしきは　乏しきままに　かつかづも　我が生過ぎなむ」[14]

折口信夫は日暮れて薄暗くなってくる男鹿の山中で、道を見失いながら、いつのまにか「ほいと」になっていた。そして神であり乞食であることが日本文学の発生源であることを自覚し、その発生現場へマレビトたちを引きずりこもうとした。

何年も何十年も長き現実を生きてきた我が身を思う。春の雪が淡々と道や梢《こずえ》に消えてゆく。その生成消滅の最中に幻のようなマレビトが現出し、自分の人生の遊動が仄々《そくそく》と立ち現れてくる。折口はその幻をこよなく愛した。

「旅行きて旅に果てけむ　しづかなる心を　もりて　我が世は　をへむ」[15]

その道は海に続いている。

14：折口信夫「古代感愛集」(『折口信夫全集26』中央公論社)

15：註14と同じ。

ナマハゲ(男鹿半島·真山地区)

大日堂舞楽

お神札をおまつりし
大日堂舞楽保存会

奉納

2024年元旦、能登半島で大地震が起こった日、ぼくは1300年の歴史をもつ大日堂舞楽に立ち会っていた。鹿角市八幡平の大里、小豆沢、長嶺、谷内の4集落が分担して舞を奉納する民俗芸能で、堂内最初の行事、農作業の様態を模した「籾押し」から異界に引きずり込まれ、権現舞、駒舞、烏遍舞、鳥舞、五大尊舞、工匠舞、そして田楽舞で締めくくられる。有名な五大尊舞の黄金の仮面は、どこから見ても常に自分と目が合っているように感じられて、文字通り目が離せなかった。718年、元正天皇の勅命によって大日堂が再建された折、都から来た楽人によって伝えられた舞楽が起源とされている。

[第十章]風の身体

土と光の記譜法

❶……天空の不夜城

青森から秋田の能代《のしろ》へ鉄道で入るには2つのルートがある。青森の川部駅からローカル線の五能線に乗り換え、五所川原を過ぎ、日本海の岩礁に打ち寄せる波や白神山地の山並みを眺めながら東能代に入る経路と、青森の弘前駅から奥羽本線で大館や鷹ノ巣を経由し、米代川に沿って東能代へ入る道である。能代は日本海側では最古の歴史を持つ古い港の1つであり、秋田県の最長河川である米代川河口に開けた。近隣の豊富な木材や鉱石、米や酒が川を下り能代港に集積され、県内外の産物や文化が川を上り内陸へ運ばれた。

『日本書紀』には斉明天皇4年(658)、越国守・阿倍比羅夫の蝦夷征伐の際に「齶田《あぎた》」と「渟代《ぬしろ》」の名が出てくる。その遠征後の733年に出羽柵が山形から秋田へ移動され、秋田城と呼ばれるようになる。この秋田城の蝦夷対策の最前線基地となった出城が「野代営」だった。野代営は、蝦夷最後の反乱とされる平安時代の**元慶《がんぎょう》の乱**(878)に登場する。当地の蝦夷は順化し「夷俘《いふ》」と呼ばれていたが、大和朝廷の苛政に対して蜂起し、秋田城を襲った。元慶年間(877-885)は旱魃《かんばつ》が続き、全国的な飢饉が起こった。さらに秋田城介《すけ》の良岑近《よしみねのちかし》らが過酷な取り立てを繰り返したため、夷俘の怒りが爆発する。秋田城を急襲して火を放ち、出羽国司藤原興世《おきよ》が派遣した軍勢も散々に打ち破った。夷俘の反乱は拡大し、津軽や渡島(北海道)の蝦夷も同調し、夷俘を支持する体制へ入った。大和朝廷側はすぐに懐柔策をとって藤原保則を新しい出羽権守に任じ、これまでの〝力の政策〟から〝和の政策〟への転換を告げ、悪政を改めることを約束し、なんとか乱は治まった。

元慶の乱(878)
平安時代に起きた蝦夷(夷俘)の反乱で、出羽国の蝦夷が国司らの苛政に対して蜂起し、秋田城を焼き打ちした。秋田城司介良岑近や出羽国司藤原興世らでは抵抗できず鎮圧は難航したが、摂政の藤原基経が能吏として知られた藤原保則らを起用して懐柔策を採り終息させた。

2013年に1世紀振りに復活した豪華絢爛たる「能代七夕　天空の不夜城」は、「役七夕《やくたなばた》」と呼ばれる伝統行事を基とするが、この行事は渡来系氏族である征夷大将軍・坂上田村麻呂が蝦夷と戦った際、山中に潜む蝦夷を誘いだすため米代川に灯火を流したことを起源とする説がある。[1]多彩な灯籠が夜空を焦がす役七夕の中でもひと際壮麗な祝祭のクライマックスを飾るのは、名古屋城の形を模した城郭灯籠を載せた鯱鉾《しゃちほこ》を米代川に流す「能代のシャチ流し」である。

明治時代初期の古写真を見ると、約18メートルもの高さを誇る城郭灯籠が記録されている。その堂々たる城郭灯籠は夜明けまで町を引き回された。だが1908年から始まる開発で電線が張り巡らされると危険性が指摘され、高さが8メートル前後に制限されるようになった。戦時中に巡行は休止されたが、終戦後に復興する。近年になって能代市の国道の電線地中化工事が進み、再び大城郭灯籠が行き来できる条件が整備されると、2013年、役七夕は1世紀振りのスケールで復活を遂げた。18メートルの高さの城郭灯籠が古写真から再現されたのである。江戸末期の能代七夕で最初に名古屋城を模した城郭灯籠を手がけた大工・宮腰嘉六の名を付けた「嘉六」がその1台目であり、さらに翌2014年には、高さ24メートルを超す日本一の城郭灯籠「愛季《ちかすえ》」が製作された。名は中世に能代を治めた檜山城主・安東愛季に因む。「愛季」の重さは台車だけで20トン、灯籠は8トンという巨大灯籠である。青森五所川原の「五所川原立佞武多《たちねぶた》」の有名な城郭灯籠は23メートルの高さを誇るが、「愛季」はそれをも凌ぐ。

灯の入った〝動く城〟のような城郭灯籠は、夕闇と共に不夜城のように浮かびあがり、総勢500人の引き手らが山車音をギィギィ軋ませながら町を練り歩く。最後の夜のシャチ流

1：野添憲治『図説能代の歴史』（無明舎出版）

しは、灯籠頂上のシャチ装飾を筏に移し、火をつけ、米代川の中ほどへ流す。「シャチ」は海獣オルカとも言われるが、空想上の生物である。伝説上の鯱（シャチ）の頭は龍虎で、胴体は魚、海老のようにそり返る尾を持つ。「ホコ」はこの尾の形が鉾のように見えることから付け加えられた。アイヌ語では「レプンカムイ（沖の神）」の意味がある。もの哀しい音の笛や太鼓の囃子に送られ、暗い川面を赤々と燃えながら下ってゆく光景を蝦夷たちも見たのだろうか。

❷……蝦夷から武士へ

秋田県西北端に位置し、日本海に面する能代は、能代平野に開け、米代川が流れる。「ヌシロ」は、この地にいた蝦夷（アイヌ）の言葉で、「台地上の草原」を意味する「ヌプシル」の転語とする説がある。『続日本紀』の宝亀2年（771）には、渤海国使が「野代湊（能代港）」へ来航した記録が残る。第7次渤海使節の青綬大夫《せいじゅだいぶ》・壱万福ら325名と船17艘が「出羽国賊地、野代湊に着く」と記されている。彼らは772年に光仁天皇の朝賀に参列した後、渤海国へ向け出航したが、途中で暴風雨に見舞われ、能登国の福良津（福浦港）に収容され、773年にようやく帰国が叶った。

東北の古代から中世にかけては多数の戦乱争乱が繰り広げられた。辺境の蝦夷と律令国家との戦いもあれば、武士の勃興による争いもあった。こうした戦乱は戦いの勝者の立場から語られ、王権や国家を中心に捉える見方が一般的だった。「蝦夷征伐」という言葉一つとっても、その背後には律令国家を正義とし、蝦夷を悪とする一方的な「征伐」の視点が働いている。

文永の役（1274）
鎌倉時代の文永11年に来襲した蒙古（元）との1度目の戦乱。高麗を平定した蒙古は日本の服属も要求したが、執権北条時宗を中心とする鎌倉幕府はこれを拒んだ。高麗の兵士を従えた蒙古軍は博多湾を襲撃するが、暴風雨の影響で引き上げた。

弘安の役（1281）
鎌倉時代の弘安4年に元が2度目に日本を襲った戦い。文永の役の後、元は当時世界最大規模の艦隊を率い、14万の大軍で押し寄せた。二手に分かれ、対馬、壱岐、博多湾に攻め寄せるが、幕府軍の激しい抵抗や悪天候などが重なり敗北する。

源頼義・義家父子が、奥羽を支配していた安倍氏を滅した「前九年の役」、その後に奥羽で勢力を伸ばした清原氏を源義家が滅ぼして奥州藤原氏が登場するきっかけとなった「後三年の役」の「役」という言葉も、正義が悪を制圧する戦いの意味である。そうした視点を改め、秋田周辺の戦乱を新たに見てゆくと、まず奥州藤原氏が1189年には源頼朝に攻め滅ぼされた。この奥羽合戦の論功行賞により鎌倉幕府の御家人・橘公業は、出羽国の男鹿半島から秋田にかけての地頭職を与えられている。13世紀に入ると鎌倉幕府執権北条氏の代官役として十三湊を根城にしていた津軽の豪族安東氏が南下し始め、日本海のみならず瀬戸内海の制覇権も握り、大きく勢力を拡張してゆく。安東氏は武装集団としてだけでなく、海商としても蝦夷島(北海道)を統括し、アイヌ交易の媒介役となり、樺太、朝鮮、中国とも交易を開始した。十三湊にはやがて朝鮮や大陸の船が出入りし、北へ広がる北方世界の玄関口として認識されるようになった。十三湊安東氏の名をさらに轟かせたのは、鎌倉時代に蒙古、高麗軍が日本へ襲来した元寇での活躍である。1274年(文永の役)と1281年(弘安の役)の2度の元寇時に、十三湊安東氏は水軍の主力を出動させ、瀬戸内海の伊予水軍と共に蒙古軍の船と戦い〝北の王〟としてその名を知らしめた。

日本海側の物流集散地だった私の郷里の土崎は、十三湊を出るとすぐの寄港地であり、古くから安東水軍と繋がりを持っていた。幼少時に遊んでいて「モウコが来た、モウコが来た」と意味もわからず逃げ回っていた記憶があるが、無意識に蒙古の名前が刻みこまれていたのだろう。

こうした経緯があり鎌倉幕府は十三湊安東氏を蝦夷管領《えぞかんれい》としたが、注意したいのは安東氏は「俘囚《ふしゅう》」出身とみなされていたことである。「俘囚」とは、大和朝廷の支配下に入った蝦夷が順化し、教化された人々のことである。類似名称に「夷俘《いふ》」があるが、これも恭順の意を示した蝦夷のことで、基本的に「蝦夷」→「夷俘」→「俘囚」の順で和人化していった。俘囚出身で津軽の豪族として頭角を現した安東氏は、蝦夷から変身した武士の始まりであり、中央権力にとっては扱い難い不穏分子だった。

南北朝時代（１３３７－１３９２）に安東氏は十三湊に拠点を置く下国《しものくに》安東氏と、南下して秋田城を討ち領主となる上国《かみのくに》安東氏（後の秋田氏の祖）に分かれた。その間の１３４０年頃に大津波があり、十三湊は壊滅的打撃を受け、自慢の水軍も母港を失い、村上水軍や小早川水軍に身売りするはめになる。弱体化した下国の**安東盛季《もりすえ》**は１４４３年に岩手の南部義政に攻め込まれ、一部は支配下の北海道へ逃れた。そのため室町時代になると東北における安東氏の勢力は急速に衰え、岩手の南部氏が強大化してゆく。

室町時代中期の１４５６年には**安東政季《まさすえ》**・忠季親子が十三湊から能代檜山に本拠地を構え、１４９５年に檜山城を完成させ、以後、５代にわたって檜山安東氏の居城となる。しかし１５８９年の内紛により**安東実季《さねすえ》**が南下して土崎の湊城（平城で現在の土崎神明社周辺）に移った。

下国安東氏に代わって北海道で力を得たのが、その配下だった松前氏である。１５９０年に豊臣秀吉が天下統一をすると松前慶広《よしひろ》は直ちに海路で日本海を渡り、越前敦賀へ出向き、琵琶湖経由で京都入りして秀吉に拝謁した。秀吉の朝鮮出兵時（文禄の役と慶長の役）にも、山丹交易で得た金襴の蝦夷錦を着て九州へ赴いている。この時の報奨として秀吉から蝦夷島交易の権利を得て、江戸時代には北海道を支配する藩主として大きな力を持つようになる。

湊城に移った上国安東氏は改名して秋田氏を名乗るが、１６０２年、関ヶ原の戦いの後に常陸へ転封され、代わって佐竹氏が秋田に鞍替えになった。佐竹氏は土崎湊城から内陸の秋

安東盛季（生没年不詳）
室町時代の武将。十三湊の福島城を拠点とし、日本海航路を通じて繁栄した。東の南部氏と抗争を繰り返したが、謀略に合って落城し蝦夷に落ち延びた。盛季の弟・鹿季（かのすえ）は土崎湊に本拠を置く上国（湊安東）として南部氏と争う一方、盛季の子・義季、孫・政季は津軽の奪回を企図した。

安東政季（生年不詳－１４８８）
戦国時代の武将。義季が南部氏との戦いで自害して直系が途絶えた後、養子として跡を継ぎ檜山で安東氏を再興する（檜山安東）。陸奥、出羽、蝦夷地を領し、南部氏からの津軽の回復を図り、勢力拡大につとめるが、１４８８年に家臣の謀反にあって自害した。

安東実季（1576－1668）
安土桃山時代から江戸時代前期にかけての大名。愛季亡き後に14歳で跡を継ぐが、旧湊安東氏を中心に反乱が起こり（湊合戦）、檜山城に籠城する。鎮圧後に土崎の湊城に本拠を置く。豊臣秀吉に領土を安堵され、大名として足場を固める

田の久保田城に移転し、江戸時代を通じ秋田全域を支配下に置いた。鎌倉時代から江戸時代にかけての武士の発生と変容につれ支配層が二転三転する秋田の地だが、能代はそうした激動する時代の中心舞台として重要な位置を占めることになる。

❸……踊る秋田

能代の南に八郎潟と森吉山に挟まれた三種町《みたねちょう》がある。豊かな自然に囲まれ、町の中央には三種川が流れる。奥羽本線の東能代駅を出てすぐ隣の北金岡駅、森岳《もりたけ》駅、鹿渡駅、鯉川駅の4駅が三種町に含まれる。森岳駅で降りて山側へ車で15分程行くと、山本ふるさと文化館があり、そこに「石井漠《ばく》メモリアルホール」が併設されている。躍動する原始的な生命感を謳いあげ、日本のモダンダンスの先覚者となった石井漠（本名は忠純）の作品資料やデスマスク等の遺品が展示されている。すぐそばの森岳温泉郷を抜け、さらに山奥へ入ると長面《ながおもて》集落があり、そこが石井漠の生誕地であり、記念碑も建てられている。

石井漠（1886－1962）は秋田県山本郡下岩川（現、三種町）長面に明治19年に生まれた。「長面」の名には伝承がある。坂上田村麻呂が蝦夷征伐のため軍をこの辺りまで進めてきた時、近くの房住山《ぼうじゅうざん》に顔の長い3人兄弟が住んでいて、そのうちの2人が殺され、首を村に埋められたため長面と呼ばれるようになったという。石井漠の長い顔、太い眉、ギョロギョロ動く眼、大きな鼻といった特徴的な表情はその3人兄弟の面影と重なる。

石井家は秋田藩家臣だったが、維新後に長面へ移り、酒造業を営んでいた。石井漠は能代の渟城尋常高等小学校を卒業後に秋田中学校（現、秋田高校）へ入学するが、すぐさま反抗精神

が、徳川家康によって常陸の宍戸へ国替えとされる。連歌、和歌、茶、絵を嗜み、晩年伊勢に蟄居すると風流の道に傾倒した。

石井漠（1886－1962）秋田出身の日本の舞踏家、ダンサー。1901年に秋田中学（現、秋田高校）に入学、卒業直前の1906年に校内ストライキに連座して退学となる。1912年、東京帝国劇場歌劇部1期生として「熊野」で初舞台を踏む。以後は創作舞踏に転身し、1922年には欧州と米国へ公演の旅に赴き、現代舞踏を研究する。1925年に帰国し、自由が丘に石井漠舞踏研究所を開設し、日本のモダンダンスを牽引する。代表作に「スフィンクスの謎」や「人間釈迦」がある。

を発揮し、ストライキを扇動し退学処分となった。同期の友人に柳田國男に師事した民俗学者の奈良環之助《たまのすけ》（秋田市美術館初代館長）がいた。

上京した石井漠は帝国劇場歌劇部第1期研究生に合格し、イタリア人のG・V・ローシーにバレエの指導を受け、石井林郎を名乗る。しかしローシーと対立し、帝劇でも追放の憂き目に遭う。石井はその後、1915年にドイツ留学から帰国した山田耕筰が率いる東京フィルハーモニー会管弦楽部に身を寄せ、山田耕筰、小山内薫らと舞踏詩という新ジャンルを切り拓き、石井漠として初めて立った舞台が1916年帝国劇場の『日記の一頁』（山田耕筰作曲）、『ものがたり』（メンデルスゾーン作曲）だった。3人が中心となって設立した実験的な劇団「新劇場」の第1回公演である。

この頃に石井はドイツから山田耕筰が持ち帰ったエミール・ジャック＝ダルクローズの音楽身体法「リトミック教則本」を読み、感銘を受ける。石井はすぐにリトミックの精神を理解し、リズム運動の概念を身につけ、このことが彼のダンスの転機となった。「リトミック」とは、音楽に合わせ、すぐに心身が反応するようにリズム感覚を磨く教育法である。

スイスの音楽家エミール・ジャック＝ダルクローズ（1865－1950）が提唱したリトミックを発端にドイツでは「ノイエ・タンツ（新舞踊）」運動が起こっていた。リトミックは音楽教育から始まった練習法であり、音を肉体化することで全身でリズムを体得することを目指した。そのため音楽練習に留まることなくダンスへ発展し、各地にダルクローズ・メソッドを基本としたダンススクールが出来るようになる。

リトミックを視覚的に理論化したのはルドルフ・ラバン（1879－1958）である。ラバンは身体運動の形態を幾何学的に分析し、「空間に対する絶え間ない関係の変化」がダンスの基盤であると主張した。ダンサーは「空間」を肉体の媒介として理解し、その関係の変化を通じ「空間」を再創造してゆく者である。ラバンのこうした考えはバウハウスダンスで知られるオスカー・シュレンマーやノイエ・タンツ創始者の1人でピナ・バウシュの師匠、クルト・ヨースら多くのダンサーや振付師に影響を与える。石井漠にとっても、今まで自己流に把握していたダンスの本質を見つめ直し、曖昧な考えを振り切り、音と運動と呼吸を融合させた生命芸術へ向かう大きな契機となった。

❹……闇から放たれた流星

1917年から1921年までは創成期の浅草オペラを中心に活動し、「森の誘惑」「オリエンタル」「ジプシィの生活」「円光は人に見えず」といった作品を発表している。

1922年、石井漠は周囲から反対されながらノイエ・タンツへの憧れから渡欧公演を決行する。ベルリンの「ブリュトナー・ザール」で初演後、「囚われたる人」「淋しき影」「メランコリィ」「夢見る」といった演目でヨーロッパ各地を巡演し、ノイエ・タンツの創始者メリー・ウィグマンとも知り合い、その生命力溢れるダンスに感銘を受けた。ヴィルヘルム・プラーゲル監督の身体文化映画『美と力への道』（1925）に出演し、アメリカへも渡って、1925年に帰国している。

石井漠の容貌は独特である。ずんぐりむっくりした六頭身の体つきで、ゲジゲジ眉、目鼻口の造作が大きく、彫りの深い顔立ちで、洗練されたダンサーの身体には見えない。野趣溢れる縄文人のような風采で、土臭い秋田人の力強さを持ち、舞台で見栄えのする存在感を漲らせる。幼年時に友達の吃音を真似ているうちに自分も吃音になり、秋田弁も消えない。それでも石井の欧米公演は好意的に受けとめられた。当時の海外での石井に関する記事にはこう記されている。

「彫刻的な線の美を表現するに於ては完成の域に達し、彼の肉体の動きは喜怒哀楽の表情を力強く表現している。彼が高く空に飛び上った時には激怒を表わし、彼が地上に下りた時には拘束されない赤裸々にして素朴な感情を示す」[1]……………………………(「イブニング・エキスプレス」紙・ロサンゼルス　1923)

残された写真からもわかるが、石井の肉体は筋肉質ではなく、丸みを帯び、重く大地に沈む動勢を内包している。自分の体を良く理解していた石井は、そうした特性を基軸に表現を志向し、それが海外で受け入れられた。

「造形的に傾く静かで自然な肉体の運動を示し、意味深い暗示に富んだ一つの新しい芸術である。〔…〕石井漠の舞踏からは、劇的で、心理的な舞踊の世界を見ることができた。又我々は彼の舞踊から本質的な内面的な労作を深めることができた。彼の舞踏の主要な点は、固定から軽快で柔らかい、而も男らしい流動性へ移り行く彼独特のリズムである」[2]…………(「ドイツ・アルゲマイネ」紙・ベルリン　1923)

秋田から放たれた流星が太い光跡を描いて世界を流れていった。

帰国後の石井漠は創作舞踏を次々と発表していった。「鬼の子守歌」（1925）、「セレナータ」（1926）、「悲しきワルツ」（1928）、「黄昏れゆく山々」（1930）、「黒い踊り」（1931）、「山を登る」（1932）、「プリズム1933年」（1933）と、意欲的な新作を繰り出し、日本のモダンダンスの行くべき道を示した。

帝国劇場で石井と共に活動した高田《たかた》雅夫・せい子舞踊研究所門下で、青森の野辺地《のべち》出身の江口隆哉《たかや》（1900−1977）が1931年に宮操子《みさこ》と共に渡欧し、ドレスデンのメリー・ウィグマン舞踊学校へ入学する。彼らは2年間学んで1933年に帰国し、ドイツのノイエ・タンツを本格的に日本で紹介し始めた。石井漠と同年齢でノイエ・タンツの創始者として知られるメリー・ウィグマン（1886−1973）は、ドイツ北部ハノーファー生まれだが、東部ドレスデン郊外の田園都市ヘレラウの新体操学校へ入学した。当時のヘレラウは新ダンス運動の拠点であり、リトミックの創始者エミール・ジャック＝ダルクローズをスイスから招聘し「祝祭劇場」という画期的な教育劇場を創設していた。リトミックはこの劇場で単なる音楽教育から脱皮し、舞踊、演劇、美術と結びついてダンス史上の重要な発火点となり、メリー・ウィグマンのほかグレート・パルッカといった名ダンサーを生んでゆく。

メリー・ウィグマンは、エミール・ダルクローズのリトミックとルドルフ・ラバンの身体記譜法を結びつけ、作品にはインドやアジア、アフリカなど非西欧的要素を大胆に取り入れた。そのため「仮面」や「陶酔」をテーマとした民族誌的な作品も多い。日本に帰国した江口隆哉は、1934年に江口・宮舞踏研究所を設立し、ウィグマンの舞踏理論を積極的に日本で実践した。

逆に石井漠は1930年代に入るとノイエ・タンツの影響下から抜け出し、日本独自のモ

1：「石井漠と舞踏詩／石井漠海外公演評」（『夜想9　暗黒舞踏　DANCE REVIEW 1920-1980 JAPAN』ペヨトル工房）

2：註1と同じ。

ダンダンスを志向し始める。江口が帰国した1934年以降、1928年に設立した東京の自由が丘の石井漠舞踊研究所を拠点に、「黒い太陽」(1934)、「巫女の踊り」(1936)、「前進の脈動」(1937)、「謝肉祭」(1938)と、身体が吸い取る風土の位相へダンスを移行させてゆく。なおこの時の石井漠舞踊研究所1期生には、後に土方巽《ひじかたたつみ》と暗黒舞踏を牽引してゆく大野一雄がいた。

晩年の石井漠はほぼ盲目状態となった。右眼は中国での慰問公演中に遭った交通事故で失明していた。左眼も直木三十五監督の映画「一寸法師」(江戸川乱歩原作/1927)に出演した際、強度の照明で痛め、虹彩炎と診断されて極端に視力が落ち、死ぬまで眼病に悩まされた。いつも暮色に包まれ、暗闇が流動している。しかしその闇はよりいっそう強く自らの身体と風土を意識させることへ繋がっていった。

❺……風土と神話

石井漠の生まれた三種町は、男鹿半島の八郎潟と隣接する。石井は晩年近くになって故郷の下岩川に古くから伝わる「ささら踊り」と自分の舞踊の関係性に気づいた。「ささら踊り」は青と黒と赤の仮面を被った3匹の獅子の踊りである。1匹の雌獅子を挟み雄獅子が争う。三角関係を暗示するダイナミックな踊りで、その振りや動きを石井は長く記憶していた。こうした観察はその後、1961年に創作した青鬼と赤鬼の「なまはげ踊り」(なまはげ柴灯祭り)(漠の息子で作曲家の石井歓が音楽を担当)にも生かされている。

八郎潟は今は干拓地となったが、かつては琵琶湖に次ぐ日本で2番目の広さを誇った湖

八郎潟
もともと島だった男鹿半島が、米代川と雄物川からの土砂堆積でできた砂州と繋がり形成された潟湖。国内第2の広さを誇る汽水湖で、様々な種の魚が生息する豊かな漁場だったが、干拓により陸地化されて大潟村となった。1957年から国営の干拓事業が進み1977年に竣工した。

である。日本海と繋がる汽水湖で、湖面に美しい山々が連なった。秋田でも有数の景勝地として知られた八郎潟は、大量の魚が獲れる豊かな漁場であり、漁撈は湖岸の人々の生活の糧として地域に根付く文化や習俗の礎となってきた。三種町から少し下った潟上市の天王グリーンランドのスカイタワー内に「潟の民俗展示室」がある。湖岸の人々に恵みをもたらし、多くの漁民が創意工夫を重ねながら生活していたことがわかる貴重な郷土資料が展示され、かつて八郎潟には驚くほど多様な生物が棲んでいたことが知られる。干拓前は湖底が最深部でも5メートルで、海水が侵入する浅水湖だったため、シラウオ、ゴリ、チカ、ボラ、フナ、セイゴ、ウナギ、カレイ、アミなど100種以上の海水魚淡水魚が生息していた。また八郎潟は浅いため冬期には湖面全てが氷に覆われた。その張りつめた氷上で、氷下曳《こおりしたひき》網法やシガサシ漁といった漁が行われ、特殊な漁撈具が考案されている。生物の生態や行動に合わせ、ふくべ網法やモッパ漁、手縄漁や刺網法などの漁法も編み出された。魚の習性をじっくり観察し、潟の自然地理条件を生かした〝知と美の漁法〟である。

「八郎潟」の名は、この湖をつくったとされる龍神の八郎太郎に拠る。八郎太郎に関する伝説は秋田、青森、岩手の3県に跨って広く分布している。昔、大館比内の独鈷《とっこ》の大日堂にいた僧の了観が北沼の大蛇に祟られ、了観の妻は身籠り、久内《くない》という子が生まれた。その子は鹿角の草木《くさぎ》に移住し、家は代々、久内を名乗った。それから9代目にあたる子は成長すると身の丈6尺あまりの大男となり、八郎太郎と呼ばれる。

ある日、八郎太郎は木の皮を剥ぐため山奥へ分け入った。そこでイワナを捕らえ、焼いて食べると、急に喉がヒリヒリし始め、いくら水を飲んでも足りず、沢に映る自分の姿を見ると大きな龍に変わっていた。その変身を嘆き、沢の流れを堰《せ》きとめ湖とし、主となって十和田湖と名付けた。

そこへ熊野で修行した南祖坊という僧がやってくる。南祖坊は八郎太郎に戦いを挑み、法華経のお経を投げつけると、その経は八龍となって八郎太郎に襲いかかった。静かだった湖は荒れ狂い、雷が鳴り響き、山々が鳴動し、争いは7日7晩続いて、八郎太郎はとうとう力尽きる。十和田湖は血で真っ赤になったため、八郎太郎は安住の地を求め、米代川を下り、さらに南下して天瀬川（三種町）へ辿り着く。老夫婦が宿を提供してくれたが、八郎太郎は自分が龍であり、まもなく大地が割れ、そこが大きな湖になるからと老夫婦を退散させた。翌日の早朝、鶏の鳴き声と同時に轟音が響き、水が溢れ、大地は瞬く間に巨大湖となり、八郎潟が出来上がり、八郎太郎の永住の地となった。

龍神八郎太郎はその名から「八岐大蛇《やまたのおろち》」を連想させる。潟上市天王の東湖八坂神社は祭神がスサノヲノミコトである。『古事記』にあるようにスサノヲノミコトは八岐大蛇を退治した神として知られ、東湖八坂神社では「牛乗り」や「蜘蛛舞」といった八岐大蛇退治にまつわる奇習も行われている。三種町芦崎の姥御前神社と八郎潟町三倉鼻の夫権現宮《つまごんげんぐう》も八岐大蛇と強い関係があり、前者には男神・足名槌が、後者には女神・手名槌が祀られる。この二神は夫婦であり『古事記』ではその娘の櫛名田比売《くしなだひめ》が八岐大蛇の犠牲となるところをスサノヲノミコトに救われる。ヤマトの神々の話が遠く離れた蝦夷の地へ波及し、やがて両者の共存を願う人々の生活へ溶け込み、神社が建てられ、神事が繰り返された。八郎潟はそのような神話の集積する場だった。

土方巽（1928-1986）
秋田市生まれの舞踏家。日本人の身体や風土から生まれる前衛表現を西欧のダンスと対置させ、「暗黒舞踏」を提唱する。1949年の第1回大野一雄公演に感銘を受け、その後1954年に、大野一雄が出演し岡本太郎が舞台装置を手がけた「鴉」で初舞台を踏む。1959年、小説「禁色」を舞踏化し、三島由紀夫や澁澤龍彦と交流する。1961年から暗黒舞踏派を名乗る。1974年以降は振付に専念し、1985年に遺作となった「東北歌舞伎計画」を公演する。2016年、雄勝郡羽後町に土方ゆかりの資料を集めた鎌鼬美術館が開館した。

大野一雄（1906-2010）
函館生まれの舞踏家、ダンサー。1919年に函館中学に入学するも、すぐに母方親戚の秋田大館の白石家に預けられ、大館中学（現、大館鳳鳴高校）に編入する。1933年に石井漠舞踊研究所に入門する。太平洋戦争で召集され、1938年から9年間従軍した。1946年に帰国後、大野一雄舞踏研

❻……亡者の舞踏

石井漠の生まれた三種町から羽州街道を八郎潟、追分、飯島、土崎と下ってゆくと、秋田へ辿り着く。「暗黒舞踏（ＢＵＴＯＨ）」の創始者・**土方巽**（１９２８－１９８６）は、この羽州街道沿いの秋田市旭川泉八丁（現在の保戸野八丁）に生まれ、米山家の11人兄弟の10番目の子として九日生《くにお》と名付けられた。土方は生家近くの秋田工業学校（現、秋田工業高校）を卒業後、秋田製鋼に入社し、合間に秋田市内でダンス教室を主宰していた、メリー・ウィグマンの弟子江口隆哉門下の増村克子に師事し、ノイエ・タンツを学んだ。しかし19歳の時に上京し、２度目の上京時（１９４９）、復員帰国したばかりの大野一雄による「第１回大野一雄舞踊公演」を見て影響を受け、１９５３年には安藤三子《みつこ》舞踊研究所へ入所、本格的に創作ダンスに取り組み始めた。初演は１９５４年、「安藤三子ダンシング・ヒールズ特別公演」（日比谷公会堂）での「鴉《からす》」であり、大野一雄が特別出演し、装置は岡本太郎が担当した。

大野一雄（１９０６－２０１０）も秋田と太い繋がりがある。土方より20歳以上年長であり、北海道函館弁天町に生まれ、父は北洋漁業の網元を務め、ロシア語堪能でオホーツク海やカムチャツカ半島へも漁に出ている。大野は１９１９年に函館中学校に入学するが、まもなく秋田大館の母方の親戚白石家に預けられ、大館中学校（現、大館鳳鳴高校）へ転校した。陸上部に所属し、４００メートル走の秋田県記録を更新するアスリートだった。

大館中学校卒業後は代用教員を務め、１９２６年に日本体育会体操学校（現、日本体育大学）に入学するも、徴兵令により札幌歩兵連隊で２年間の兵役に就く。除隊後の１９２９年、スペ

究所を設立し、１９４９年に神田共立講堂で初公演を行う。以降、土方巽と舞踏を確立させ国内外の公演で高い評価を受けた。代表作に「ラ・アルヘンチーナ頌」「わたしのお母さん」「死海」などがある。

イン舞踊の舞姫として世界的人気を誇ったラ・アルヘンティーナ来日公演の官能的ダンスを帝国劇場で見て感銘を受け、舞踊家の道へ進むことを決心した。その後、体育教師をしながら、1933年に石井漠舞踊研究所へ入所し、1936年には江口・宮舞踊研究所へ移ってドイツの新しい舞踏の動向を学んでいる。

太平洋戦争が始まると大野は旭川で召集を受け、以後9年間、中国戦線やニューギニア戦線に従軍した。1年間の捕虜生活を経て帰国したのは1946年のことである。1949年には横浜に大野一雄舞踊研究所を設立し、神田共立講堂での「第1回大野一雄舞踊公演」で舞踊家としての活動を再開した。この公演を見ていたのが21歳の米山九日生（土方巽）であり、シミーズをつけた女装男がこぼれる程の抒情味を湛えて踊る姿に「頻りに腭《あご》で空間を切りながら」感動はながく尾を引いたと土方は記している。[3] 1886年生まれの石井漠、1906年生まれの大野一雄、そして1928年生まれの土方巽と、3世代のモダンダンスのパイオニアが秋田の風土から生まれ出ていることは特筆すべきだろう。

土方巽の父・隆蔵は、秋田県雄勝郡羽後町の田代生まれであり、土方へのイメージを決定づけた細江英公の写真集『鎌鼬《かまいたち》』は田代で撮影された。秋田から羽州街道をさらに南へ下り、大曲や横手を過ぎると湯沢へ着く。ここから西馬音内《にしもない》街道へ入り、羽後町の三輪神社へ出て、郡境となる二万石橋を渡ると西馬音内だ。参勤交代時には由利の亀田や矢島《やしま》の殿様がこの橋を渡って羽州街道に入り、江戸へ向かった。

西馬音内は羽後町の政治、経済、文化の中心地であり、毎年、8月16日から3日間にわたって行われる日本3大盆踊りの西馬音内盆踊りの里である。篝火を焚き、その周りを編笠や彦山頭巾で顔を隠した女たちが音頭と甚句《じんく》に乗って深夜過ぎまで優雅に踊り続ける。鎌倉時代の正応年間（1288－1293）に源親上人という修行僧が山形の蔵王権現を西馬音内の御嶽神社に勧請し、その境内で豊年祈願として始まったとも、戦国武将で〝由利十二頭〟の一党だったが孤立し、他家に侵攻されて西馬音城内で自刃した悲劇の矢島城主・大井満安の霊を慰めるために始められたとも、関ヶ原の戦いで敗れ滅んだ西馬音内城主・小野寺一族を偲んで臣下が宝泉寺で行った亡者踊りが合流したとも伝えられる。溌剌とした音頭のリズムと哀しみの籠もった振りとの組み合わせが特別な情感を煽る謎めいた盆踊りである。

西馬音内盆踊りは亡者の踊りと言われる。この世のものとは思われない身振りや気配が横溢する。振りには「音頭」と「がんけ」があり、「音頭」は静かな抑揚のある優美な踊りで、動作が緩やかなため覚えやすく、「がんけ」はテンポが速く、動作も複雑で、難度が高い。「がんけ」という名は、漢字の「雁形《がんけい》」で月光の夜を飛ぶ雁を連想させるために名付けられたとか、現世の悲運を悼み来世の幸運を願う「願生化生《がんしょうかしょう》」から採られたとか諸説ある。輪を描くように横に1回転する「がんけ」の動きは「輪廻転生」を意味するとされ、この盆踊りが〝亡者踊り〟と称される由縁になった。

西馬音内盆踊りの被り物は特殊である。編笠は一般的な半月型より前後の端が異様に反り返っている。顔が見えないように目深に被り、前後を赤紐で留め、襟元から首筋を白く闇に浮かびあがらせる。顔にピッタリ付ける彦山頭巾も特別だ。目元に穴を開けた袋状の覆面で、これを頭から被って鉢巻きで留める。彦山頭巾も農作業の日除けの黒布からとか、歌舞伎の黒子からヒントを得たとか言われる。編笠や彦山頭巾は顔を徹底的に隠し、秘儀的な雰囲気を醸し出し、闇から覗き見るような妖しい動きで見る者を異界へ引きずりこむ。

盆踊りは、もともと盂蘭盆《うらぼん》に先祖の霊を迎え、歓待し、再び送り返す踊りである。同時にそ

3：土方巽「中の素材／素材」（『土方巽全集』河出書房新社）

れは飢饉や疫病で非業の死を遂げ、忘れられた人々の霊を慰撫する踊りでもあった。いつ何時、自分たちも同様な不幸な死を迎えるかわからない。というより自分たちが今の生活を続けられるのは、名もない人々の非業の死に負っているのではないだろうか。そうした思いを抱きながら夜を徹し、盆踊りは繰り広げられた。亡者たちはあの世から次々と女たちに乗り移って透き通る白肌を覗かせてゆく。

❼……黄金の穂波

盆踊り前後の8月10日頃から西馬音内周辺では出穂《しゅっすい》の季節となる。この頃に雀追い小屋や案山子《かかし》があちこちに立つ。毎年決まって北方から渡ってくる入内雀《にゅうないすずめ》は大群をなして稲を食い散らし、大きな被害をもたらす。この雀は少々のことでは逃げず、田に張り巡らした縄に鳴子《なるこ》やブリキ缶を吊るし、けたたましい音をたて驚かせなくてはならない。

稲はたわわに頭《こうべ》を垂れ、微風にザワザワと黄金の波を繰り出す。穂先はずっしり重く、そこへ鎌を入れるとイナゴが飛び出す。赤トンボがすいすい穂先で戯れる。濃い青空と高い白雲の下、切り株が真新しい縞模様を描いてゆく。この稲束は木柵に架けられ、3週間乾燥させてから稲上げをする。1つの木柵に40把ほど架けられた。山間地では稲束は「稲架《ハサ》」に架けて乾かす。こうして稲刈りが終わると、ようやく餅をつき、稲上げの祝いができた。

思えば冬の堆肥運びから始まり、薄氷を踏み、苗代づくりをし、春に種を蒔き、休む暇もなく本田作業が続いた。土づくりの激しい作業をこなし、田植えを済ませても、夏期の水の心配で気苦労が続き、病害虫の駆除や除草で痩せる思いの毎日を送ってきた。盆踊りで一息つき、二百十日の空模様を案じ、冷害の不安を抱きながら、やっとの結実に胸を撫で下ろす。田植えから100日あまり、労働と心労は積み重なるが、田の光景には〝瑞穂の国〟の遥かな精神が流れている。秋になると、旅回りの一座や芸能者がやって来て、舞台姿も艶やかに村々を練り歩き、前触れする。触れ太鼓が乾いた大気に響き渡る。それに合わせるように銀杏の葉が黄金の雪のように舞い落ちた。鎌鼬が襲ってくるのはそんな時である。

西馬音内から七曲峠の難所越えをすると山間《やまあい》に田代の里が見えてくる。田代は山並みに囲まれた台形上の村で、土方巽が乱入し、即興的なパフォーマンスを繰り広げた〝鎌鼬の里〟である。そこには土方の少年期の記憶に残る忘れ難い風景が広がっていた。

山形の米沢出身の写真家細江英公は、1965年の秋の刈り入れ時に土方と共に写真集『鎌鼬』の撮影のため田代を訪れた。「故郷への想いがあまりに強すぎて10年も帰郷できなかった」と土方は言う。その堰きとめられた想いがこの地で炸裂する。事前のロケハンや打ち合わせも無く、わずか2日間の撮影で、天からの恩寵のように名作が生み出された。突然押しかけ、田代を劇場に変え、道化であり、狂者であり、座鬼である土方巽の瞬時の動きを、細江英公のカメラが網を放つように取り押さえた。異人の参入を受け入れる村人の寛容さもあり、独特のキャラクターで人々を自らの渦に巻き込む土方の魅力も手伝い、類稀な即興劇が繰り広げられた。

神輿のように材木を筏状に組んだ上に乗った遊行者が村を巡行してゆく。金槌を振りながら破れ障子の縁側でじっと見つめる狂者、農作業の合間に奇妙な顔をつくってモンペ姿の農民たちを和ませる乞食、白衣をたなびかせ飛んだり跳ねたりして子供たちを驚かせる天狗、飯詰《いづめ》の中で微睡《まどろ》んでいた赤子を抱き稲刈り後の荒涼とした田んぼを疾走する人攫《ひとさら》い、花畑で少女の匂いを掠めとり拐《かどわ》かそうとする狂人、孤独な脱走者が稲架の上に腰掛け、鴉《カラス》のように空を見上げる。旧家の古い蔵に逃げ込んで息を詰め暗闇に潜む亡霊もいる。この蔵は「鎌鼬美術館」として旧長谷山邸内に今も残る。旧長谷山邸は、明治期の歴史的建造物で、田代の大地主の木造3階建家屋を修復保存した地域のシンボルである。周辺には秋になると稲架が居並び、山裾に点在する茅葺き民家が特別な風景を織りなす。その日本の原風景を背負いながら土方巽は村を切り裂いていった。

❽……秋田の呪術師

戦後日本写真史に残る写真集『鎌鼬』は1965年に出版された。前年の1964年に出版された、アメリカの写真家**ウィリアム・クライン**の写真集『東京』では土方巽が撮影されている。東京オリンピックを控え、高度成長期の只中にあった変貌する東京で活写された。『鎌鼬』と同様、ストリートパフォーマンスの如く、土方が仲間と素早い即興劇を新橋の路地裏で繰り広げる。ウィリアム・クラインと並走して狭い路上を這いずり回ったり、いきなりカメラの前に立ちはだかったり、異形の身体の乱舞が荒々しいモノクロームに定着されていった。しかし土方の形姿は『鎌鼬』とは異質である。密集した大都会の迷路で窒息しそうな気配で震えている。東京のあてどない闇を抜け出そうと右往左往し、もがいているかのようだ。

『鎌鼬』というタイトルは土方自らが命名した。「かまいたち」は、旋風によって起こる局所的真空状態が生む裂傷を言う。動物ではなく、田代の森に棲む土の精や風の精であり、追い

ウィリアム・クライン（1926-2022）ニューヨーク、ブルックリン生まれの写真家、映画監督。パリのソルボンヌ大学で学び、フランスを中心に活躍した。故郷に帰り撮影した1956年の写真集『ニューヨーク』は、ロバート・フランクの『アメリカ人』と共に現代写真の原点となった。そのほか都市を写した作品に『ローマ』、『モスクワ』がある。また映画監督として『ミスターフリーダム』、『モデル・カップル』などを手がけた。

瀧口修造（1903-1979）富山寒江村生まれの美術評論家、詩人。戦前戦後の日本のシュルレアリスムの理論的支柱となり、領域横断的な幅広い活動をした。戦後は実験工房を主宰し、武満徹、湯浅譲二、秋山邦晴、山口勝弘、駒井哲郎らと前衛的な実践を行っている。マルセル・デュシャンやアンドレ・ブルトンとの交流でも知られる。

詰められた百姓が最後の手段として繰り出す透明な〝飛ぶ刃〟である。稲架の下や柿木の根元で、突如として人を襲い、空を切り、肉を裂き、稲を刈る。土方は鎌鼬となって、高度成長期に置き去りにされた農村社会の矛盾と不合理が集中する秋田の奥里に降り立ち、大地の陽炎《かげろう》を掻き込んでいった。

写真集『鎌鼬』には詩人の**瀧口修造**が「鎌鼬、真空の巣へ」というテキストを寄せている。

「写真に撮られるということは、おのれの影を剝ぎとられ、われとわが身をいけにえに供することである。ベーリング海峡のエスキモー人にとっては、人の影を掠め取る能力をもつものが呪術師であった。魂はその人の影に宿ると信じられていたからである。人間とその影とのあいだに、いかに眼眩むほどの生と死の因果劇が演じられてきたかは、フレーザーの「金枝篇」のみの語るところではない」[4]

写真撮影とは人間の身体をかたちづくる薄皮を1枚1枚剝いでゆくことである。その行為は自らを成す無数の影をいけにえとして差し出すことに他ならない。風土においても同様であり、写真は風土の薄皮を1枚1枚剝いで、それを身体に纏わせる。土方巽は、父の郷里で身体を覚醒させ、秋田の大地に落とされた影の群れを鷲摑みにする。カメラのレンズは人間を未開状態にリセットさせ、肉眼を原初状態に戻し、新たな幻視を立ち上がらせる異形のメカニズムとなった。

「土方巽は、レンズの眼とともに、絶えず「肉眼の未開の状態」に眼覚めている、世に

4：瀧口修造「鎌鼬、真空の巣へ」（細江英公『鎌鼬』現代思想社）

も類を見ない舞踏家といえる人であろう。彼の「ダンス・エクスペリエンス」は、いかにして舞台の上を白鳥を模して跳び上るかにはなく、むしろ鳥ならば大鴉か、しばしば奈落よりももっと下方の、地面へいかに堕ちるかによって、はじめて歩き出し、走れば走り、飛べば飛びはじめるであろう。カメラに秘かに宿された逆説的な真空こそは、この舞踏家のある瞬間にとって、天来の機械となったはずではなかろうか。かくて、随意筋と不随意筋とによる、人間の長い歴史のかなたに、人はついに懐かしい煉獄の燈火にたどりつくこともあるであろう。少くとも、私はそこに、撮影者と被写体との関係を分離させまいとする不可避なちからが働いているのを見る。おそらく『ハプニングズ』といえば、この場合いかにも単純化されようが、この仕事ほどこの語の真の源に近いものはないともいえよう。土方巽はその舞踏術によって、時間と空間のあいだの真空の真唯中に、突如、介入することによって、われわれの生れたもっとも近くの土にまで墜ちていった。そこが鎌鼬の里であり、真空の巣でもあろう」[5]

秋田はその真空の巣になった。

9……身体風土の記譜法

「暗黒舞踏（ＢＵＴＯＨ）」は、秋田を原郷とする土方巽が探究した身体表現である。それは風土と風光を吸い取る身体の地図となった。１９５９年のデビュー作「禁色」（三島由紀夫の小説を舞踏化）に始まる土方の諸作品は、それ以前の日本の身体表現を覆し、その異化された身体は多くの文学者、演劇人、美術家、写真家を巻き込む日本の前衛芸術運動の渦の役割を果たした。

土方巽が口伝で伝えた振付とその方法論は「舞踏譜（BUTOH-FU）」として残されている。「舞踏譜」は、土方のものの見方のメモであり、世界を体験し、風土を身体に取り込むためのスケッチブックとなった。教える者と教わる者の関係の中で現れては消えてゆく天啓を定着させるため土方はさまざまな方法を編み出し、その痕跡は「スコア」と名付けられた。土方の「スコア」は西洋舞踏の歴史における記譜法である「コレオロジー（クラシックバレエ）」や「ラバノーテーション（モダンダンス）」といった抽象化された運動と変化の図解とは異なる。それは心構えであり、心得であり、心の器としての身体の方向付けだった。世阿弥の『風姿花伝』に似て動きを物質化し、心を即物的になぞろうとする。

例えば土方は、画集から切り取ったアンリ・ミショーの水彩画の周りに「頭髪」「あるく」「上にのびた」「N」「タテガミ」「3」「フルキ」といった走り書きを、時の経過がわかるように記した。これはミショーの絵を体のフォルムの参考にせよというのではなく、土方独特のものの見方で絵を読み解いて発見した「踊りの種」を言語化し、共有しようとしたものである。「ウミ」「気化」「ヤケド」「花粉」「解剖図」「仮面」「ハクセイ」「骨」といった「踊りの種」は、植物、動物、材質、仕草、感情といった森羅万象にわたるが、そうした言葉は捉え難い身体的イメージや蜃気楼のような危うい風景を呼び起こすインデックスの役目を果たし、その想起が次の動きの発火点になった。[6]

G・ファン・デル・レーウは『芸術と聖なるもの』で、アフリカの岩刻画に描かれたダンス

5：註4と同じ。

6：土方巽「舞踏譜」（和栗由紀夫原案・監修）（和栗由紀夫『舞踏花伝』ジャストシステム）

に触れ、「羚羊を殺したものは、その仲間と一緒に羚羊のようになる」というアフリカ先住民の言葉を紹介している。[7]

彼らの信仰は、人間と動物のイメージ変換のための身体的実践である。ダンスはその移行と変身のために行われた。ダンサーはある力を秘めた精霊を装い、そのイメージの人格化を通して特別な力を保存しようとした。土方はその保存の段階に注目し、独自の記譜法に活かそうとする。それは「風土の身体化」とも言うべき新たな領域を切り拓いてゆくものだった。

風土はかつて「水土《みずつち》」と呼ばれた。この言葉には自然を「地水火風」の総体として把握しようとする古代の自然観が宿されている。日本は蒙古シベリアの漠々たる大陸と、さらに広漠とした太平洋の間にあり、変化に富む季節風に晒されてきた。太平洋で吸い上げられた豊富な水蒸気は台風という突発的な形をとったり、世界でも稀な豪雪地帯を生み出したりする。こうした要素の集合により日本はアジアでも極めて特異な自然環境を持つようになった。ここで風土と呼ぶのはある地域の気候、気象、地質、地味、地形、景観の総称的な名だが、それに留まるものではない。**和辻哲郎**は『風土——人間学的考察』の中で、風土という言葉を人間の精神構造内部に刻まれている自分を理解する方法として捉え、次のように述べている。

「ここで風土的形象が絶えず問題とせられているとしても、それは主体的な人間存在の表現としてであって、いわゆる自然環境としてではない」[8]

風土とは自己を理解する方法である。人は歴史的な特殊構造を持つと同時に風土的な特殊構造を持っている。その特殊性を知る必要がある。主観的な人間存在を把握するには動き

和辻哲郎(1889-1960)兵庫生まれの哲学者、思想家。東京帝国大学哲学科卒業。法政大学教授、京都帝国大学教授、東京帝国大学教授を歴任する。京都学派の一人とされる。西欧哲学を出発点としながら、日本独自の風土や生活文化に根ざした思想を探究した。主な著作に『古寺巡礼』、『風土——人間学的考察』、『面とペルソナ』などがある。

や変化といった時間性が必要であり、その現れがダンスとなった。ダンスという時間の光源の中で新たな風土が浮かびあがってくる。石井漠や土方巽は、この風土の身体化を20世紀に果敢に試み、彼らの実践は「身体風土」とも言うべき特別な表現位相を獲得している。

土地には「もの」や「たま」が潜んでいると折口信夫は言う。風土には「もの」や「たま」が付き、それは荒れ狂うことがあり、その荒ぶりを鎮めるため古来からさまざまな身体技法が編み出された。「田あそび」はその1つで、田んぼの上で行われる鎮魂の動作である。舞ったり、歌ったりすることで土地の霊魂が動き出し、踊り手の体の中へ入ってゆく。田を踏みつけ、田を掻き鳴らし、田に魂を落ち着け、立派な稲をつけるように言い聞かす。[9]

ダンスの基本は、外から内へもたらされる土地の波動を感知することである。その波動に合わせ、各器官をリズミカルに動かし、ダンスは始まる。こうした同期する能力を人は自然に獲得し、その共振を生きる糧としてきた。自分がより大きなものの一部となり、動かされているという感覚が人々にもたらされてゆく。ダンサーは風土と身体を通じて彼らが生きている世界や神話を鮮やかに現前させる。秋田の土と光から生まれ出たダンサーたちは、自らを生んだ風土を掻き鳴らし、地の魂を動かし、霊を発動させながら、「身体風土」のアウトラインを精妙に描きだしていった。

7：G・ファン・デル・レーウ『芸術と聖なるもの』（小倉重夫訳　せりか書房）
8：和辻哲郎『風土――人間的考察』（岩波文庫）
9：折口信夫『日本藝能史六講』（講談社学術文庫）

あとがき

私がまだ生まれていない昭和10年代まで、秋田の千秋《せんしゅう》公園には旅回りの曲馬団が毎年のようにやってきていたという。

公園入口には見世物小屋が並び、その奥まった場所に一際大きな曲馬団の天幕がそびえていた。堀に杭を打ち、敷床を池へせり出すように広げ、人群がそこへ流れ込んでゆく。中に入ると薄暗い天幕内の片隅に地獄絵の掛軸が置かれ、スポットライトがあてられていた。見てはならないようなその闇のイメージが子供たちの心に強く焼きつく。

私はその曲馬団の曲芸を長い間、実際に見たと思っていた。幼い頃、枕元で母親から繰り返し、その体験を聞かされていたからだろうか。祖父が見せてくれた曲馬団の古い写真やパンフレットの鮮やかな原色をずっと記憶していたからなのだろうか。

自分の生まれた故郷が見たこともない異郷のように思えてくる。石川直樹が撮影した秋田の写真を初めて見た時も同じような感興を覚えた。エグゾティスムとノスタルジーが混在し、沸々と湧き上がってくるような不思議な感覚が消えない。

その写真を傍に置きながら、私は秋田論を書き始めた。秋田は懐かしい原郷であると共に限りない異郷の香りを撒き散らしてくる。

秋田論を書くことは考えたこともなかった。しかし書かないだろう幻の秋田論のために実は資料や素材がいつのまにか蓄えられていた。石川直樹の写真はその封印を解く役目を果たしてくれた。秋田論を書き進めるなかで私は秋田を新たに発見しようとしていたように思う。これまで生きてきて味わった喜びや哀しみを再び生き直そうとしていた。

ヴィクトル・セガレンは『〈エグゾティスム〉に関する試論　羈旅』（現代企画室）で、エグゾティスムとは、異質なものが絡み合う多様なものの美学であると言った。そして新たに呼び起こされたエグゾティスムこそが人類学や民族学の真のフィールドであることを提示した。つまり微妙な距離を調律しながら限りなく接近してゆくアプローチにより現出する独特の領域にフォーカスをあてようとしたのだ。自らの文化を横断しながら、その連続性を切り裂き、他の流れへ接続する。

写真は、異文化間の接触の衝撃をいつまでも反響させているとセガレンは言った。写真は自己を他者として理解することのできる特別な魔術である。石川直樹の秋田の写真がそのことを証明している。

この本が出来上がるまでには多くの方々の協力があった。特に困難な編集をとりまとめてくれた亜紀書房の西山大悟さんと、進行をあたたかく見守ってもらった秋田文化創造館の熊谷新子さん、ブックデザインを手がけてくれた西岡勉さんにはこの場を借りて深く感謝したい。

2024年7月7日

伊藤俊治

土崎港からの眺め

秋田芸術文化歴史年表……………[564-2024]

①……旅する光陰――その奥の奥の細道
②……北海の彼方へ――流刑地民族学の視点から
③……雪国の民俗――伝承の意味
④……縄文の粒子――四次元の秋田
⑤……宇宙から降るデザイン――雪の家から秋田工芸まで
⑥……秋田原郷――その風土と世界性
⑦……秋田街道を超えて――雪の果ての銀河
⑧……白い神々の憑依――オシラサマとシャーマニズム
⑨……春くる鬼――異人たちの饗宴
⑩……風の身体――土と光の記譜法
〇年譜とキーワードは右のテーマ別番号に分類する。

564年……①鳥海山**大物忌神社**が創祀される。
大物忌神社―鳥海山山頂の本社及び吹浦口ノ宮と蕨岡口ノ宮の2ヵ所の里宮を合わせて大物忌神社と総称する。鳥海山を御神体とする山岳信仰の中心である。主神の大物忌神は記紀には登場せず謎が多いが、古代日本では国家の守護神として特別な崇敬を集めた。「大日本国大物忌大明神縁起」には「卵生神話」が記され、主神は大鳥の翼に乗り、天竺から百済を経て、日本海を渡り、渡来したとある。

645年……②**大化改新**が起こり、大和朝廷が律令国家体制を固める。
大化改新―中大兄皇子（後の天智天皇）が中臣鎌足と共に曽我氏を滅亡させた乙巳の変以後に進められた一連の国家改革。豪族中心の氏姓制度を改め、天皇中心の中央集権体制を確立しようとした。

658年……②**『日本書紀』**斉明天皇4年（658）に秋田（齶田）や能代（渟代）の名が初登場する。
『日本書紀』―奈良時代に成立した日本の歴史書で、720年に完成したとされる。全30巻、系図1巻、天地開闢に始まる神代から持統天皇治世までを扱う編年体の歴史書。特に百済を中心とした朝鮮半島事情や対外関係史が詳述される。

658年……②**阿倍比羅夫**、蝦夷を討つ。
阿倍比羅夫（生没年不詳）―飛鳥時代の将軍。658年から3年かけて日本海側を北へ航海し、蝦夷を服属させ、東北以北で粛慎と交戦した。白村江の戦いでも百済救援のために朝鮮半島へ出征した。

660年……⑥**百済**が滅亡する。
百済（4世紀前半～660年）―古代朝鮮半島の国家。当時の朝鮮半島は百済の他に高句麗、新羅があり、朝鮮史では三国時代に区分されている。中国の唐が北の高句麗を制圧するため、南の百済攻略を企図し、東の新羅と共に百済を滅ぼした。遺臣たちは倭国（日本）の助けを借りて復興運動を起こすが、白村江の戦い（663）で敗れたため、多くの遺臣たちが日本に逃れたとされる。

663年……②**白村江**（はくすきのえ）**の戦い**
白村江の戦い―朝鮮半島南部の白村江（錦江）で起こった唐・新羅連合軍と百済・倭連合軍の戦い。百済・倭連合軍が破れ、百済王族は日本列島に逃走した。桓武天皇（在位781―806）の生母は百済系渡来人の子孫とされ、「桓武」は「韓人の武王」の意味と言われる。

673年……③役小角が**太平山三吉神社**を創建。
太平山三吉神社―山岳信仰の対象で山そのものを

神とする。太平山のふもとに里宮があり、山頂に奥宮がある。801年に征夷大将軍坂上田村麻呂が戦勝祈願で社殿を建立したといわれる。現在も北海道、東北地方を中心に三吉神社があり、太平山講も広く行われている。毎年1月17日には梵天祭がある。

698年……②**渤海国**が建国される。

渤海国（698－926）一中国東北部からロシア沿海地方まで広く存在した国家。中国と朝鮮の国境にある白頭山麓にいた濊と高句麗遺民が興した国とされる。渤海の名は、本来は遼東半島と山東半島の内側にあり、黄河が注ぐ湾状の海域を指した。727年から919年までの間に日本に34回の使節を派遣する。モンゴル系遊牧民契丹の遼（916－1125）に滅ぼされた。

712年……②**出羽国**（山形、秋田）が置かれる。

出羽国 一 かつての令制国の1つで、現在の山形と秋田にあたる。7世紀後半に越国が3分割されて「越前国」「越中国」「越後国」となったが、その後さらに「越後国」に出羽郡が置かれ、後に独立して「出羽国」となった。

733年……②秋田に**出羽柵**が移設される。

出羽柵 一 蝦夷の住む土地を改変し、版図を拡大する政策を実現すべく庄内にあった出羽柵を733年に秋田村の高清水の丘に移す。この出羽柵は760年頃に秋田城と改名される。

748年……⑨**氣多大社**に大伴家持が参詣する。

氣多大社 一 能登半島の付け根の石川県羽咋市にある神社、能登国一宮。日本海に面して鎮座し、古代から北陸の大社として知られ、中近世は歴代領主から手厚い保護を受けた。本殿など5棟が重要文化財に指定されている。国の天然記念物の社叢「入らずの森」も有名である。

771年……⑩『続日本紀』に**渤海国使節**が「野代湊（能代港）」に来訪と記述される。

渤海国使節 一 渤海使と呼ばれ、渤海国より日本を訪問してきた公式使節であり、727年から919年まで34回来訪した。この他に929年に渤海国の後継の東丹国（契丹国の封国）の使節の記録も残る。唐や新羅と対立するようになった渤海国は国際的な孤立を恐れ、日本へ度々来訪するようになった。使節団の出発地はロシア沿海州ポシェト湾近くの塩州城（クラスキノ土城）と推定されている。

794年……②**坂上田村麻呂**が東北地方で蝦夷討伐遠征。

坂上田村麻呂（758－811）一平安時代の公卿、武官。桓武天皇（母親は百済系渡来人の子孫）の下、百済王俊哲らと共に東北地方全体の行政軍事を指揮した。795死去。797年と804年の2度にわたって征夷大将軍を務めている。蝦夷制圧に功績を残し、軍神として崇められる。

797年……⑥『**続日本紀**』に「秋田」の名が現れる。

『**続日本紀**』一平安時代初期に編纂された勅撰史書。菅野真道らにより797年に完成。697年から791年までの95年間の歴史を扱い、40巻から成る。編年体で漢文表記された奈良時代の基本文献である。

807年……⑤月窓和尚が湯沢の**川原毛地獄**に霊通山前湯寺を建立する。

川原毛地獄 一 湯沢市にある標高約800メートルの硫黄山。「毛無し」を意味する「川原毛」の名が示す通り、草木のない灰白色の地肌が剝き出しになった異様な光景を呈する。古くから奇山として畏れられ、恐山、立山と共に日本3大霊場に数えられた。807年に月窓和尚により開山され、829年に慈覚大師により大法会が行われ、地蔵と面が奉献された。入り口には三途の川が流れ、血の池地獄や針の山など136の地獄がある。

838年……①『**続日本後記**』に大物忌神が国家に関する重大事を予言する神と記される。

『**続日本後記**』一平安時代に成立した勅撰史書。天皇親政から摂関政治へ移る時代である833年から850年の18年間を扱い、869年に完成されている。

859年……①**慈覚大師**により山形から秋田にかけての三崎山旧街道が拓かれる。

慈覚大師（794－864）一円仁とも呼ばれる。最澄や空海を含む入唐八家の1人で第3代天台座主。下野国生まれで、最澄に師事し、何度も渡海を試みるが失敗し、最後の遣唐使として838年に唐に渡る。847年に帰国後、立石寺や瑞巌寺など東北に331の寺を開山し、みちのくの宗教的な開拓者として知られる。

859年～……⑨貞観時代に慈覚大師により涌出山が二分されて真山と本山となり、**真山神社**の土台ができあがる。

真山神社—男鹿市北浦真山にある神社。景行天皇時代に武内宿禰が北陸地方視察のため男鹿半島に下向し、国土安泰を願って創建したという伝承がある。本社の特別行事として柴灯祭があり、正月3日夕刻に境内に柴灯を焚き、この火により炙られた餅を山に鎮座する神に献じ、五穀豊穣を祈る。ナマハゲはこの山の神の使者「神鬼」の化身と言われてきた。

878年……⑩蝦夷最後の反乱とされる**元慶の乱**に野代営（能代営）が登場する。

元慶の乱—平安時代に起きた蝦夷（夷俘）の反乱で、出羽国の蝦夷が国司らの苛政に対して蜂起し、秋田城を焼き打ちした。秋田城司介良岑近や出羽国司藤原興世らでは抵抗できず鎮圧は難航したが、摂政の藤原基経が能吏として知られた藤原保則らを起用して懐柔策を採り終息させた。

1025年……①**能因法師**、象潟に幽居する。

能因法師（988-?）—平安時代中期の僧侶、歌人。中古三十六歌仙の1人、東北地方を長く旅し、多くの歌を残す。世を捨て和歌に傾倒する数寄者としての生き方は、後の西行や松尾芭蕉にも影響を与えた。

1115年……②中国に**金王朝**が興る。

金（1115-1234）—満州から中国北部を広く支配したツングース系女真族による中国の征服王朝。12世紀に勃興し、契丹人の遼王朝と漢族王朝の北宋を滅ぼした。モンゴル帝国の急拡大により滅亡するが、17世紀に女真のヌルハチが金を名乗る王朝を興す（後金）。後金は1636年にホンタイジにより「大清」と改名され、明の滅亡後に大帝国を築いた。

1180年……①**西行法師**、象潟を詠む。

西行法師（1118-?）—平安時代末から鎌倉時代にかけて鳥羽上皇の北面武士であり、僧侶・歌人。〝旅の中にある人間〟の生き様を示し、松尾芭蕉に強い影響を与えた。

1189年……⑩奥州藤原氏が源頼朝に滅ぼされ、**橘公業**が男鹿から秋田の地頭職を与えられる。

橘公業（生没不祥）—平安時代末期から鎌倉時代前期にかけて活躍した武士。1180年に平家を身限り、源頼朝に従う。奥州合戦の論功で小鹿島（男鹿）から秋田にかけての地頭に任じられる。1221年には長門守護となる。かつての所領だった小鹿島の名前をとった小鹿島氏として知られ、肥前を中心に繁栄した。

1274年……⑩**文永の役**起こる。

文永の役—鎌倉時代の文永11年に来襲した蒙古（元）との1度目の戦乱。高麗を平定した蒙古は日本の服属も要求したが、執権北条時宗を中心とする鎌倉幕府はこれを拒んだ。高麗の兵士を従えた蒙古軍は博多湾を襲撃するが、暴風雨の影響で引き上げた。

1281年……⑩**弘安の役**起こる。

弘安の役—鎌倉時代の弘安4年に元が2度目に日本を襲った戦い。文永の役の後、元は当時世界最大規模の艦隊を率い、14万の大軍で押し寄せた。二手に分かれ、対馬、壱岐、博多湾に攻め寄せるが、幕府軍の激しい抵抗や悪天候などが重なり敗北する。

1336～1392年……⑩南北朝時代以降、津軽半島の十三湊を拠点とした**安東氏**が上国、下国に分かれる。

安東（安藤）氏—鎌倉時代から戦国時代まで陸奥国、出羽国北部に勢力を張った武士の一族。蝦夷出身の豪族とする説もある。本姓は安倍を称している。安藤五郎が鎌倉時代初期に津軽の蝦夷対応にあたったのが始まりとされ、鎌倉時代末期に所領は津軽地方を中心に出羽国秋田郡から下北半島まで拡がった。南北朝時代に十三湊で下国、土崎湊で上国を称する二派に分かれる。下国は後に勢力を失い蝦夷に渡るが、その後檜山（現、能代市）に戻る。16世紀に檜山安東愛季が両国を統合し、秋田を名乗った。

１４４３年……⑩下国の**安東盛季**が南部義政に攻め込まれ、支配下の蝦夷に逃れる。

安東盛季（生没年不祥）―室町時代の武将。十三湊の福島城を拠点とし、日本海航路を通じて繁栄した。東の南部氏と抗争を繰り返したが、謀略に合って落城し蝦夷に落ち延びた。盛季の弟・鹿季（かのすえ）は土崎湊に本拠を置く上国（湊安東）として南部氏と争う一方、盛季の子・義季、孫・政季は津軽の奪回を企図した。

１４５６年……⑩安東政季・忠季の親子が十三湊から檜山に本拠地を移す。

安東政季（生年不詳－１４８８）―戦国時代の武将。義季が南部氏との戦いで自害して直系が途絶えた後、養子として跡を継ぎ檜山で安東氏を再興する（檜山安東）。陸奥、出羽、蝦夷地を領し、南部氏からの津軽の回復を図り、勢力拡大につとめるが、１４８８年に家臣の謀反にあって自害した。

１５７７年……⑨男鹿の脇本城主だった**安東愛季**が尾名川氏を滅ぼす。

安東愛季（１５３９－１５８７）―戦国時代から安土桃山時代にかけての武将。出羽国下国の檜山安東舜季と上国の湊安東堯季の娘の間に生まれた。檜山城主を継ぎ、１５７０年に後継の絶えた湊安東氏を統合した。晩年には名字を安東氏から秋田氏へ改めている。

１５９８年……⑩**安東実季**が内紛を鎮めて南下し、秋田土崎の湊城に移る。

安東実季（１５７６－１６６８）―安土桃山時代から江戸時代前期にかけての大名。愛季亡き後に14歳で跡を継ぐが、旧湊安東氏を中心に反乱が起こり（湊合戦）、檜山城に籠城する。鎮圧後に土崎の湊城に本拠を置く。豊臣秀吉に領土を安堵され、大名として足場を固めるが、徳川家康によって常陸の宍戸へ国替えとされる。連歌、和歌、茶、絵を嗜み、晩年伊勢に蟄居すると風流の道に傾倒した。

１６０２年……⑩関ヶ原の戦い後、秋田氏（安東氏）は常陸に転封され、代わって**佐竹氏**が出羽に国替えとなる。

佐竹氏―中世の豪族。平安後期に官位を辞して加わった後三年の役で武功を挙げた源義光は、常陸の佐竹に土着し勢力を伸ばす。その孫の昌義が佐竹を名乗った。平家に与して一時領土を失うが、奥州合戦や承久の乱の功で領地を回復し、室町時代は足利氏に従い常陸守護となる。戦国時代には下野、陸奥までを支配し、伊達、北条、上杉と争い隆盛を誇った。豊臣秀吉に常陸54万石を安堵されたが、関ヶ原の戦いで西軍と見なされ、秋田20万石に転封された。

１６０２年……⑦**佐竹義宣**が出羽に転封される。

佐竹義宣（１５７０－１６３３）―戦国時代から江戸時代前期にかけての大名。水戸の江戸氏を滅ぼし、本拠を常陸の太田城から水戸城へ移した。豊臣政権下の「六大将」と称せられたが、律儀な性格で、関ヶ原の戦いの折、徳川家康の派兵に病と称して応じなかったため、１６０２年、出羽へ異例の減転封（54万石から20万石へ）となった。土崎の湊城へ入城するも、翌年には久保田城を築城し移った。豪族らの抵抗を抑え、秋田（久保田）藩の礎を築いた。

１６０６年……⑤**院内銀山**が開山する。

院内銀山―秋田県湯沢市にあった銀山。江戸時代に発見・開発され、天保年間（１８３０～１８４４）に産出量が国内1位となるなど、石見、生野に並ぶ日本最大級の銀山だった。秋田の伝統工芸・秋田銀線細工はここで産出された豊富な銀によった。明治期には東洋一の近代設備を誇り、外国との交流も盛んで、現在の院内駅に隣接する資料館「院内銀山異人館」はドイツ人技師が住んだ「異人館」を模してつくられている。１９５４年に閉山した。

１６２０年……⑥**土崎神明社**が湊城跡地に創建される。

土崎神明社祭曳山行事―秋田市土崎地区にある土崎神明社で7月に行われる例祭。江戸時代中期に北前船西廻り航路の開通により土崎湊は貿易拠点となり、土崎の総鎮守として土崎神明社がつくられる。その後、18世紀に入り、往来する船乗りが神輿を寄進し、18世紀末には曳山行事が盛んになっていった。19世紀のイザベラ・バードの旅行記にもその様子が記されている。１９９７年に国の重要無形民俗文化財に認定された。

1639年……⑥加賀藩が西廻り航路で米を大坂に送り、**北前船**が始まる。

北前船―江戸時代中期から明治時代にかけて活躍した商船。出羽の米を江戸に運ぶため、幕府の命を受けた商人・河村瑞賢が開発した西廻り航路を用い、東北・北陸各地の港に立ち寄りながら、日本海、瀬戸内海、大坂と結んだ。航路は後に蝦夷まで延長した。船主である商人が買い付け、寄港地で売りさばき、「一航海千両」という莫大な利益を生むと同時に、各地に富をもたらした。

1689年……①**松尾芭蕉**、象潟を訪れる。

松尾芭蕉（1644-1694）―伊賀上野生まれの江戸時代前期の俳人。滑稽を主としていた俳諧を芸術性の高い句風として確立した。武士身分を持つ農家に生まれ、藤堂藩の藤堂蟬吟に仕える。23歳の時に蟬吟が早世したため、出奔して江戸に下り俳諧師となる。その才能を認められ宗匠として深川に芭蕉庵をひらく。「甲子吟行」「野ざらし紀行」「笈の小文」「奥の細道」などの紀行文、「幻住庵記」や「嵯峨日記」を執筆し、旅を通してスタイルを洗練させていくが、大坂で客死する。俳文、紀行、日記などはすべて死後に刊行された。

1727年……⑥**大曲の綱引き**が始まる。

大曲の綱引き―大曲（大仙市）に古くから伝わる小正月の行事。大曲上大町の諏訪神社から75尋（136メートル）の綱がおろされ、財振り棒（蛇の頭部に取りつける棒）を先頭に、大蛇に見立てた大綱が街を練り歩く。その後、大町交差点で市内を上丁と下丁に二分し、数百人が綱を引き合い、上丁が勝つと米が値上がり、下丁が勝つと豆が値上がりするとして、その年の作況を占う。享保年間の1727年に始まったとされ、秋田県無形民俗文化財に指定されている。

1758年……⑦**佐竹義敦**（曙山）が家督を相続する。

佐竹義敦（1748-1785）―江戸中期の大名。久保田藩主、号は曙山。財政再建に努め、平賀源内を鉱山開発のために招聘する。その際に藩士の小田野直武が平賀に西洋画法の手ほどきを受ける。義敦は初めは狩野派に絵を習っていたが、後に小田野直武の教えを受け、日本画に西洋画法を組み合わせた、秋田蘭画と呼ばれる独自の画法をつくりあげた。「松に唐鳥図」や「湖山風景図」などの代表作がある。

1764年頃……⑥**旧奈良家住宅**が完成する。

旧奈良家住宅―宝暦年間（1751-1764）に建てられた奈良にルーツを持つ豪農の住宅。建物両端の入口部分が前面に突き出された両中門造りで、秋田県の中央海岸部や山形の農家に特徴的な建築様式。1965年に重要文化財に指定されている。敷地内には母屋の他に、明治から大正にかけて建てられた蔵や住宅が7棟あり、これらは2006年に登録有形文化財となった。

1773年……⑦**平賀源内**が鉱山調査のため秋田を訪れる。

平賀源内（1728-1779）―高松生まれの江戸時代中期の科学者、本草学者、戯作者。1752年に長崎へ遊学し、オランダ語や油絵、医学を学ぶ。その後、江戸に出て、本草学や漢学を学び、2度目の長崎遊学では鉱山の採掘や精錬の技術を習得している。1773年に秋田藩に招かれて、院内銀山、阿仁銅山を訪れ鉱山採掘の指導を行う。その折に角館で秋田藩士小田野直武と知り合い、蘭画技法を教授した。秋田蘭画の仕掛人とも言える。

1774年……⑦**小田野直武**が表紙・挿画を担当した『解体新書』が刊行される。

小田野直武（1750-1780）―角館生まれの江戸時代中期の画家。平賀源内から洋画の技法を習得し、秋田蘭画の始祖となる。初めは狩野派を学び、やがて佐竹北家当主の佐竹義躬や秋田藩主佐竹義敦の知遇を得る。『解体新書』の翻訳を行った前野良沢や杉田玄白とは源内を通して知り合った。日本で初めての銅版画を制作した司馬江漢にも洋画を教えている。

1784年……①**菅江真澄**、象潟に入る。

菅江真澄（1754-1829）―三河生まれの江戸時代後期の旅行家、本草学者。1783年に郷里を出発し、亡くなるまでの四十数年間、出羽、陸奥、蝦夷地などの日本の北辺を旅した。彩色画入りの多数の紀行を執筆し、それらは当時の年中行事や暮らしを今に伝える貴重な民俗資料となっている。

1792年……②ロシア人**アダム・ラクスマン**が蝦夷地の根室に来航する。

アダム・ラクスマン（1766-?）―ロシア帝国（ロマノフ王朝）海軍軍人、ロシア最初の遣日使節であり、エカテリーナ2世の命を受け、漂流民の大黒屋光太夫らの送還を名目に根室に赴き、江戸幕府に交易を申し入れる。江戸幕府は鎖国を理由にこれを拒否し、ラクスマンは目的を果たせず帰国した。

1800年……⑦**佐竹義躬**が死去する。

佐竹義躬（1749-1800）―佐竹北家当主。1769年より角館城代。小田野直武に教えを受け、花鳥図などを洋画風に描き、秋田蘭画の代表的な画家の1人となる。屈曲した岩陰に咲く大輪の白牡丹を描いた「白牡丹図」は写実に対峙した力作である。谷素外に師事し、俳人としても活躍した。

1804年……①**象潟地震**が発生する。

象潟地震―江戸時代後期、1804年に発生した象潟沖を震源地とする大地震。津波を伴い、1500以上の民家が倒壊するなどの大きな被害を出した。一帯が隆起して陸地となり、「東の松島、西の象潟」（松尾芭蕉）と称せられた美しい潟の景観も失われた。1740年に鳥海山が火山活動を再開し、地震の3年前に大噴火を起こしていた。

1804年……⑥菅江真澄の『男鹿の秋風』に東湖八坂神社の**蜘蛛舞**が記される。

蜘蛛舞（統人行事）―潟上市天王にある東湖八坂神社の例祭で、国指定重要無形民俗文化財に指定されている。さまざまな行事を分担統括する統人（とうにん）行事の祭礼で行われた。神人が黒牛に乗り街を練り歩く「牛乗り」と対になり、2艘の舟に立てられた柱に綱を張り、その上で赤い衣の神人が蜻蛉返りの舞をする。もともとは細い綱を渡る姿を蜘蛛に見立てた綱渡りの一種であり、室町時代から江戸時代初期に流行したとされる。

1804年……③菅江真澄が**寒風山**の絵を描く。

寒風山―成層火山で標高355メートル、毛無山に代わり男鹿三山の1つとされることもある。古くは妻恋山と呼ばれ、菅江真澄は『男鹿の秋風』で、この名は牡鹿の「妻恋」から付けられたと推測している。大噴火口内には「鬼の隠れ里」と呼ばれる巨石の積み重なる場所がある。

1814年……⑧『風俗問状答』がまとめられる。

屋代弘賢（1758-1841）―江戸時代中期から後期にかけての国学者。塙保己一に国学を学び、『群書類従』の編纂に携わる。蔵書家として知られ、上野不忍池近くに蔵書5万冊を納めた不忍文庫を設立した。「諸国風俗問状」を配布し、答信を求めた。『秋田風俗問状答』は秋田藩がまとめた答書である。

1843年……④秋田の狐森遺跡で「**人面付環状注口土器**」が発見される。

人面付環状注口土器―秋田郡昭和町（現、潟上市）の狐森遺跡で発見され、その異様な形状で人々を驚かせた。発見者は菅原吉郎兵衛で、狐森遺跡はその後開発され、現存しない。土器は秋田県立博物館へ寄贈され、国の重要文化財に指定された。

1855年……②**日露和親条約**（下田条約）により日本とロシアの国境が確定する。

日露和親条約―伊豆国下田の長楽寺で締結され、蝦夷地に国境が引かれたが、千島列島における日本とロシアの国境を択捉島と得撫島の間に設定した。北蝦夷地（樺太）は国境未確定として従来通り日本人とロシア人の混住の地とされた。

1872年……③金足生まれの**石川理紀之助**が秋田県種苗交換会を創設する。

石川理紀之助（1845-1915）―明治から大正時代の農業指導者、歌人。菅江真澄が逗留した奈良家の分家に生まれる。生涯を農村の更生と農家の救済に捧げた。11歳の時に菅江真澄の墓を寺内村で発見して、墓碑銘からその日が命日であることを知り「なき人に慕ふ心や通ひけむおもはず今日の時に逢ふとは」と吟じた歌が彼の詠歌の最初とされる。

1875年……②**樺太千島交換条約**により日本は樺太全島を放棄する。

樺太千島交換条約―樺太で頻発する日露両国人の紛争解決のため、新たに国境を定め、ロシア領千島列島と樺太を交換した。つまり得撫島以北の千島列島18島を日本が領有し、樺太はロシア領となる。サンクトペテルブルクで調印署名が行われた。またこの条約により樺太や千島に居住していたアイヌは3年以内に自身の国籍を決め、国籍と一致する領土へ移住することを強要された。

1886年……⑩舞踏家**石井漠**が秋田県山本郡長面に生まれる。

石井漠（1886-1962）—秋田出身の日本の舞踏家、ダンサー。1901年に秋田中学（現、秋田高校）に入学、卒業直前の1906年に校内ストライキに連座して退学となる。1912年、東京帝国劇場歌劇部1期生として「熊野」で初舞台を踏む。以後は創作舞踏に転身し、1922年には欧州と米国へ公演の旅に赴き、現代舞踏を研究する。1925年に帰国し、自由が丘に石井漠舞踏研究所を開設し、日本のモダンダンスを牽引する。代表作に「スフィンクスの謎」や「人間釈迦」がある。

1887年……④**蓑虫山人**が自費による亀ヶ岡遺跡発掘調査記録を発表する。

蓑虫山人（1836-1900）—美濃国生まれの絵師、考古学者、造園家。14歳で故郷を離れ、諸国を放浪する旅を続けながら絵日記を著した。長期にわたり秋田に滞在し、「六十六庵」という日本初の考古学博物館を構想し、考古学資料の収集に励む。狐森遺跡出土の「人面付環状注口土器」も、蓑虫山人が1894年にスケッチし、広く知られるようになった。

1889年……⑧**レフ・シュテルンベルグ**がサハリンへ流刑される。

レフ・シュテルンベルグ（1861-1927）—ユダヤ系ロシア人の民俗学者。ペテルブルク大学で物理と数学を専攻するも、1886年に逮捕され、シベリアを経て、サハリンに流刑となる。その間、アメリカ自然史博物館のためにニブフ、ウィルタ、アイヌの研究を行う。1891年にはブロニスラフ・ピウスツキと知り合いになっている。ロシア史上最初の博物館クンストカメラの改修に携わり、人類学・民族学博物館として一新させた。

1890年……②**アントン・チェーホフ**が流刑地調査のため樺太を訪れる。

アントン・チェーホフ（1860-1904）—ロシアの劇作家、小説家。流刑地樺太（サハリン）へ出かけ、囚人たちの過酷な生活や環境を取材記録した『サハリン島』を発表し、注目された。代表作に「イワーノフ」「かもめ」「桜の園」「三人姉妹」などがある。

1891年……⑦**小岩井農場**が開設される。

小岩井農場—岩手山の南麓、雫石町と滝沢市にまたがる約26ヘクタールの農場。西洋式の大農法により荒地を改良した。1899年に岩崎久彌が事業を継承し、農畜産物の品種改良や、競走馬の育成に取り組む。宮沢賢治を魅了し、「春と修羅」で詠まれた。「すみやかなすみやかな萬法流転のなかに／小岩井のきれいな野はらや牧場の標本が／いかにも確かに継起するといふことが／どんなに新鮮な奇跡だろう」（「小岩井農場」）

1891年……①**高山樗牛**、鳥海山登山を行い、「鳥海山紀行」を書く。

高山樗牛（1871-1902）—山形鶴岡生まれの明治の思想家。博文館に入社し『太陽』編集主幹となり、森鷗外と美学論争を繰り広げる。1900年に文部省から美学研究のための海外留学を命じられる。夏目漱石と同期の任命だったが、洋行の送別会後に吐血し、1902年に31歳で早逝した。

1897年……④東京帝国大学人類学教室教授・**坪井正五郎**が論文「石器時代の仮面」を発表する。

坪井正五郎（1863-1913）—江戸両国生まれ。人類学、考古学の先駆者。東京帝国大学理科大学動物科卒業。在学時から人類学、考古学への関心を深め、東京人類学会を結成。大学院やイギリス、フランスへの留学で人類学を学ぶ。1893年に帰国後、東京帝国大学理科大学教授となり、人類学教室をつくる。柳田國男と南方熊楠を結びつけ、弟子に鳥居龍蔵がいる。1913年、万国学士院大会出席のため滞在していたサンクトペテルブルクで客死した。

1900年……②パリ万博で**ブロニスワフ・ピウスツキ**の集めた北方民族関連の資料文物が展示される。

ブロニスワフ・ピウスツキ（1866-1918）—ロシア支配下リトアニア生まれの人類学者、社会活動家。弟はポーランド初代大統領ユゼフ・ピウスツキである。アレクサンドル3世暗殺事件に連座して樺太へ流刑、そこでニヴフやアイヌの言語や文化を研究し、多大な功績を残した。その功績を称え、ポーランド政府は2013

年にピウスツキがかつて滞在した北海道白老町の旧アイヌ民族博物館に記念碑を建立し、2020年、同町に開設されたウポポイに移設された。

1905年……②**日露講和条約**で、樺太の北緯50度より北はロシア領、南は日本領と定められた。

日露講和条約―アメリカのポーツマスで締結されたためポーツマス条約とも呼ばれる。日露戦争に敗れたロシアは日本への賠償金支払いは拒んだが、樺太の南半分を日本領とし、韓国に対する指導権、旅順・大連の租借権と長春以南の東清鉄道を得た。これにより朝鮮支配と満洲進出への足場を固めた。

1909年……③**柳田國男**、東北を旅行し、初めて遠野を訪れる。

柳田國男（1875―1962）―兵庫県生まれ。日本民俗学を確立した民俗学者。東京帝国大学法科大学政治科卒業後、農商務省に入る。地方の農村実態を調査する傍ら、雑誌『郷土研究』を発行する。内閣法制局、貴族院書記官長を経て退官し、東北、沖縄をはじめとして日本列島各地、台湾などの民俗学的調査を行った。多数の著作があり『定本柳田國男集』にまとめられている。

1910年……⑦**『遠野物語』**が刊行される。

『遠野物語』―岩手県遠野出身の佐々木喜善から生地の民間伝承を聞いた柳田國男が、それらを文学的に編纂した作品。年中行事、民間信仰から、ザシキワラシ、河童、山人、神隠しなどの異聞譚が記された。「願はくはこれを語りて平地人を戦慄せしめよ」と序章で述べた柳田が、急速に失われゆく日本の習俗を都会人に記した日本民俗学の出発点。

1911年……②**鳥居龍蔵**、樺太調査に赴く。

鳥居龍蔵（1870―1953）―徳島生まれ。人類学者、考古学者。独学で人類学を学び、東京帝国大学人類学教室で坪井正五郎に師事する。1921年に論文「満蒙の有史以前」で文学博士号を得て翌年東京帝大助教授となるが、1924年に辞職する。日本人と日本文化は、アジアの諸民族が混淆しながら形成されたと考え、台湾、千島、中国、蒙古、満州、シベリアなどを実地調査したフィールドワークの先駆者である。

1914年……⑧**ニコライ・コンラッド**が東京帝国大学国文科に派遣される。

ニコライ・コンラッド（1891―1970）―ソビエト連邦の東洋学者。「ソ連における日本学の父」と呼ばれ、『源氏物語』などの古典文学、日本時代に交流のあった谷崎潤一郎の著作も翻訳した。ペテルブルク大学東洋語学部中国・日本語学科卒業後、日本に派遣され、ニコライ・ネフスキーと駒込の一軒家で共同生活を送る。1917年のロシア革命により帰国し、1922年から母校ペテルブルク大学に日本語講座を開設した。1934年以降、粛清されたネフスキーの遺児エレナを引き取り、養育した。主な著作に『東洋と西洋』や『奈良時代の土地制度』がある。

1915年……⑧**ニコライ・ネフスキー**、日本留学のため来日する。

ニコライ・ネフスキー（1892―1947）―ソビエト連邦の東洋言語学者、民俗学者。アイヌ語、宮古島方言、台湾原住民ツォウ語、西夏語の第一人者として幅広い研究を行った。中山太郎を介して柳田國男や折口信夫、金田一京助と知り合う。小樽高等商業学校（現、小樽商科大学）のロシア語教師などを務めた後、1929年に帰国するも、1937年、日本人妻イソがスパイ容疑を受け、妻と共に銃殺された。1957年、名誉回復し「西夏文献学」などの研究によりレーニン賞受賞。代表作に『月と不死』、『アイヌ・フォークロア』、『宮古のフォークロア』がある。

1915年……⑦**田口掬汀**が美術雑誌「中央美術」を創刊する。

田口掬汀（1875―1943）―角館生まれの作家、美術評論家。高井有一の祖父。1900年に上京し、同郷の佐藤義亮が創業した新聲社（新潮社の前身）の雑誌『新聲』の記者となる。その後、初の単著『人の罪』を発表し、以降『伯爵夫人』など多数の著作を発表する人気作家となる。1915年に美術雑誌『中央美術』を創刊。1926年に開館した東京府美術館（現在の東京都美術館）の運営にも携わった。

1917年……⑨秋田男鹿生まれの美術史家**澤木四方吉**がヨーロッパ留学を終え、帰国する。

澤木四方吉（1886―1930）―男鹿船川生ま

れの美術史家。筆名は澤木梢。慶應義塾大学に学び、派遣留学生としてドイツに渡った。ミュンヘン大学でルネッサンス美術の権威ハインリヒ・ヴェルフリンに師事し、西洋美術史を深める。欧州大戦を避けて1917年に帰国し、慶應義塾大学の美術史学初代教授となる。日本に初めて「ミロのヴィーナス」を学術的に紹介し、東京帝国大学でもギリシャ美術史を講義する。永井荷風の後を継ぎ「三田文学」の2代目主幹を務めたが、1930年に肺結核で43歳で死亡した。

1919年……⑩舞踏家**大野一雄**、函館中学から大館中学に編入する。

大野一雄（1906-2010）―函館生まれの舞踏家、ダンサー。1919年に函館中学に入学するも、すぐに母方親戚の秋田大館の白石家に預けられ、大館中学（現、大館鳳鳴高校）に編入する。1933年に石井漠舞踊研究所に入門する。太平洋戦争で召集され、1938年から9年間従軍した。1946年に帰国後、大野一雄舞踏研究所を設立し、1949年に神田共立講堂で初公演を行う。以降、土方巽と舞踏を確立させ国内外の公演で高い評価を受けた。代表作に「ラ・アルヘンチーナ頌」「わたしのお母さん」「死海」などがある。

1920年……⑧ニコライ・ネフスキー、**伊能嘉矩**の協力を得て、オシラサマ研究を開始する。

伊能嘉矩（1867-1925）―遠野生まれの人類学者。岩手師範学校（現、岩手大学）を退学になった後、坪井正五郎に師事する。日清戦争で日本領となった台湾に総督府雇員として赴き、人類誌、言語、民俗・風習を網羅的に実施調査し、特に原住民の実態について多大な研究成果を残した。また在学時から、遠野の歴史、民俗、方言の研究に取り組み、台湾からの帰国後は柳田國男ら民俗学者とも交流し、『遠野物語』の成立に影響を与えた。著作に大著『台湾文化志』ほか多数がある。

1921年……⑨**小牧近江**や金子洋文らにより雑誌『種蒔く人』が秋田土崎で創刊される。

小牧近江（1894-1978）―土崎生まれのフランス文学者。1910年16歳でフランスに渡る。その後仕送りが途絶え、下働きや日本大使館で働きながら夜間学校に通い、1914年パリ大学に入学する。第一次世界大戦が始まると反戦思想を強め、小説家ロマン・ロランやバルビュスに共鳴し、クラルテ運動に加わる。1918年パリ講和会議に関わり、翌年に帰国した後、1921年に小学校時代の旧友・金子洋文や今野賢三と日本のプロレタリア文学の先駆けとなる雑誌『種蒔く人』を創刊した。第二次世界大戦中は仏領インドシナで民族解放運動を支援し、戦後も反戦平和運動を繰り広げた。

1921年……①**渋沢敬三**、アチック・ミューゼアムを創設する。

渋沢敬三（1898-1963）―東京生まれの実業家、民俗学者、政治家。日本資本主義の土台をつくった渋沢栄一の孫であり、日本銀行総裁や大蔵大臣を務めた。東京帝国大学経済学部卒業後、柳田國男との出会いから民俗学へ傾倒し、特に漁業史の分野で多くの功績を残した。東京三田の自宅車庫の屋根裏に動植物標本、化石、郷土玩具、民具などを収集したアチック・ミューゼアムを開設し、岡正雄、宮本常一、江上波夫や内田武志ら多くの学者や研究者を育てている。

1921年……⑦**宮沢賢治**が詩「秋田街道」を書く。

宮沢賢治（1896-1933）―岩手花巻出身の詩人、童話作家。農学校教諭を退いた後、農村の暮らしの向上や、生活に根ざした芸術を志す。仏教への深い信仰に裏打ちされた宇宙へと飛躍する空想力、東北の自然を生きる日常から多数の作品を創作したが、37歳で夭逝する。生前は広く知られることはなかった。1982年に花巻市の胡四王山に宮沢賢治記念館が開館している。主な著作に自費出版した『春と修羅』『注文の多い料理店』のほか、「銀河鉄道の夜」「風の又三郎」「グスコーブドリの伝記」「農民芸術概論綱要」など多数。

1924年……⑦宮沢賢治が処女作『**春と修羅**』を刊行する。

『**春と修羅**』―宮沢賢治が生前に刊行した唯一の詩集であり、東北の厳しい自然や生活を素材にしながら壮大な宇宙の展開を詩的世界に結晶化させている。「こんなやみよののはらのなかをゆくときは客車のまどはみんな水族館の窓になる」（青森挽歌）と記すこの詩のイメージは、後に創作する『銀河鉄道の夜』へとつながっている。

1925年……⑥**金田一京助**が『アイヌの研究』を出版する。

金田一京助（1882―1971）―岩手盛岡生まれの言語学者、民族学者。東京帝国大学文科大学言語学科卒業。在学時から北海道と樺太での実地調査を行い、アイヌ語、アイヌ叙事詩「ユーカラ」の研究に取り組んだ、アイヌ研究の第一人者。東京大学、國學院大学、早稲田大学などで教鞭をとる。『明解国語辞典』等の辞典の編纂にも携わった。主な著作に『ユーカラの研究　アイヌ叙事詩』がある。

1926年……⑤**柳宗悦**らが「日本民藝美術館設立趣意書」を提出する。

柳宗悦（1889―1961）―東京麻布生まれの美術評論家、思想家、民藝運動の主唱者。民衆の暮らしの中から生まれた美の世界を紹介するため「民藝」という言葉を創出し、用と美が結ばれたさまざまな土地の工芸品を調査し、1936年、東京駒場に日本民藝館を設立している。主な著作に『手仕事の日本』や『民藝四十年』がある。

1928年……⑧**喜田貞吉**が「オシラ神に関する二、三の臆説」を発表する。

喜田貞吉（1871―1939）―徳島生まれの歴史学者。東京帝国大学文科大学史学科卒業後、文部省で国史教科書の編集に携わるが、南北朝時代の記述が問題となり退職する。京都帝国大学教授を経て、東北帝国大学講師となり、奥羽資料調査部を設立するなど、東北の古代史研究に尽力する。秋田の古文書を活字化して収録する、深澤多市の『秋田叢書』シリーズの監修を務め、仙北の払田柵跡を調査し『続日本紀』で記される雄勝城だと見解を示すなど、歴史、考古学、民俗学の資料を調査・収集し、「日本（やまと）民族とは何か」について多くの独自仮説を提示した。

1929年……④**中谷治宇二郎**が青森、秋田の縄文遺跡を調査し、「東北地方石器時代遺跡調査予報」を『人類学雑誌』に発表。

中谷治宇二郎（1902―1936）―石川片山津生まれの考古学者。雪の研究で知られる物理学者中谷宇吉郎の弟。1921年、シベリア出兵に従軍。1924年、東京帝国大学人類学教室に入学し、1927年、卒業論文「注口土器の分類とその地理的分布」を提出する。1929年留学先のフランスでその要約をフランス語で出版したところ、マルセル・モースが研究法を高く評価する。主な著作に『日本石器時代提要』や『日本先史学序史』がある。

1929年……②**小林多喜二**が「蟹工船」発表する。

小林多喜二（1903―1933）―プロレタリア作家。秋田大館に生まれ、4歳の時に小樽に移住する。小樽では北海道拓殖銀行に勤めながら創作を続けたが、「蟹工船」や「不在地主」が原因で銀行を解雇される。「蟹工船」が帝劇で上演された時の題名は『北緯五十度以北』だった。その後、投獄と保釈が繰り返され、1933年、特高警察に逮捕後に虐殺された。

1930年……⑦武藤鉄城、遠野の**佐々木喜善**と出会う。

佐々木喜善（1886―1933）―遠野生まれの民俗学者、作家。東京遊学に出て、井上円了の哲学館（現、東洋大学）、早稲田大学文科で学び、文学を志す。1908年に柳田國男を紹介され、遠野の伝承について話す。これらを、その後遠野を訪ねた時の印象と共に「一字一句をも加減せず感じたるまま」柳田が記したものが『遠野物語』である。その他442編の昔話を収集し『江刺郡昔話』『聴耳草紙』などを発表。ザシキワラシの話の採集や、ネフスキーと共同でオシラサマの研究なども行った。晩年は不遇だったが、宮沢賢治と親交を深めた。

1931年……⑦宮沢賢治が角館の**河原田家**を訪ねる。

河原田家―関ヶ原の戦い後、芦名氏の重臣として常陸から角館に移り、芦名氏の断絶後は佐竹氏の分流である角館の佐竹北家に仕えた。現存する屋敷は1891年に江戸時代初期の建築様式である書院造りによって建てられたもので、その庭には17代当主の河原田次繁が盛岡高等農林学校の同級生であった宮沢賢治から結婚祝いにもらったユリノキが植えられている。

1931年……⑤漆芸家の**生駒弘**が沖縄漆芸組合を組織する。

生駒弘（1892―1991）―由利郡金浦町（現、にかほ市）生まれの漆芸家。第二次世界大戦前は沖縄や台湾で漆器指導にあたり、漆芸の近代化に取り組んだ。戦後はその経験と技法を生かした新感覚の漆器「生駒塗」を秋田で展開する。沖縄産の樹木デイゴに似たサワグルミを木地とし、南国特有の鮮やかな朱塗りを基調に黒で縁取りした端正な美を生み出した。伝統に囚われない新たな造形感覚を入れ、材質管理から仕上げまで一貫した作業体制を確立している。

1932年……④秋田大館に近い**大湯環状列石遺跡**発見される。

大湯環状列石遺跡—約4000年前のストーンサークル。1932年、耕地整理の際に発見された。県道を挟んで野中堂遺跡と万座遺跡に分かれる。祭祀場や集団墓、天文台など諸説あり、その目的はいまだ解明されていない。

1932年……⑨**海蔵山大龍寺**が男鹿船川に移転する。

海蔵山大龍寺—曹洞宗特有の七堂伽藍を持つ寺院。多宝塔様式で鐘楼を兼ねた龍王殿がある。澤木晨吉が別荘としていた、日本海と奥羽山脈を借景にした日本庭園・楽水亭を寄贈したため、船川に移転された。

1933年……⑤山形新庄に**雪調**(農林省積雪地方農村経済調査所)が作られる。

雪調(農林省積雪地方農村経済調査所)—凶作や豪雪で生活に苦しむ雪国の農村を立て直すために設立された全国唯一の役所であり、さまざまな関係者を巻き込み、先人が手をつけていない領域の課題に取り組んだ。農村経済の改革、副業の創案、積雪研究の3本柱で運営され、農業経済学者東畑精一、建築学者今和次郎、民藝指導者柳宗悦、物理学者中谷宇吉郎らが自身の専門的見地から実践的な研究を進めた。

1934年……⑦武藤鉄城、渋沢敬三や早川孝太郎らと男鹿から八戸までの民俗採訪旅行を行う。

早川孝太郎(1889-1956)—愛知南設楽生まれの民俗学者、画家。画家を志して上京し、黒田清輝、川端龍子に学んだ後、日本画家松岡映丘に師事する。雑誌『郷土研究』への寄稿により松岡の兄である柳田國男に知られ、民俗学の道へ入る。郷里の奥三河に伝わる霜月神楽を調査し、渋沢敬三の支援のもと、1930年に日本民俗学の古典的名著『花祭』を刊行した。そのほか『羽後飛島図誌』や柳田國男との共著『おとら狐の話』など多数がある。

1934年……⑨**折口信夫**が「秋田魁新報」に「春来る鬼」を発表する。

折口信夫(1887-1953)—大阪西成生まれの民俗学者、国文学者、歌人。釈迢空と号した。12歳年上の柳田國男の高弟として、〝折口学〟と称される民俗学の基礎を築いた。國學院大学国文科卒業、1922年に國學院大学教授、1928年に慶應義塾大学教授を兼任。1948年に『古代感愛集』により日本芸術院賞受賞。主な著書に『古代研究』、『日本文学の発生序説』、『死者の書』がある。1953年、胃癌により永眠。

1935年……⑩**和辻哲郎**『風土　人間学的考察』が刊行される。

和辻哲郎(1889-1960)—兵庫生まれの哲学者、思想家。東京帝国大学哲学科卒業。法政大学教授、京都帝国大学教授、東京帝国大学教授を歴任する。京都学派の一人とされる。西欧哲学を出発点としながら、日本独自の風土や生活文化に根ざした思想を探究した。主な著作に『古寺巡礼』、『風土——人間学的考察』、『面とペルソナ』などがある。

1935年……⑤**今和次郎**が設計した秋田県立青年修練農場が竣工する。

今和次郎(1888-1973)—青森弘前生まれの建築学者、民俗研究家、現代の風俗を記録する考現学の提唱者。1912年に東京美術学校図案科卒業。柳田國男門下として民家研究に打ち込む。1920年に早稲田大学建築科教授となり、1934年から積雪地方農家家屋の設計に関する研究を開始し、雪の科学的分析と雪害防止策に取り組んだ。

1935年……③版画家の**勝平得之**が、来秋したドイツの世界的な建築家ブルーノ・タウトを案内する。

勝平得之(1904-1971)—秋田市鉄砲町生まれの版画家。家は代々秋田藩の藩札の紙漉き業だった。独自の技法により秋田の風俗や民具を詳細に表現した色刷り版画は、貴重な民俗資料でもある。梵天や竿燈などを描いた連作「秋田風俗十態」をはじめ、連作「秋田風俗十題」、「ナマハゲ」のほか、大日堂舞楽を6年の調査と10年以上の時間をかけてつくられた「大日霊貴神社祭禮舞楽図八部作」などがある。ブルーノ・タウトにより海外に紹介され、ケルン市立東洋美術館にも作品が所蔵される。

1936年……⑥**ブルーノ・タウト**、秋田を再訪。
ブルーノ・タウト（1880-1938）—東プロイセンのケーニヒスベルク生まれの建築家。初期の代表作に「鉄の記念塔」や「ガラスの家」があり、集合住宅を多く手がけた。1933年に上野伊三郎の招きにより、20代から影響を受けた日本に渡る。東北を度々訪れ、秋田を裏日本の京都であると記す。工芸品のデザイン指導などを行うが、建築の依頼は少なく、1936年トルコに移り、1938年イスタンブールで客死した。主な著作に『日本美の再発見』『日本文化私観』がある。

1937年……③**藤田嗣治**、日本最大級の絵画「秋田の行事」を完成させる。
藤田嗣治（1886-1968）—東京牛込生まれ、フランスで活動した画家。東京美術学校西洋画科を卒業後、渡仏した。モンパルナスに居を構え、ピカソやモディリアーニなどエコール・ド・パリの画家たちと交流しながら乳白色の肌をした裸婦像を描き人気を博す。1933年に帰国し、平野政吉と出会い、巨大壁画「秋田の行事」に取り組む。

1938年……④パリに人類博物館が完成する（副館長に**ジョルジュ・アンリ・リヴィエール**）。
ジョルジュ・アンリ・リヴィエール（1897-1985）—フランスの博物館学の先駆者であり、フランス民族誌学を革新し続けた。もともとは音楽家を志していたが、1925年からミュージオロジー（博物館・美術館学）をエコール・ド・ルーブルで学び始め、1928年に卒業した。その年に初めて展覧会「古代アメリカ美術」（パリ装飾美術館）を企画し、成功させる。その後、国民議会議員で民族学者のポール・リヴェの依頼でトロカデロ民族誌博物館の全面改修を手掛け、1938年に人類博物館として開館に漕ぎつけ、副館長となる。その間、伝説的な前衛美術雑誌『ドキュマン』の編集にも関わっている。

1940年……⑤**シャルロット・ペリアン**が来日し、山形や秋田など東北各地を巡る。
シャルロット・ペリアン（1903-1999）—フランス・パリ生まれの建築家、デザイナー。1927年に発表した「屋根裏のバー」が評価され、ル・コルビュジエとピエール・ジャンヌレのアトリエに入所、インテリアを担当する。当時は、前川國男や坂倉準三が入れ替わるように所属していた。1937年に独立した後、1940年、坂倉と商工省の誘いで来日し、各地を回ってデザイン指導を行った。多くの民藝品や資料を持って、仏領インドシナ経由で1946年パリに帰国する。1985年、パリ装飾美術館で「ペリアン大回顧展」が開催された。

1942年……⑧**中山太郎**により『校註　諸国風俗問状答』がまとめられる。
中山太郎（1876-1947）—栃木足利生まれの民俗学者。秋田出身の国学者平田篤胤を崇拝する雑貨・材木商の父の影響を受け、歴史への関心を深めた。柳田國男の『郷土研究』に触れて民俗学を志すが、〝中山民俗学〟と呼ばれた、文献資料を駆使した独特の方法論を確立する。主な著書に『日本巫女史』や『日本盲人史』がある。『校註　諸国風俗問状答』には「秋田風俗問状答」の押絵10枚が転載されている。

1944年……③柳田國男と**三木茂**による『雪國の民俗』が発刊される。
三木茂（1905-1978）—高知生まれの映画監督、写真家。溝口健二や伊丹万作らの映画で撮影を担当し、1938年には記録映画専門会社の東宝文化映画部に入社し、数多くのドキュメンタリー映画を手がけた。1976年、自身が監督・撮影を務めた遺作「柳田國男と遠野物語」を発表する。

1946年……⑦民俗学者**武藤鉄城**が角館時報社社長に就任する。
武藤鉄城（1896-1956）—秋田河辺郡豊岩村生まれの民俗学者。秋田の民俗学の草分け的な存在であり、学問の枠に囚われることなく、独自の活動を展開した。秋田中学卒業後、慶應義塾大学予科に進むが本科2年目に退学し、帰郷する。1927年には角館史考会を結成し、柳田國男の紹介で渋沢敬三の知遇を得て、アチック・ミューゼアム同人と角館、田沢湖、雫石の民俗資料採集旅行を行う。また高橋文太郎とは阿仁でマタギ調査を行った。戦後は大湯環状列石調査や矢石館遺跡発掘調査などに参加している。1956年、直腸癌で逝去する。

1948年……⑤**中谷宇吉郎**、科学映画の先駆となる「霜の華」を制作する。

中谷宇吉郎（1900－1962）―石川片山津生まれの物理学者、随筆家。考古学者中谷治宇二郎の兄。夏目漱石門下の物理学者寺田寅彦に師事し、東京帝国大学理学部物理学科卒業。1932年に北海道帝国大学理学部教授となり、雪の結晶の分類や人工雪の生成などの研究に取り組み、1936年、世界初の人工雪の生成に成功した。1948年には日本映画社の協力のもと、科学映画の古典となる「霜の花」や「大雪山の雪」を完成させ、翌年に中谷研究プロダクション（岩波映画製作所の前身）を設立した。

1949年……⑤**白井晟一**、秋田湯沢の稲住温泉別棟「浮雲」を設計する。

白井晟一（1905－1983）―京都生まれの建築家。京都高等工芸学校（現、京都工芸繊維大学）を卒業後、ドイツで哲学とゴシック建築を学ぶ。帰国後に独学で建築設計を始め、モダニズム全盛の時代に日本文化の土壌から独自の思想と美意識による瞑想的空間を築いた。代表作に「善照寺本堂」「ノアビル」「親和銀行本店」「松濤美術館」などがあり、旧秋ノ宮村役場、稲住温泉「浮雲」「四同舎（旧湯沢酒造会館）」「顧空庵」など、湯沢を中心に、秋田に多くの建築を残した。

1951年……⑧**ミルチャ・エリアーデ**『シャーマニズム』が刊行される。

ミルチャ・エリアーデ（1907－1986）―ルーマニアのブカレスト生まれの宗教学者、民俗学者、幻想小説家、歴史哲学者。ブカレスト大学哲学部時代に東洋思想と宗教学への関心を深め、1929年から4年間インドのカルカッタ大学に留学する。その間に半年ほどヒマラヤ山中に籠りヨーガを学ぶ。第二次大戦後はパリで活躍したが、1957年にシカゴ大学教授として招かれる。主な著作に『シャーマニズム――古代的エクスタシー技術』、『イメージとシンボル』、『生と再生』がある。

1951年……⑨男鹿半島の**船川港**が重要港湾に指定される。

船川港―男鹿市船川地区に位置する港湾。古くから天然の良港として交易の拠点となり、北前船の寄港地であった。明治末から昭和にかけて、土崎港に次いで船川港で整備が進められ、木材加工や石油精製工業等の工業団地の立地で栄えた。近年は観光や流通、医療の拠点としての役割が期待されている。

1951年……⑩**瀧口修造**の下に多分野のアーチストが集い、総合芸術グループ「実験工房」が設立される。

瀧口修造（1903－1979）―富山寒江村生まれの美術評論家、詩人。戦前戦後の日本のシュルレアリスムの理論的支柱となり、領域横断的な幅広い活動をした。戦後は実験工房を主宰し、武満徹、湯浅譲二、秋山邦晴、山口勝弘、駒井哲郎らと前衛的な実践を行っている。マルセル・デュシャンやアンドレ・ブルトンとの交流でも知られる。

1952年……⑥横手の**カマクラ**の開催日が新暦の2月15日となる。

カマクラ―秋田を中心に日本の降雪地帯に伝えられる小正月の伝統行事。雪でつくった家（雪室）の中に祭壇を設け、水神を祀る。カマクラの語源には形が「竈（かまど）」に似ているからとか、神の御座所「神座（カミクラ）」が転じたとか、諸説ある。横手のカマクラは現在は2月15日、16日に開催され、東北を代表する小正月行事として知られる。

1952年……⑥**木村伊兵衛**が「秋田」の撮影を始める。以降、1971年まで21回に及ぶ撮影を継続する。

木村伊兵衛（1901－1974）―東京下谷生まれの写真家。1930年頃から当時新しく登場していた小型カメラ「ライカ」を用いて、下町のスナップショットを撮った。1932年に野島康三らと写真雑誌「光画」を創刊する。戦後は日本写真家協会初代会長としてヨーロッパや中国で撮影を行い、海外での評価を高めるなか、1952年から始めた秋田での撮影がライフワークとなる。写真集『秋田』は没後の1978年に刊行され、それらの写真は秋田のイメージアップ広告として今も多用され続けている。

1952年……⑥**秋田派**の拠点となった「秋田写真家集団」が結成される。

秋田派―秋田を愛して21回も訪れ、死後に写真集『秋田』を刊行された木村伊兵衛の来秋の度に随行し、木村の撮影手法を学んだ秋田の写真家グループ。秋田のアマチュア写真家の指導者岩田幸助、その兄で写真館を経営していた岩田友記、秋田営林署勤務の八木下弘、大曲の大野源二郎らを中心に多くの地元写真家が集った。「秋田写真家集団」は、発展的に解消し、新たに「集団秋田」が組織され、1950年代から1960年代にかけて起きた秋田の郷土写真ブームを牽引した。岩田兄弟や八木下弘が撮影した『男鹿半島』や『秋田県―新風土記』（共に岩波写真文庫）はその代表作である。

1957年……④**岡本太郎**、『藝術新潮』の取材撮影のため秋田来訪。

岡本太郎（1911―1996）―神奈川生まれ、東京青山育ちの芸術家。東京美術学校中退、父親は藤田嗣治の親友だった漫画家の岡本一平、母は小説家・歌人の岡本かの子。1930年から1940年までフランスに滞在、抽象美術やシュルレアリスム運動に加わった。

1958年……⑥**濱谷浩**『裏日本』が毎日出版文化賞を受賞する。

濱谷浩（1915―1999）―東京下谷生まれの写真家。日本人として初のハッセルブラッド国際写真賞を受賞した。1930年代は銀座や浅草などの都市を舞台にモダンな感覚に溢れた写真を撮影していたが、1939年、25歳の時にグラフ雑誌の取材で新潟県高田市を訪れ、雪国の民俗に魅了される。渋沢敬三との出会いもあって民俗学に傾倒し、1944年には高田市に移住して取材を続け、後に初の写真集『雪国』を刊行する。記録としての写真に意義を見出し、戦後も民俗行事の撮影を進め、秋田を含む日本海側12府県を取材した「裏日本」シリーズに取り組んだ。

1960年……①**宮本常一**『忘れられた日本人』を刊行する。

宮本常一（1907―1981）―山口大島生まれの民俗学者。大阪、奈良で教員を勤める傍ら、民俗学的調査を行う。渋沢敬三に認められ上京し、1939年にアチック・ミューゼアムの研究員となる。以後日本全国を歩いて3000以上の村を訪れる。海山、漂白民の研究にも取り組み、残した膨大な記録は『宮本常一著作集』全52巻等にまとめられている。秋田のマタギが畿内の吉野山までを狩場としていた可能性も記した。内田武志と共に『菅江真澄全集』の編纂を行う。

1961年……⑩**土方巽**、暗黒舞踏を名乗る。

土方巽（1928―1986）―秋田市生まれの舞踏家。日本人の身体や風土から生まれる前衛表現を西欧のダンスと対置させ、「暗黒舞踏」を提唱する。1949年の第1回大野一雄公演に感銘を受け、その後1954年に、大野一雄が出演し岡本太郎が舞台装置を手がけた「鴉」で初舞台を踏む。1959年、小説「禁色」を舞踏化し、三島由紀夫や澁澤龍彦と交流する。1961年から暗黒舞踏派を名乗る。1974年以降は振付に専念し、1985年に遺作となった「東北歌舞伎計画」を公演する。2016年、雄勝郡羽後町に土方ゆかりの資料を集めた鎌鼬美術館が開館した。

1961年……⑥**三船敏郎**が「用心棒」でヴェネツィア国際映画祭で主演男優賞を受賞する。

三船敏郎（1920―1997）―中国の青島生まれの俳優。父親の徳造は秋田由利郡の出身である。1925年に一家は満州の大連に移住するが、徳造が入退院を繰り返したため、敏郎は経営するスター写真館の仕事を手伝うようになり、写真技術を習得した。1947年、谷口千吉監督、黒澤明脚本の「銀嶺の果て」で映画デビューした。黒澤映画16本に出演し、「用心棒」と「赤ひげ」で、2度ヴェネツィア国際映画祭の主演男優賞を受賞している。

1964年……⑩ウィリアム・クラインが土方巽を撮った『東京』が刊行される。

ウィリアム・クライン（1926―2022）―ニューヨーク、ブルックリン生まれの写真家、映画監督。パリのソルボンヌ大学で学び、フランスを中心に活躍した。故郷に帰り撮影した1956年の写真集『ニューヨーク』は、ロバート・フランクの『アメリカ人』と共に現代写真の原点となった。そのほか都市を写した作品に『ローマ』、『モスクワ』がある。また映画監督として『ミスターフリーダム』、

『モデル・カップル』などを手がけた。

1965年……⑩**細江英公**と土方巽による写真集『鎌鼬』が刊行される。

細江英公（1933―）―山形米沢生まれの写真家、鎌鼬美術館名誉館長。1959年に東松照明や奈良原一高らと独立写真家集団「VIVO」を結成する。「禁色」公演をきっかけとして交流した土方巽らを被写体とした『おとこと女』、三島由紀夫の裸体を被写体として耽美的な世界を作り上げた『薔薇刑』が国際的な評価を得た。1995年に清里フォトアートミュージアムの初代館長に就任している。

1966年……⑦**高井有一**の「北の河」が芥川賞を受賞する。

高井有一（1932―2016）―東京豊島生まれの〝内向の世代〟に属する小説家。祖父は角館出身の小説家田口掬汀、1943年に祖父と父が相次いで死去、1945年に角館に疎開するも同年に母が自死する。共同通信社に勤めながら『北の河』を刊行。以後も角館や秋田を舞台に多くの作品を書いた。

1967年……③秋田県立美術館が開館、**平野政吉**コレクション特別展示室を設置する。

平野政吉（1895―1989）―秋田市大町生まれ。米穀業と金融業で財を成した平野家の3代当主。画家を志し、16歳の時に初めて浮世絵を買って以来、絵画、陶器、仏像などを収集し、刀剣から西洋近代絵画に及ぶ大コレクションをつくりあげた。藤田嗣治が一時帰国した1929年に彼の個展を見て感銘を受け、大作「秋田の行事」を依頼し実現させる。

1967年……⑨**八郎潟**への入植が開始される。

八郎潟―もともと島だった男鹿半島が、米代川と雄物川からの土砂堆積でできた砂州と繋がり形成された潟湖。国内第2の広さを誇る汽水湖で、様々な種の魚が生息する豊かな漁場だったが、干拓により陸地化されて大潟村となった。1957年から国営の干拓事業が進み1977年に竣工した。

1968年……⑧**アレクセイ・オクラドニコフ**の『黄金のトナカイ』発刊される。

アレクセイ・オクラドニコフ（1908―1981）―ロシアのイルクーツク生まれの考古学者。イルクーツク郷土誌博物館の民族学部主任として、アムール川流域の調査を行い、流域諸民族の文化が太古からの伝統に根差していることを明らかにした。下流域の半地下式住居に定住する漁撈民の文化、ウズベキスタンのネアンデルタール人の小児の発見、モンゴルにおける旧石器時代の遺跡の調査など、研究エリアを広げていった。北アジア岩壁画という新分野を切り開き、考古学と民族学の融合を目指した。民族学者の岡正雄と親しく交流した。『シベリア史』ほか多数の著書がある。

1970年……④岡本太郎、大阪万博のため「**太陽の塔**」を制作する。

太陽の塔―1970年に開催され、6400万人以上を集めた大阪万博（日本万国博覧会）のモニュメント。「人類の進歩と調和」というテーマを表現するテーマ館の核として建設された。通算官僚・堺屋太一らの推薦により依頼された岡本は、とにかくべらぼうなものをつくってやると構想を練った。塔内部は〝生命の樹〟と呼ばれる生命進化系統図となっている。

1971年……⑧**岡正雄**がニコライ・ネフスキー『月と不死』を編集し、発刊する。

岡正雄（1898―1982）―長野松本生まれの民族学者。東京帝国大学社会学科卒業。柳田國男と雑誌『民族』の編集に携わるが、後に決別して廃刊となる。1929年、渋沢敬三の支援を受け、ウィルヘルム・シュミットのもとで民族学を学ぶため、ウィーン大学に留学する。主著となる博士論文「古日本の文化層」を執筆し、日本文化が5つの異なる文化の複合体であると論じた。その他の著書に『異人その他』、『日本民族の起源』がある。

1972年……③**奈良環之助**『道草人生』刊行。

奈良環之助（1891―1970）―秋田金足小泉の奈良家別家に生まれた民俗学者。東京帝国大学農科実科卒業。秋田の文化財調査に尽くした。ブルーノ・タウトの来秋時に対応し、奈良家本家の視察を手配した。秋田市美術館（現、秋田市立千秋美術館）初代館長。共著に『近世の洋画―秋田蘭画―』がある。真山神社の神事「柴灯祭」をナマハゲと組み合わせ、現在のなまはげ柴灯まつりの形にした。

1973年……④ジャン・ルーシュ監督「**マルセル・モース**

の肖像」に岡本太郎が出演する。

マルセル・モース（1872-1950）—フランスの社会学者、文化人類学者。叔父である社会学者のデュルケームの教えを受ける。1930年代にコレージュ・ド・フランスで社会学講座を担当し、同時にパリ大学の民族学研究所で民族誌学を講じた。主な著書に『贈与論』、『供儀』、『エスキモー社会』がある。

1973年……⑥願人踊が秋田県無形民俗文化財に指定される。

願人踊—江戸時代に全国各地で行われた願人坊主（山伏や修験僧）の門付芸能が始まりとされ、八郎潟町の一日市神社に伝わったのは約300年前とされる。女物の長襦袢を着て、前垂れを腰から下げた男たちが同じ側の手と足を同時に出しながらリズミカルに躍る。江戸時代中頃、八郎潟羽立の豪農村井素太夫が上方を旅した時に伊勢音頭を覚え、願人踊に取り入れたと言われている。

1975年……①**内田武志**が『菅江真澄全集』の編纂などの功績により柳田國男賞受賞。

内田武志（1909-1980）—鹿角出身の民俗学者。静岡商業学校在学時に血友病にかかり退学するが、柳田國男や渋沢敬三に勧められ、菅江真澄の研究に取り組む。大半を病床で過ごしながら、妹ハチの協力の下、宮本常一と共同で『菅江真澄遊覧記』全5巻、『菅江真澄全集』全12巻、別巻2巻をまとめ上げた。主な著作に『菅江真澄の旅と日記』や『鹿角方言集』がある。

1975年……⑥**黒澤明**の映画「デルス・ウザーラ」がアカデミー賞（外国映画賞）を獲得する。

黒澤明（1910-1998）—東京大井町生まれの映画監督。俳優三船敏郎らと共に多数の傑作を生んだ。父・黒澤勇は秋田仙北郡豊川出身で、三船敏郎の父・三船徳造も秋田由利郡の出身である。1936年、PCL（後の東宝）に入社する。1941年、浦野芳雄の随筆『ブルーノ・タウトの回想』を原作とした脚本「達磨寺のドイツ人」を雑誌『映画評論』に発表し、伊丹万作にその視覚的表現とシナリオを賞賛された。その後30作品を発表し世界的に評価を高める。主な作品に、デビュー作「姿三四郎」のほか、「羅生門」、「七人の侍」、「赤ひげ」、「デルス・ウザーラ」、「影武者」、「乱」がある。

1979年……③**吉田三郎**『男鹿風土誌』が刊行される。

吉田三郎（1905-1979）—男鹿脇本生まれの民俗学者。貧しい農家の三男として農業指導者石川理紀之助の影響を受け、農業理念や社会思想を学ぶ。渋沢敬三や柳田國男の支援を受け『男鹿寒風山麓農民手記』をアチック・ミューゼアムより刊行する。男鹿で農業を営みながら多くの民俗学関連の著作を残した。

1985年……③**秋田市立赤れんが郷土館**が完成する。

秋田市立赤れんが郷土館—1912年につくられた旧秋田銀行本店（国の重要文化財）を改修して完成した。1989年には新館に勝平得之記念館を併設し、1992年には分館として秋田市民俗芸能伝承館（通称ねぶりながし館）が開館した。秋田の歴史、民俗、美術工芸に関する企画を実施している。

1992年……④**伊勢堂岱遺跡**が発見される。

伊勢堂岱遺跡—北秋田市の市街を見下ろす高台にあり、祖霊信仰や精霊交流が行われたと考えられる儀礼の痕跡が残る。約4000年前の環状列石を主体とし、仮面のような板状土偶も見つかっている。

1994年……⑨**北上市立鬼の館**が開館する。

北上市立鬼の館—北上市市民憲章に「あの高嶺 鬼すむ誇り」と謳われる鬼をテーマとした博物館。地元の旧和賀町は鬼剣舞（ユネスコ無形文化遺産）が古来伝わる地であり、鬼剣舞独特の歩行は修験道の鎮魂の呪術である「へんばい」から来ている。念仏剣舞が正称とされ、念仏により御霊や怨霊を往生させて災厄を防ぐ浄土教由来の信仰と言われる。2024年に30周年を迎え、巨大な鬼のモニュメントがリニューアルされた。

2001年……⑤生駒弘が創業した沖縄の「**紅房**」が70年の歴史の幕を閉じる。

紅房（べんぼう）—琉球漆器の老舗。その前身は生駒弘が組織した沖縄漆芸組合だった。紅房は職人本位の製作体制を敷き、モダンデザインを取り入れた斬新な漆器を生み出し、沖縄に新しい風を吹き込んだ。1935年に紅房という商号を名乗り、海外へも販路を広げ、生駒弘の東京美術学校の後輩であり親戚の柏崎栄助や小池岩太郎も参加し、活況を呈した。

2009年……④大英博物館THE POWER OF DOGU展（**「国宝　土偶展」**）に、秋田の「人面付環状注口土器」が出品される。

「国宝　土偶展」―仮面を付けたような青森の「合掌土偶」、緻密な文様で被われた北海道の「中空土偶」、多産と豊穣を祈る人形（ひとがた）をした長野の「縄文のヴィーナス」の国宝3件、重要文化財23件が一堂に会した最大規模の土偶展となった。2009年にロンドンの大英博物館で行われ（THE POWER OF DOGU）、日本帰国展（国宝　土偶展）も注目を集めた。

2013年……⑧**前田速夫**『海を渡った白山信仰』（現代書館）刊行される。

前田速夫（1944―）―評論家、編集者。『新潮』編集長を長く務める。『余多歩き　菊池山哉の人と学問』で読売文学賞受賞。そのほかに『白の民俗学へ――白山信仰の謎を追って』や『海人族の古代史』がある。

2015年……⑥パリのケ・ブランリー美術館で「アムール川の美学―極東シベリアの装飾美術」展が開かれる。

ナナイ―ツングース系民族で、アムール川流域においてサケ・マスの漁撈生活を行った。ツングース・満洲語のグループでは最南端に分布し、中心はロシアのハバロフスク地方ナナイスクで、ナナイ語を話す。華麗な装飾美術が有名で、黒澤明が手がけた映画の主人公・猟師デルス・ウザーラはナナイである。

2016年……⑥飛島が「鳥海山・**飛島**ジオパーク」として日本ジオパークに認定される。

飛島―日本海に浮かぶ島で、本土からの距離は秋田県に近いが山形県酒田市に属する。山形唯一の有人島で人口160人（2023年9月）。その名は、鳥海山が噴火した際に山頂の一角が飛んでできたという伝説による（『炉辺叢書』）。毎年7月14日に鳥海山山頂の大物忌神社に向かって「火合わせ」という神事を行っている。

2018年……③**ナマハゲ**が「来訪神／仮面・仮装の神々」としてユネスコ無形文化遺産となる。

ナマハゲ―男鹿半島周辺で古くから行われてきた伝統的な年中行事であり、仮面をつけ藁の衣装を纏う来訪神のことを言う。菅江真澄が200年以上前に、日記『男鹿の島風』に記したのが最も古い記録とされるが、由来はわかっていない。2018年にユネスコ無形文化遺産に登録されている。現在も、市内の地区の約半数である70地区ほどで開催されている。

2019年……⑨**石川直樹**の写真集『まれびと』（小学館）が刊行される。

石川直樹（1977―）―東京渋谷生まれの写真家。世界をフィールドに活動しながら、民俗学や人類学への関心を深め、異界への独特のアプローチを行っている。『まれびと』は日本の来訪神儀礼を1冊にまとめたもので、異形の神々を迎える祭礼を10年以上の歳月を費やして撮影した。男鹿のナマハゲ、能代のナゴメハギ、石川輪島のアマメハギなど日本海沿いの仮面来訪神が数多く収められている。

2020年……⑨北上市立博物館で「蝦夷の赤い甕―最強の蝦夷は和賀川にいた―」展が開催される。

赤彩球胴甕―主に8世紀後半から9世紀初め頃、北上盆地から秋田県境へと向かう和賀川流域にあった蝦夷の村でつくられていた赤彩土器。口部分には不思議な赤い文様が描かれ、胴体部分は真っ赤に塗りつぶされていた。蝦夷と坂上田村麻呂ら大和朝廷側との戦いが最も激しかったこの時代に、和賀川は蝦夷の最後の防衛線であった。

2021年……⑤**柏崎栄助**の回顧展「生きることから―柏崎栄助とデザイン」が福岡県立美術館で開催。

柏崎栄助（1910―1986）―秋田本荘生まれのデザイナー。琉球漆器のデザイン革新で知られる。東京美術学校図案科在学時からしばしば沖縄の生駒弘を訪れ、パリ、ウィーン留学を挟みつつ、1930年代に沖縄漆工芸組合、紅房で新しい感覚を秘めた漆器を数多く発表する。その後、福岡に移り、沖縄の海のイメージを地場産業のガラスで表現した代表作「ゆれる器」など、風土に根差したモダンな逸品をつくると同時に、大学で後進の育成にも力を入れた。

［写真］

［プロフィール］

著者…………伊藤俊治 Ito Toshiharu

1953年秋田県土崎生まれ。東京大学文学部美術史学科卒業、同大学院人文科学研究科修士課程修了。東京藝術大学名誉教授。専門の美術史・写真史の枠を越え、アートとサイエンス、テクノロジーが交差する視点から多角的な評論活動を行う。『ジオラマ論』（リブロポート、ちくま学芸文庫）でサントリー学芸賞を受賞。展覧会企画に「日本の知覚」（グラーツ現代美術館）、「移動する聖地」（ICC）、「記憶／記録の漂流者たち」（東京都写真美術館）など。著書に『写真都市』（冬樹社）、『トランス・シティ・ファイル』（INAX）、『生体廃墟論』（リブロポート）、『電子美術論』（NTT出版）、『バリ島芸術をつくった男』（平凡社新書）、『増補20世紀写真史』（ちくま学芸文庫）、『バウハウス百年百図譜』（牛若丸）ほか多数。

写真…………石川直樹 Naoki Ishikawa

1977年東京生まれ。東京藝術大学大学院美術研究科博士後期課程修了。人類学、民俗学への関心を深め、辺境から都市まであらゆる場所を旅しながら、作品を発表する。2008年『NEW DIMENSION』（赤々舎）、『POLAR』（リトルモア）により日本写真協会賞新人賞、講談社出版文化賞、2011年『CORONA』（青土社）により土門拳賞、2020年『EVEREST』（CCCメディアハウス）、『まれびと』（小学館）により日本写真協会賞作家賞を受賞。著書に、開高健ノンフィクション賞を受賞した『最後の冒険家』（集英社）、『地上に星座をつくる』（新潮社）ほか多数。

秋田《あきた》……環日本海文明《かんにほんかいぶんめい》への扉《とびら》

2024年11月2日　第1版第1刷発行
2025年1月11日　第1版第2刷発行

著者――伊藤俊治《いとうとしはる》
写真――石川直樹《いしかわなおき》

発行者――株式会社亜紀書房
〒101-0051東京都千代田区神田神保町1-32
電話：(03)5280-0261
https://www.akishobo.com
デザイン――西岡 勉
印刷・製本――株式会社トライ
https://www.try-sky.com
ISBN 978-4-7505-1856-5　C0010